Deuxième édition nord-américaine

ROND-POINT
UNE PERSPECTIVE ACTIONNELLE

Catherine Flumian | Josiane Labascoule | Christian Lause | Corinne Royer

ADAPTÉ PAR HEDWIGE MEYER
University of Washington

PEARSON

Boston | Columbus | Indianapolis | New York | San Francisco | Amsterdam | Cape Town | Dubai | London | Madrid | Milan | Munich
Paris | Montréal | Toronto | Delhi | Mexico City | São Paulo | Sydney | Hong Kong | Seoul | Singapore | Taipei | Tokyo

Senior Acquisitions Editor: Denise Miller
Senior Digital Product Manager: Samantha Alducin
Senior Development Editor: Scott Gravina
Director of Program Management: Lisa Iarkowski
Team Lead Program Management: Amber Mackey
Program Manager: Annemarie Franklin
Team Lead Project Management: Melissa Feimer
Project Manager: Marlene Gassler
Front Cover Design: Lumina Datamatics and Kathryn Foot
Cover Image: Iñigo Fdz de Pinedo/Getty Images
Design Lead: Maria Lange
Operations Manager: Mary Fischer
Operations Specialist: Roy Pickering
Editorial Assistant: Millie Chapman, Sandra Fisac Rodríguez
Editor in Chief: Bob Hemmer
Marketing Director: Steve Debow

World Languages Consultants: Yesha Brill, Raúl Vásquez López, Mellissa Yokell
Pedagogical advice and review: Christian Puren
Reading committee: Agustín Garmendia, Philippe Liria, Yves-Alexandre Nardone
Editorial Coordination: Gema Ballesteros, Alícia Carreras (EU version)
Proofreading: Sarah Billecocq, Deborah Bonner (EU version)
Graphics and cover: Besada+Cukar
Layout: Besada+Cukar, Enric Rújula (EU version)
Illustrations: Javier Andrada et David Revilla

This book was set in Corpid and Hermes.

Acknowledgements of third party content appear on page 308, which constitutes an extension of this copyright page.

This book is a version of Rond-Point 1 and 2 (Difusión, Centre de Recherche et de Publications de Langues, S.L.,2004) and is based upon the didactic approach established by Ernesto Martin and Neus Sans., the authors and Difusión, Centre de Recherche et de Publications de Langues, S.L., 2012.

Library of Congress Cataloging-in-Publication Data: Available upon request.

Student Edition ISBN-10: 0-205-78277-9
Student Edition ISBN-13: 978-0-205-78277-2

7 18

ROND-POINT, une perspective actionnelle, deuxième édition nord-américaine

Nous vous invitons à découvrir ROND-POINT, deuxième édition ! Based on the principles of task-based language teaching, students learn through collaboration and interaction. Students develop their communication skills from day one while working in the target language. Contexts are authentic and related to real life; i.e. organizing a vacation, planning a party, etc. **Rond-Point** introduced *l'approche actionnelle* to the discipline of French as a Second Language (*Français Langue Étrangère*) with each chapter based on the completion of a final project (*tâche ciblée*). Based on the guidelines of the CEFR and following the ACTFL National Standards, **Rond-Point, deuxième édition** is an introductory French program designed to be used in U.S. colleges and universities. Its flexible organization can be used in a variety of course formats.

Rond-Point, deuxième édition is the result of a thorough review based on comments from instructors both in Europe and the United States. **Rond-Point, deuxième édition** has preserved all the key elements from the first edition: an abundance of authentic materials, fun and efficient smaller tasks leading students to the completion of a larger and more ambitious task at the end of each unit, recycling of the main grammar points throughout the book and a very dynamic approach where interactions and meaning negotiations among students is at the heart of each class.

The new edition offers a variety of new features to enhance your introductory French course:

- **An improved learning sequence and a reorganization of some chapters** allows for easier course organization.
- **A new preliminary chapter (*Point de départ*)** helps students to get up and running quickly.
- **Four completely new chapters** offer up-to-date themes and cultural references.
- **New and revised photos throughout** spark student interest.

- **New authentic selections** offer new insights into the French-speaking world.
- **Streamlined directions** improve the learner's autonomy in completing tasks.
- **Thorough revision and updating of the vocabulary, the grammar, and the tasks** ensures that students are successful in achieving learning outcomes.
- **Grammar and Vocabulary lists placed at the end of each** chapter for quick reference.
- **amplifire™ Dynamic Study Modules**, available in MyFrenchLab™, are designed to improve learning and long-term retention of vocabulary and grammar via a learning tool developed from the latest research in neuroscience and cognitive psychology on how we learn best. Students master critical course concepts online with **amplifire**, resulting in a livelier classroom experience centered on meaningful communication.
- **A brand-new MyFrenchLab (part of the MyLanguageLabs™ suite of products) experience** helps students to learn and practice key vocabulary and grammar concepts outside the classroom to foster in-class communication. Over one million students have used **MyLanguageLabs** to help them successfully learn a language by providing them with everything they need: eText, online activities, point-of-need support, and an engaging collection of language-specific learning tools, all in one online program. **MyLanguageLabs** also offers instructors a unique set of tools to help them personalize their courses and support students' out-of-class learning. Control content organization, upload or create your own content or activities, set preferences, set automatic deductions for late work, drag and drop assignments onto an assignment calendar that provides students with a clear learning path, customize your gradebook, and more.

With the 2nd edition of **Rond-Point: Une perspective actionelle**, you and your students can enjoy all of the benefits of a truly communicative classroom.

Dynamique des unités

Each **Rond-Point** chapter is structured in a way that helps learners acquire all the language and communication skills they need to complete a final project (*tâche ciblée*). Students will be introduced progressively to the vocabulary and grammar resources they need to communicate and interact in French. The twenty chapters of **Rond-Point, deuxième edition** cover levels A1, A2 and B1 of the CEFR.

Each chapter contains five double-page spreads:

Ancrage: Theme Discovery

In this double-page spread, pictures will help learners figure out the meaning of new vocabulary. Trigger documents will enable the learner to become familiar with the theme of the chapter.

Students will be able to tap into their general knowledge of the world to tackle the new vocabulary.

Preview of the targeted task

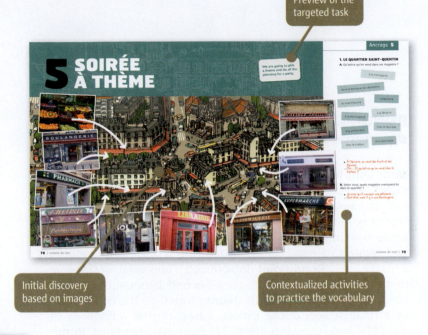

Initial discovery based on images

Contextualized activities to practice the vocabulary

Students perform a task

En contexte: Authentic Documents

This section consists of a double page of authentic documents that provide models for the students. By coming into contact with these documents, they will discover how the language is used in context.

The type of language and the choice of texts will later be used as a basis to complete the targeted task.

Useful models for the targeted task

Applied practice in groups and/or individually

Formes et ressources: Language tools

This double-page spread will give students the structures and vocabulary they need to perform the targeted task in the next section. The main points appear at the bottom of the page in a summarized version. Contextualized examples are also provided.

Learners assimilate the language items so as to be able to use them later in other contexts.

Synopsis of the main grammar points and vocabulary of the chapter

Tâche ciblée: Final Project

This double-page spread requires learners to draw upon everything they have learned in the chapter in order to successfully complete a final project. The completion of this targeted task is essential for all the work performed throughout the chapter to achieve its true meaning. Learners will become aware of their newly acquired skills and of their importance.

Final task = ultimate motivation for the learner

Regards croisés: Culture and Civilizations

This final double-page spread will help students discover aspects of French and francophone cultures through the use of authentic documents.

Students will be given opportunities to develop some intercultural knowledge using comparisons of various cultural aspects of their own country with cultural aspects of some francophone cultures.

Students reflect on culture and daily life

Précis de grammaire/Vocabulaire: Grammar and Vocabulary Lists

Immediately following the five double-page spreads in the chapter, students will find grammar explanations and a vocabulary list, to which they can refer at any point during the chapter activities.

Unité	Final task	Documents	Communication skills
POINT DE DÉPART		Class list, TV program, dictionary entry, quiz	- introducing oneself and greeting others - spelling - communicating in class - counting (1) - asking questions (1)
Unité 1 PRISE DE CONTACT	**Let's discover who our classmates are and gather some information about them.**	Online questionnaire, advertisement, address book, statistics, website, newspaper article.	- justifying a choice - giving and asking for personal information - counting (2) - getting information
Unité 2 POINTS COMMUNS	**We are going to form groups according to each person's tastes.**	Family tree, book presentation, newspaper article, signs.	- requesting and giving information about people - expressing opinions about others - asking questions (2) - expressing our tastes
Unité 3 LA VIE EN ROCK	**We are going to conduct interviews and write down our findings.**	Music magazine, photo novel, online questionnaire, newspaper article.	- saying *tu* or *vous* - asking questions (3) - looking for information - proposing an outing - talking about one's activities
Unité 4 DESTINATION VACANCES	**We are going to plan a class trip according to our tastes and interests.**	Test, advertisements, city map, literary quotes.	- planning a vacation - talking about our likes and dislikes - expressing our preferences - locating people and things in space - indicating where we are going - talking about the weather - understanding an itinerary
Unité 5 SOIRÉE À THÈME	**We are going to pick a theme and do all the planning for a party.**	Shopping list, receipts, agenda, email invitation, newspaper article, poster.	- shopping in a store - identifying and locating stores - explaining an itinerary - answering an invitation - asking for a price, giving a price - making an appointment with someone - understanding a schedule

Grammar	Vocabulary	Culture	
- the French alphabet and its pronunciation - *Qu'est-ce que c'est... ?* - *Ça, c'est...* - *Je m'appelle...* - intonation	- numbers 1-20 - greetings	- images of France	14
- identifying: *c'est / ce sont* - definite articles: *le, la, l', les* - subject pronouns: *je / j', tu, il / elle...* - stressed pronouns: *moi, toi, lui...* - gender and number of nouns - interrogative words: *comment... ? pourquoi... ?* - *être, avoir* and *s'appeler* in the present indicative - *parce que*	- numbers (20 and above) - names of countries - personal interests	- French first names - the French and new communication technologies	22
- negation: *ne... pas* - indefinite articles: *un, une, des* - possessive adjectives: *mon, ton, son, mes...* - adjectives and agreements - interrogatives: *quel / quelle / quels / quelles... ?* - *aimer* in the present indicative	- professions - nationalities - family - personalities and tastes - hobbies - telling age	- France and its languages - some French novels - multilingualism in the francophone world	38
- interrogative forms - interrogative words: *est-ce que, qui, où... ?* - nuances when expressing tastes - *faire* and *jouer* in the present indicative	- *faire du / de la / des...* - *jouer au / à la / aux / du / de la / de l' / des...* - culture and hobbies - studies	- drama - Proust questionnaire - French songs, artists and songwriters	52
- the indefinite pronoun *on* - *aller* and *vouloir* in the present indicative - *vouloir* + infinitive - prepositions of places: *sur, dans, près de / d', à côté de / d'* - prepositions + names of countries/cities - *il y a* and *il n'y a pas*	- transportation - city life - tourism and vacation activities - seasons - months - weather	- vacationing in France - Étretat and other beautiful landscapes	64
- obligation: *il faut* - partitive articles: *du, de la, de l', des, de / d'* - indefinite and partitive articles in the negative: *de / d'* - demonstrative adjectives: *ce / cet / cette / ces* - the indefinite pronoun *on* - *aller* + infinitive - *d'abord, après, ensuite, puis, enfin*	- stores and services - dates - telling time - days of the week - clothes - *chez, au, à la...*	- popular French holidays: la Fête des voisins, la Nuit Blanche, les Journées du patrimoine	78

Scope and Sequence

Unité	Final task	Documents	Communication skills
Unité 6 **BIEN DANS** **NOTRE PEAU**	We are going to develop some guidelines to reduce stress.	Contents page of a magazine, website, newspaper articles, testimonies, statistics.	- discussing health and daily habits - giving advice - making suggestions and recommendations (1) - comparing
Unité 7 **À CHACUN** **SON MÉTIER**	We will select candidates for three positions and we will also pick a job for ourselves.	Job listings, website, game cards, test, job candidate profiles.	- talking about life at work - evaluating qualities and skills - giving opinions and debating - locating a fact in the past
Unité 8 **SUCRÉ** **OU SALÉ ?**	We are going to create a cookbook with our best recipes.	Menu, newspaper article, shopping list, Internet forum, recipe, test.	- ordering daily specials or à la carte in a restaurant - requesting or giving information about dishes - giving cooking instructions
Unité 9 **BIENVENUE** **CHEZ MOI !**	We are going to discuss problems related to urban life and come up with some solutions.	Postcards, survey, Internet forum, open letter.	- describing and comparing places - locating in space - expressing opinions - evaluating and establishing priorities - expressing lack and excess
Unité 10 **À QUOI** **ÇA SERT ?**	We are going to invent an object that could solve a daily problem, and we will present it to the class.	Newspaper article, advertisements, biographical note, testimonies, presentation of a product, interview.	- naming and presenting objects - describing and explaining how something works - characterizing objects and praising their qualities - convincing people - expressing causes and goals - talking about the future
Unité 11 **VACANCES** **EN FRANÇAIS**	We will set some goals for improving our French through various activities.	Online advertisements, test, work schedule.	- talking about past experiences - planning for the future - expressing struggles, needs and desires - evaluating our learning progress - making predictions - making suggestions and recommendations (2)

Grammar	Vocabulary	Culture	
- reflexive verbs - the imperative - adverbs of quantity (1): *peu, beaucoup, trop, pas assez* - adverbs of frequency: *toujours, souvent, quelquefois...* - comparisons (1) - negation: *ne... jamais* - *devoir, sortir, finir, boire, prendre, dormir*	- parts of the body - exercise - sports - daily life (good vs bad habits)	- making changes to be happier - taking care of ourselves	92
- the *passé composé* - past participles - placement of adverbs - time phrases: *pendant, il y a, déjà...* - *savoir* and *connaître*	- professions - workplaces - skills and qualities	- the best hands in France - artisans, arts and crafts	106
- direct object pronouns: *le / l' / la / les* - quantities (2): *un peu de, quelques, 500 grammes de...*	- food - going grocery shopping - cooking methods - ingredients and tastes - weights and measurements	- test (À table !) - French meals - regional culinary specialties in France	120
- comparatives - superlatives - *le / la / les même(s)* - the pronouns *où* and *y* - *être en train de* + infinitive - *venir de* + infinitive	- expressing opinions - city services and institutions - aspects of city and country life	- Paris through history	134
- relative pronouns: *que* and *qui* - the future - cause: *grâce à, à cause de* - goal: *pour / pour ne pas / pour ne plus* + infinitive - passive pronominal structures: *ça se lave...* - time phrases: *demain, lundi prochain...*	- shapes and materials - colors - objects of daily use - expressions with prepositions (1): *être facile à / utile pour, servir à, permettre de...*	- second-hand shopping - the French and second-hand stores	148
- summary of the main verb tenses: the present, the *passé composé* and the future - summary of time expressions - indirect object pronouns: *me / m' / te / t' / lui...*	- expressions with prepositions (2): *avoir du mal à, ne pas arriver à, avoir besoin de, avoir envie de, essayer de...*	- France for all tastes - some tourist attractions in France	162

Unité	Final task	Documents	Communication skills
Unité 12 **PETITES ANNONCES**	We are going to look for a roommate among our classmates.	Real estate listings, interview, home exchange listings, email, apartment floor plan, city map, statistics.	- describing one's tastes - expressing first impressions - expressing feelings and intensity - describing one's home - asking and giving information about oneself, including habits, personality and preferences - asking for a confirmation - confirming / revoking
Unité 13 **RETOUR VERS LE PASSÉ**	We are going to find ourselves an alibi and justify what we were doing to avoid being convicted of a break-in.	Newspaper photos and headlines, notes, interrogation, covers of detective novels, literary excerpts, newspaper article.	- placing events within specific time frames (1) - describing past events and memories - locating in space (1) - describing people - describing facts and circumstances - asking for and giving precise information (time, place, etc.)
Unité 14 **ET SI ON SORTAIT ?**	We are going to organize a weekend in our city for our French friends who are visiting us.	Brochures, posters, magazine excerpts, cultural website homepage, blog, newspaper article.	- making plans - describing a show, an activity, a place... - expressing our preferences and our leisure activities - proposing/suggesting something - accepting/refusing an invitation - placing events within specific time frames (2)
Unité 15 **SOCIÉTÉ EN RÉSEAU**	We are going to organize a debate about the installation of surveillance cameras in our city.	Online chat, forum, information card, website, newspaper article.	- giving your opinion - participating in a debate - providing arguments - organizing a debate
Unité 16 **PORTRAITS CROISÉS**	We are going to create a personality test and prepare a job interview.	Portrait, photo novels, personality test, notes, travel narrative, newspaper article, charades.	- formulating hypotheses - evaluating personal qualities - adjusting one's level of language - understanding instructions - objecting/reacting - writing a questionnaire

Unité	Final task	Documents	Communication skills
Unité 17 **QUAND TOUT À COUP...**	We are going to share personal stories and decide which one is the best.	Photo albums, blog, news item, literary articles, anecdotes, comic book cover.	- understanding a description - placing events within specific time frames (3) - summarizing information - commenting - understanding a radio newscast - telling a story - writing a news item or a story
Unité 18 **CHANGER POUR AVANCER**	We are going to develop a plan of action to revitalize a village that has been in decline.	Signs, interviews, statistics, plan of action, email, forum, prophesies, newspaper article, website.	- placing events within specific time frames (4) - locating in space (2) - understanding an interview - interpreting statistics - developing a plan of action - writing an email - expressing an opinion, a doubt, a fear
Unité 19 **OBJET DE RÉCLAMATION**	We are going to write a letter of complaint about a bad service we have received.	Online chat, advertisement board, message in a bottle, note on the fridge, anonymous posting, voice messages, phone conversations, email, dialogues, letter of complaint, complaint form, online shopping site, book covers, literary excerpt.	- requesting a repair - reporting someone's words - telling a story - complaining - expressing dissatisfaction - submitting a complaint - hypothesizing - expressing regret
Unité 20 **IL ÉTAIT UNE FOIS...**	We will come up with our own version of a well-known fairy tale.	Excerpts from fairy tales, headlines, storytelling, oral legend.	- understanding a tale - telling a tale - expressing cause - expressing consequence - expressing a goal - placing events within specific time frames (5)

Verb charts | 294

Grammar	Vocabulary	Culture	
- the *plus-que-parfait* - the *imparfait*, the *passé composé* and the *plus-que-parfait* in a narration - the passive voice: *être* + past participle - time phrases: *l'autre jour, il y a environ un mois, ce jour-là, au bout de quelques années, quelques jours auparavant, tout à coup...*	- tools to recall memories, tell stories, adventures...	- comics, a genre for all ages	242
- the pronoun *en* - the preposition of time *dans* - prepositions of time and place: *en, au fond de, à côté de...* - verbs of emotions + subjunctive: *j'ai peur que...* - obligation and recommendation: *il faut, il faudrait, on devrait...* - possibility and probability: *il est possible que...*	- urban spaces - the natural environment - ecology	- organic farming - Nantes, green capital	254
- the past conditional - hypothesis (2): *si + plus-que-parfait / conditionnel passé* - reported speech in the present - reported speech in the past - possessive pronouns: *le mien, la tienne, les leurs...* - demonstrative pronouns: *celui(-ci/là), celle(-ci/la), ceux(-ci/là)...*	- buying and consuming - words and expressions related to complaints	- literary constraints - the language of text messaging	266
- the *passé simple* - the *gérondif* - cause: *car, comme, puisque* - goal: *afin de* + infinitive, *pour que* + subjunctive - logical connectors: *pourtant, donc* - time markers: *lorsque, tandis que, pendant que*	- tools to tell a story (oral and written)	- Créole language - *Ti Pocame*: a famous tale from the Antilles	280

POINT DE DÉPART

1. DÉJÀ VU

A. Do you know these images of francophone culture?

▸ la côte d'Azur
▸ un fromage suisse
▸ un croissant
▸ un café de Paris
▸ le Mont Saint-Michel
▸ l'Atomium de Bruxelles
▸ Montréal

● Ça, c'est la côte d'Azur ?
○ Oui et ça...
● Et ça, qu'est-ce que c'est ?

strategies

Images are very important to help you understand texts.

 B. Some people are talking about these images.
Listen and note which images they are talking about.

Track 1

1. ....
2. ....
3. ....
4. ....
5. ....

C. How about you? What comes to mind when you think of France?

● Pour moi, c'est la tour Eiffel...

2. BONJOUR !

A. On the first day of class, we greet others and introduce ourselves. Check what you hear.

Track 2

CONVERSATION 1 (two students)

- ☐ Bonjour !
- ☐ Bonsoir !
- ☐ Salut !

- ☐ Je m'appelle Chloë, et toi ?
- ☐ Je m'appelle Chloë Bertier, et toi ?

CONVERSATION 2 (teacher addressing students)

- ☐ Bonjour !
- ☐ Bonsoir !
- ☐ Salut !

- ☐ Je suis Pierre.
- ☐ Je suis Monsieur Lacan.

B. The teacher is doing the roll call. Listen and put check marks to show who is in class.

Track 3

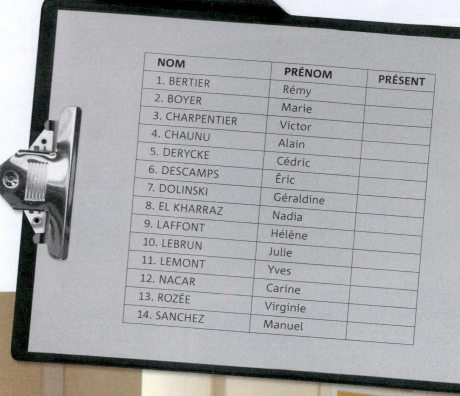

NOM	PRÉNOM	PRÉSENT
1. BERTIER	Rémy	
2. BOYER	Marie	
3. CHARPENTIER	Victor	
4. CHAUNU	Alain	
5. DERYCKE	Cédric	
6. DESCAMPS	Éric	
7. DOLINSKI	Géraldine	
8. EL KHARRAZ	Nadia	
9. LAFFONT	Hélène	
10. LEBRUN	Julie	
11. LEMONT	Yves	
12. NACAR	Carine	
13. ROZÉE	Virginie	
14. SANCHEZ	Manuel	

3. READING STRATEGIES

A. Look at the following document. What kind of document is it? Which words do you understand?

Mercredi 19 mai · À la télé

 **2tv**

| 20.00 | **Journal** |
| 20.25 | **Tirage du Loto** |

20.30	**Météo**
20.35	**En toutes lettres** Jeu
22.05	**Complément d'enquête** Magazine
0.00	**Journal de la nuit**

 **3tv**

20.00	**Tout le sport**
20.10	**Plus belle la vie** Série française
20.35	**Hors-série** Magazine
22.25	**Météo**

| 22.55 | **Ce soir (ou jamais !)** Magazine |
| 0.10 | **Heureux qui connut Nice** Documentaire |

 **5tv**

| 19.55 | **Les report-Terre** Série documentaire |

20.25	**C'est-à-dire** Magazine
20.35	**Désobéir** Film
22.35	**C'est dans l'air** Magazine
23.40	**La recherche** Série documentaire

 **6tv**

| 20.05 | **Un gars, une fille** Série française |
| 20.40 | **Nouvelle star** Divertissement |

| 23.05 | **Enquêtes extraordinaires** Série documentaire |
| 0.10 | **Zone interdite** Magazine |

B. Pick a show you would like to watch.

C. What helped you understand the text? Compare your answers with a classmate.

- le titre
- le type de texte
- le format
- les images
- la transparence de certains mots
- autres : ....

4. DICTIONARIES ARE USEFUL!

A. Here is the entry for a word in a dictionary. Match each part of the definition with its meaning.

> **COMMUNIQUER** [comynike] v.
> 1. v. tr. Faire connaître (qqch.) à qqn.
> dire, divulguer, donner, publier, transmettre.
> 2. v. intr. Être, se mettre en relation avec.
> All. : kommunizieren ; Ang. : communicate ;
>   Esp. : comunicar ; It. : communicare

- Traduction.
- Différents sens et définitions.
- Genre (féminin ou masculin).
- Catégorie grammaticale (nom, verbe, adjectif, etc.).
- Prononciation en alphabet phonétique international.
- Construction : transitif et intransitif.

B. In a dictionary, look up one or two words from the document you read in activity 3. Talk about your words with a classmate.

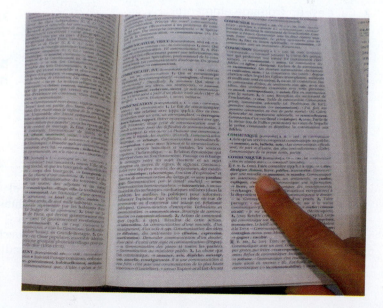

5. I AS IN ISABELLE

Track 4

A. Listen to the French alphabet and circle the letters whose pronunciation is unfamiliar to you.

A	[a]	comme Anne	**J**	[ʒi]	comme Jean	**S**	[ɛs]	comme Sébastien
B	[be]	comme Bernard	**K**	[ka]	comme Katia	**T**	[te]	comme Théo
C	[se]	comme Coralie	**L**	[ɛl]	comme Liliane	**U**	[y]	comme Ursule
D	[de]	comme Daniel	**M**	[ɛm]	comme Michèle	**V**	[ve]	comme Valérie
E	[ə]	comme Ève	**N**	[ɛn]	comme Nicole	**W**	[dubləve]	comme Wilfried
F	[ɛf]	comme François	**O**	[o]	comme Olivier	**X**	[iks]	comme Xavier
G	[ʒe]	comme Gérard	**P**	[pe]	comme Paul	**Y**	[igʀɛk]	comme Yves
H	[aʃ]	comme Hélène	**Q**	[ky]	comme Quentin	**Z**	[zɛd]	comme Zoé
I	[i]	comme Isabelle	**R**	[ɛʀ]	comme Robert			

B. Now work on pronouncing these new words and sounds with two classmates. Are these letters and sounds similar in your language or in another language you may know? Then check with your instructor.

6. QUESTION OR STATEMENT?

Track 5

Listen to the following sentences. Are they statements or questions? Add question marks if needed.

1. Ça, c'est la côte d'Azur ......
2. Ça, c'est un fromage emmental ......
3. Ça, c'est la lettre « h » ......
4. Ça, c'est un dictionnaire ......
5. C'est le premier jour de classe ......
6. Ça, s'écrit avec deux « n » ......

7. HOW IS IT SPELLED?

Track 6

A. Six people are going to spell their names out loud. Write them down.

1. ....   4. ....
2. ....   5. ....
3. ....   6. ....

B. Now it's your turn to spell your first name and your last name out loud! Your classmates will write them down.

THE ALPHABET

A	[a]	H	[aʃ]	O	[o]	V	[ve]	
B	[be]	I	[i]	P	[pe]	W	[dubləve]	
C	[se]	J	[ʒi]	Q	[ky]	X	[iks]	
D	[de]	K	[ka]	R	[ɛʀ]	Y	[igʀɛk]	
E	[ə]	L	[ɛl]	S	[ɛs]	Z	[zɛd]	
F	[ɛf]	M	[ɛm]	T	[te]			
G	[ʒe]	N	[ɛn]	U	[y]			

ASKING QUESTIONS (1)

○ *Qu'est-ce que c'est ça ?*
● *C'est l'Atomium de Bruxelles.*

○ *Qu'est-ce que ça signifie « Salut » ?*
● *Ça signifie « Hello ».*

8. SOUNDS AND LETTERS

Track 7

A. Listen and look at how the following names are spelled and pronounced. What do you notice?

Ch Chateaubriand	**C** Colette
■ Charlotte ■ Christian ■ Chantal	■ Camille ■ Cécile ■ Constance
G Gide	**V** Verlaine
■ Georges ■ Gilbert ■ Guillaume	■ Valentin ■ Vincent ■ Yves
R Rimbaud	**J** Jarry
■ Roland ■ Marianne ■ Claire	■ Jérôme ■ Juliette ■ Joseph
Z Zola	**B** Baudelaire
■ Zacharie ■ Zoé ■ Zinedine	■ Bernard ■ Bruno ■ Sébastien

B. In each group of words, find two letters or groups of letters that are pronounced the same.

C. Now find three letters or groups of letters that are pronounced in two different ways.

9. FROM 0 TO 20

Track 8

Listen to the numbers 0 to 20 and try to find how they are spelled in the box below.

0.	5.	10.	15. ....
1.	6.	11.	16. ....
2.	7.	12.	17. ....
3.	8.	13.	18. ....
4.	9.	14.	19. ....
			20. ....

zéro [zero]   dix [dis]   cinq [sɛ̃k]   trois [trwa]   un [œ̃]   deux [dø]

douze [duz]   neuf [nœf]   vingt [vɛ̃]   six [sis]   seize [sɛz]   quinze [kɛ̃z]

quatorze [katɔʀz]   treize [trɛz]   onze [ɔ̃z]   sept [sɛt]   huit [ɥit]   quatre [katʀ]

SPELLING

○ *Je m'appelle Kelly.*
● *Comment ça s'écrit ?*
○ *K, E, deux L, Y.*

○ *Je m'appelle Constança.*
● *Comment ça s'écrit ?*
○ *C, O, N, S, T, A, N, C cédille, A.*

Pay attention to the accents!

Zo**é** : Z, O, **E accent aigu**
Èv**e** : **E accent grave**, V, E
Benoît : B, E, N, O, **I accent circonflexe**, T

THE INTONATION OF THE SENTENCE

When speaking, the intonation is sometimes the only way to tell the difference between a question and a statement.

Anne s'écrit avec deux N ?

Anne s'écrit avec deux N.

10. LE GRAND QUIZ !

In groups, explore this unit as well as the textbook, and try to answer the following questions as quickly as possible. Each team will add up their points and the team with the most points will win.

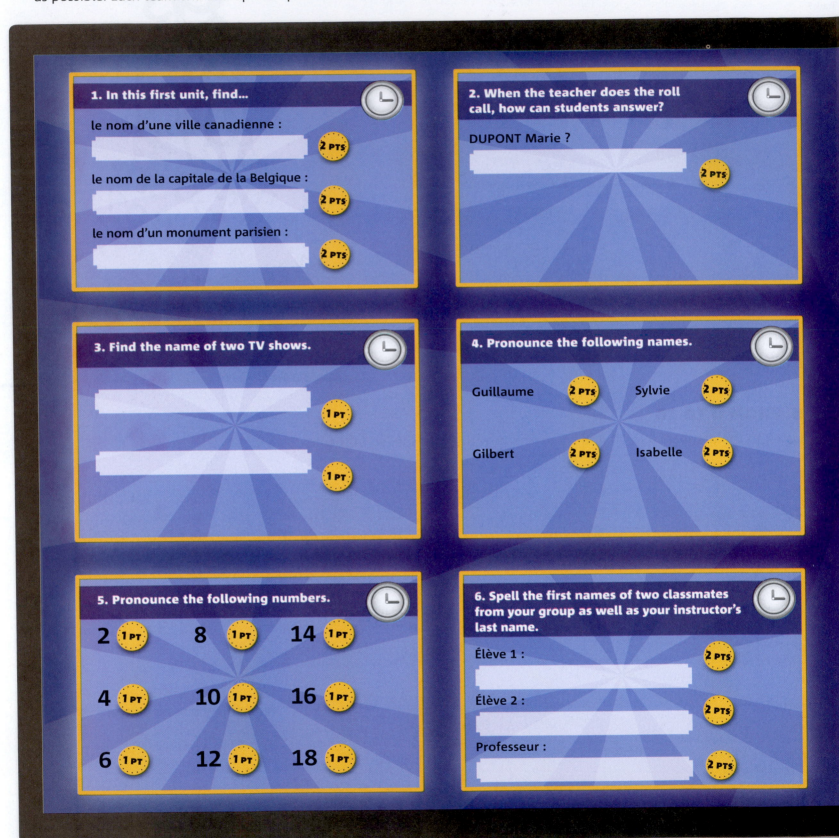

1. In this first unit, find…

le nom d'une ville canadienne :

2 PTS

le nom de la capitale de la Belgique :

2 PTS

le nom d'un monument parisien :

2 PTS

2. When the teacher does the roll call, how can students answer?

DUPONT Marie ?

2 PTS

3. Find the name of two TV shows.

1 PT

1 PT

4. Pronounce the following names.

Guillaume **2 PTS**   Sylvie **2 PTS**

Gilbert **2 PTS**   Isabelle **2 PTS**

5. Pronounce the following numbers.

2 **1 PT**   8 **1 PT**   14 **1 PT**

4 **1 PT**   10 **1 PT**   16 **1 PT**

6 **1 PT**   12 **1 PT**   18 **1 PT**

6. Spell the first names of two classmates from your group as well as your instructor's last name.

Élève 1 :

2 PTS

Élève 2 :

2 PTS

Professeur :

2 PTS

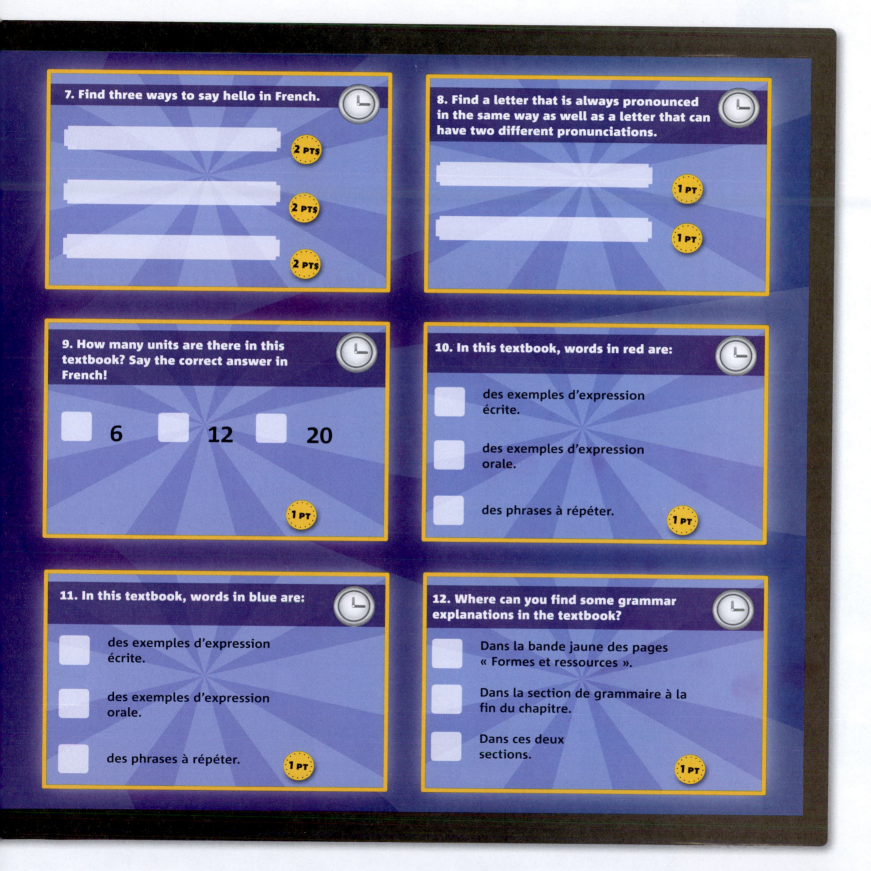

7. Find three ways to say hello in French.

2 PTS

2 PTS

2 PTS

8. Find a letter that is always pronounced in the same way as well as a letter that can have two different pronunciations.

1 PT

1 PT

9. How many units are there in this textbook? Say the correct answer in French!

☐ 6　　☐ 12　　☐ 20

1 PT

10. In this textbook, words in red are:

☐ des exemples d'expression écrite.

☐ des exemples d'expression orale.

☐ des phrases à répéter.

1 PT

11. In this textbook, words in blue are:

☐ des exemples d'expression écrite.

☐ des exemples d'expression orale.

☐ des phrases à répéter.

1 PT

12. Where can you find some grammar explanations in the textbook?

☐ Dans la bande jaune des pages « Formes et ressources ».

☐ Dans la section de grammaire à la fin du chapitre.

☐ Dans ces deux sections.

1 PT

1 PRISE DE CONTACT

http://www.ecoledelanguesrond-point.rp

École de langues Rond-Point
Questionnaire sur l'apprentissage du français

Moi, j'apprends le français...

☐ pour mon travail.

☐ parce qu'un membre de ma famille est français.

☐ pour les vacances.

☐ pour mieux connaître la culture française.

☐ pour parler avec mes amis.

☐ parce qu'on apprend le français à l'école.

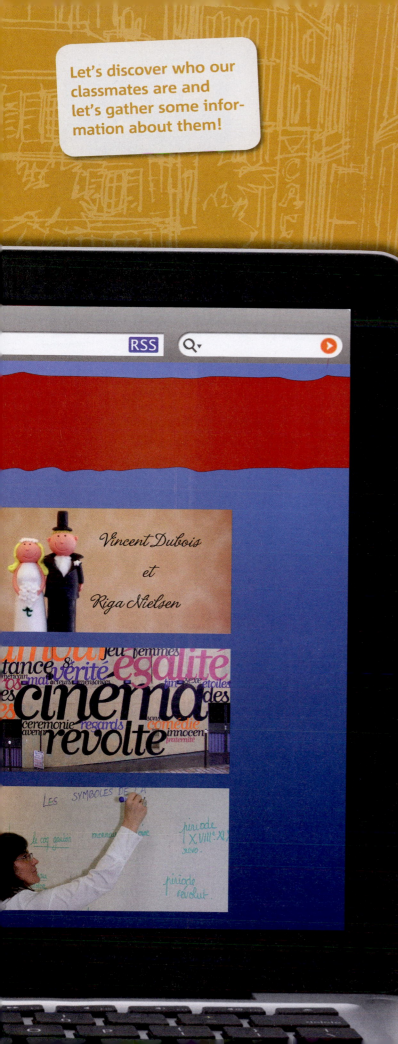

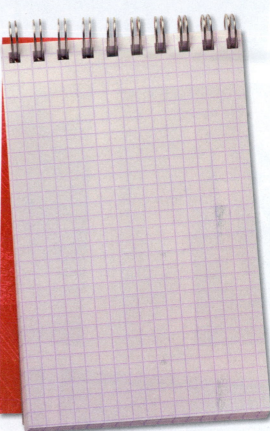

1. POURQUOI LE FRANÇAIS ?

A. Why are you learning French? Check the answers that apply to you on the questionnaire on the left page.

B. In your opinion, are there other good reasons to learn French?

 C. Listen and try to understand why the students you hear on the recording are learning French. Take some notes.

Track 9

D. What are the two main reasons students from your class are learning French?

strategies ⊗

It is always important to reflect on your motivation to learn a language. Doing so will enable you to establish goals and priorities.

2. NOS IMAGES DU FRANÇAIS

A. Match each photo to at least one subject from the list below.

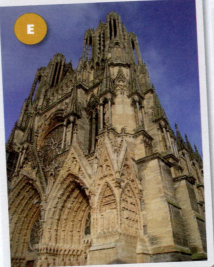

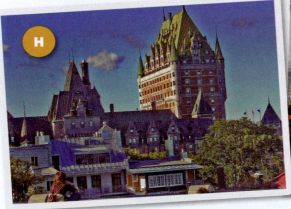

1. Le cinéma ....
2. La mode ....
3. Les gens ....
4. La politique ....

5. Le tourisme ....
6. La francophonie ....
7. Le sport ....
8. La cuisine ....

9. La littérature ....
10. L'Union européenne ....
11. L'histoire ....
12. Autres ....

B. Among these subjects, which ones are of interest to you? Are there others that were not mentioned?

3. L'EUROPE EN CHANSONS

A. A song competition is broadcast on TV. It is now France's turn to give points to the various participating countries. Complete the chart below with the number of points you hear.

Track 10

	Points			Points
Allemagne	08	Islande	
Autriche		Italie	
Belgique		Lettonie	
Bosnie-Herzégovine		Luxembourg	
Bulgarie		Norvège	
Chypre		Pays-Bas	
Croatie		Pologne	
Espagne		Roumanie	
Estonie		Royaume-Uni	
France		Russie	
Grèce		Portugal	
Hongrie		Slovénie	
Irlande		Suède	

B. Now close your book and try to name six countries you remember from the song competition.

C. Are there other countries not listed in the activity whose name you would like to know in French? Ask your instructor.

4. PAYS ET VILLES D'EUROPE

A. Do you know in which countries these pictures were taken?

- Je crois que ça, c'est la Belgique.
- La Belgique ? Non, ça, c'est les Pays-Bas.

B. Listen to the names of the following cities and look at the way they are spelled. Cross out the letters that are not pronounced.

Track 11

- Paris
- Athènes
- Dublin
- Genève
- Vienne
- Lisbonne
- Londres
- Bruxelles
- Berlin
- Prague
- Varsovie
- Madrid

C. Look for the name of three other capitals and spell them out loud for a classmate. Your classmate will write the three names down.

5. VOUS CONNAISSEZ CES MOTS !

A. You have already encountered these words. Add the definite article that goes with each word: *le, la, l', les.*

.... alphabet
.... cinéma
.... Côte d'Azur
.... cuisine

.... culture
.... école
.... Europe
.... français

.... France
.... gens
.... histoire
.... littérature

.... mode
.... musique
.... politique
.... Seine

.... sport
.... tourisme
.... Union européenne
.... vacances

B. With a classmate, share everything you know about these words.

- « Le cinéma » : c'est un mot masculin.
- Et en allemand, c'est neutre : « Das Kino ».

NUMBERS 20-69

20 vingt	40 quarante
21 vingt et un	50 cinquante
22 vingt-deux	60 soixante
30 trente	61 soixante et un
31 trente et un	69 soixante-neuf

NUMBERS 70-100 AND MORE

70 soixante-dix (60 + 10)	90 quatre-vingt-dix
71 soixante et onze (60 + 11)	91 quatre-vingt-onze
72 soixante-douze	99 quatre-vingt-dix-neuf
79 soixante-dix-neuf	100 cent
80 quatre-vingts (4 x 20)	200 deux cents
81 quatre-vingt-un	1 000 mille
85 quatre-vingt-cinq	1 000 000 un million

DEFINITE ARTICLES

	MASCULINE	FEMININE
SINGULAR	**le** sport **l'**art	**la** cuisine **l'**histoire
PLURAL	**les** gens	

THE GENDER AND NUMBER OF NOUNS

In French, nouns have a gender with which articles and adjectives agree.

le cinéma américain   *la musique américaine*

Articles and adjectives also agree in number with the noun.

les fromages suisses   *les montagnes suisses*

PERSONAL PRONOUNS

SUBJECT PRONOUNS	STRESSED PRONOUNS
je / j'	moi
tu	toi
il	lui
elle	elle
nous	nous
vous	vous
ils	eux
elles	elles

- Et **lui**, il est allemand ?
- Non, **il** est hollandais. **Elle**, elle est allemande.
- Et **toi**, tu es français ?
- Non, **moi**, je suis belge.

6. COMMENT S'APPELLENT-ILS ?

A. The characters you see below are introducing people they know. Listen and write who each person is.

1 Je m'appelle Danielle, lui, il s'appelle Michel et elle, elle s'appelle Gabrielle.

2 Elle s'appelle Kielo, lui, il s'appelle Mika et moi, je m'appelle Aku.

B. Now introduce yourself and two of your classmates to the rest of the class. Follow the examples above.

7. CARTON PLEIN !

Track 12

We are going to play lotto. Erase six of the numbers from your individual chart, then listen to the numbers that are called and check them on your chart. Who is the winner?

1	12	21	30	41	52	60	73	81
2	13	22	33	43	55	62	74	83
4	16	23	37	45	56	65	76	85
8	19	27	39	49	58	67	77	86

8. VOTRE PORTABLE ?

Track 13

A. Four people are asking for some contact information. In which order would they ask these questions?

☐ Vous avez un numéro de téléphone ?

....

☐ Vous avez une adresse électronique ?

....

☐ Vous avez un portable ?

....

☐ Comment vous vous appelez ?

....

B. Listen to the answers and write them.

ÊTRE AND AVOIR IN THE PRESENT

	ÊTRE		AVOIR
je	suis	j'	ai
tu	es	tu	as
il / elle / on	est	il / elle / on	a
nous	sommes	nous	avons
vous	êtes	vous	avez
ils / elles	sont	ils / elles	ont

IDENTIFYING: C'EST / CE SONT

- Ça, **c'est** l'Espagne ?
- Non, **ce n'est pas** l'Espagne, **c'est** l'Italie.

- **Ce sont** les îles Seychelles ?
- Non, **ce sont** les îles Comores.

ASKING FOR INFORMATION

- Comment vous appelez-vous ?
- Je m'appelle David.
- Avez-vous un numéro de téléphone ?
- Bien sûr, c'est le zéro un, vingt-deux, vingt-trois, quarante-quatre, vingt-huit.
- Et une adresse électronique, s'il vous plaît ?
- Oui. D, A, V, I, D, arobase, R, O, N, D, tiret, P, O, I, N, T, point, R, P (david@rond-point.rp).

S'APPELER IN THE PRESENT

	S'APPELER	
je	m'	appelle
tu	t'	appelles
il / elle / on	s'	appelle
nous	nous	appelons
vous	vous	appelez
ils / elles	s'	appellent

9. DIX BONNES RAISONS

A. Read this document and discuss it with your classmates. Do the reasons mentioned seem to be good reasons to you?

10 raisons pour apprendre le français

1 **Une langue parlée dans le monde entier**
Plus de 200 millions de personnes parlent français sur les cinq continents.

2 **Une langue pour trouver un emploi**
La connaissance du français ouvre les portes de beaucoup d'entreprises.

3 **Une langue de culture**
Le français est utilisé internationalement pour la cuisine, la mode, le théâtre...

4 **Une langue pour voyager**
La France est le pays le plus visité au monde.

5 **Une langue pour étudier en France**
Parler français permet d'étudier dans les universités françaises.

6 **L'autre langue des relations internationales**
Le français est langue officielle à l'ONU, dans l'Union européenne, à l'UNESCO...

7 **Une langue pour s'ouvrir sur le monde**
Le français est une des langues les plus présentes sur Internet.

8 **Une langue agréable à apprendre**
On peut très vite atteindre un niveau permettant de communiquer en français.

9 **Une langue pour apprendre d'autres langues**
Apprendre le français aide à apprendre d'autres langues latines (l'espagnol, l'italien, le portugais...)

10 **La langue de l'amour et de l'esprit**
Apprendre le français, c'est le plaisir d'apprendre une langue belle et riche.

D'après un texte de la Direction générale de la coopération internationale et du développement

● Pour moi, la première raison pour apprendre le français, c'est la 4.
○ Pour moi, c'est la 1.

B. In groups, find five reasons to study your language.

10. LE FICHIER DE NOTRE CLASSE

A. You are going to collect the following information from your classmates. Is there other information that you would like to know?

- Nom et prénom
- Téléphone fixe
- Portable

- Adresse électronique
- Motivation pour apprendre le français
- ...

B. In small groups, write the questions that will be needed to complete the information cards. Check with your instructor to make sure your questions are correct.

● Pour demander le nom et le prénom ?
○ « Comment vous appelez-vous ? »
■ Et pour demander...

> **strategies**
>
> To complete an activity, you can:
> - prepare it in writing;
> - look things up in your book, in a dictionary, on the Internet...;
> - exchange information with classmates;
> - ask your instructor questions.

C. Now decide what format you would rather use to collect your classmates' information (paper or electronic, a blog or social network, etc.) and decide whether you would like to include photos.

D. Now, each student will ask questions to a classmate from a different group. Write the answers you are given.

- ● Comment vous appelez-vous ?
- ○ Anna Bellano.
- ● Avez-vous une adresse électronique ?
- ○ Oui : annabellano, arobase, u, sept, point, rp. J'épelle : A, deux N, A, B, E, deux L, A, N, O, arobase, U, sept, point, R, P.
- ● Pourquoi apprenez-vous le français ?
- ○ Pour étudier en France.

E. Put together all the information you collected. You will be able to add more information in the course of this class.

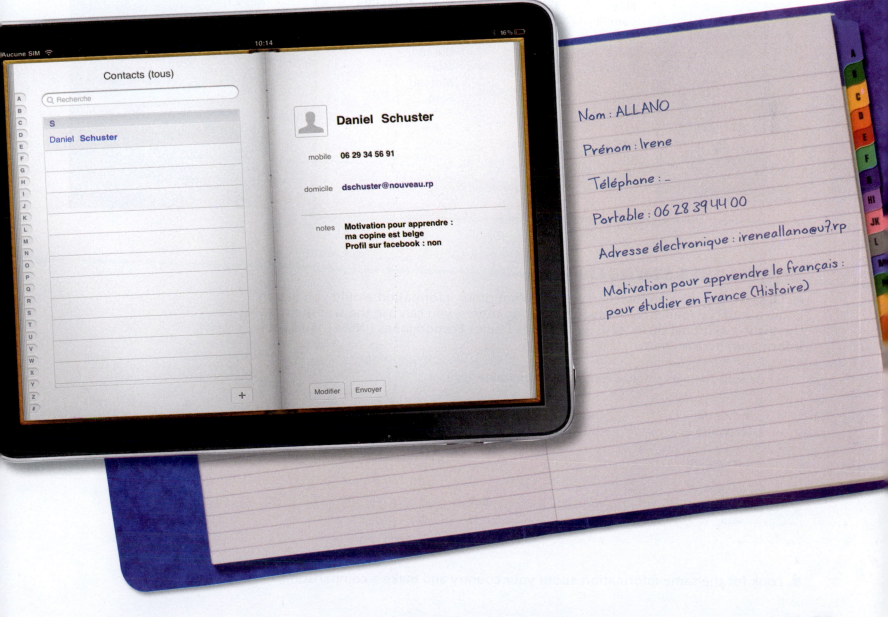

Portrait-robot des Français

11. QUELQUES NOMS

A. The following first and last names are very common in France. Pick five first names that you like.

B. From the list, try to guess which last names are the most common in France.

C. Now read the chart below to check whether your answers were on target.

filles et garçons

Guide garde d'enfant
Guide des noms et prénoms
Accouchement
Cadeaux de naissance
Futurs parents
Adresses utiles
Concours

Résultat de votre recherche

Fille	Garçon		Noms de famille
Camille	Enzo		Bernard
Chloë	Hugo		Dubois
Clara	Louis		Durand
Emma	Lucas		Martin
Inès	Mathis		Moreau
Jade	Nathan		Petit
Léa	Raphaël		Richard
Lola	Théo		Robert
Manon	Thomas		
Sarah	Tom		

D'après les données de l'INSEE
(Fichier des prénoms - Édition 2006)

Noms de famille

1. Martin
2. Bernard
3. Dubois
4. Thomas
5. Robert

Fille	Garçon
1. Emma	1. Enzo
2. Léa	2. Lucas
3. Clara	3. Mathis
4. Manon	4. Nathan
5. Chloé	5. Thomas

12. QUELQUES STATISTIQUES

A. Observe the data on the chart below. What other information would you like to know about the French? Do a search! Among others, you can use the website of the Institut National de la Statistique et des Études Économiques (INSEE). Add your information to the chart.

Indicateurs démographiques France métropolitaine 2009

Indice de fécondité	Âge moyen des mères	Taux d'emploi*		
		Hommes	Femmes	
1,98 enfant	30 ans	68,5 %	60,1 %	

* Le taux d'emploi est la proportion de personnes disposant d'un emploi parmi celles en âge de travailler (15 à 64 ans)

Source : INSEE, Division des enquêtes et études démographiques (http://www.insee.fr).

B. Look for the same information about your country and make a comparison.

13. QUELQUES CHIFFRES

A. Read the following article and make a graph representing young people's cell phone usage in France. Then complete the graph below.

Les Français et les nouvelles formes de communication

La téléphonie mobile

En juin 2009, il y avait 56,6 millions de clients mobiles en France pour 62,1 millions d'habitants, selon les données de l'Arcep (Autorité de régulation des communications électroniques et des postes). Malgré une progression continue, la France reste derrière beaucoup de pays industrialisés sur ce point.

Chez les jeunes, l'usage du téléphone portable est de plus en plus courant. Selon un sondage TNS-Sofres pour l'Association française des opérateurs mobiles, en 2009 49 % des Français entre 12 et 13 ans possédaient leur propre portable, ce chiffre montait à 76 % chez les 14 et les 15 ans, et jusqu'à 95 % chez les 16 et les 17 ans.

Internet

Selon le cabinet d'étude Comscore, l'Allemagne est le pays qui compte le plus d'internautes (40 millions au total) en Europe en avril 2009, devant le Royaume-uni (36,8 millions) et la France (36,3 millions). Pourtant c'est au Royaume-Uni que les individus passent le plus de temps sur Internet (29 heures par internaute en avril), devant la France (28 heures) ou encore la Finlande (26 heures).

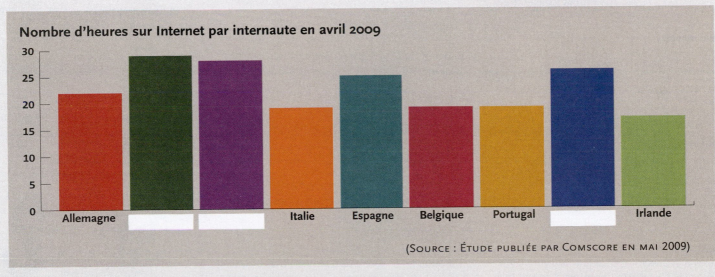

Nombre d'heures sur Internet par internaute en avril 2009

(Labels: Allemagne, [ ], [ ], Italie, Espagne, Belgique, Portugal, [ ], Irlande)

(SOURCE : ÉTUDE PUBLIÉE PAR COMSCORE EN MAI 2009)

B. Compare the numbers given in the article with the ones for your country.

POINT DE DÉPART

THE ALPHABET

There are 26 letters in the French alphabet : **a, b, c, d, e, f, g, h, i, j, k, l, m, n, o, p, q, r, s, t, u, v, w, x, y, z**.

Letters are masculine, i.e. we say *le a*, *le b*, etc.

There are 32 phonemes in French. Several phonemes are formed by a combination of vowels or consonants. Moreover, some letters can be pronounced in various ways depending on which letter precedes or follows them.

Oral vowels

[a]	Paris [paʀi]
[ɛ]	lait [lɛ] / père [pɛʀ] / même [mɛm]
[e]	étudier [etydje] / les [le] / vous avez [vuzave]
[ə]	le [lə]
[i]	riz [ʀi]
[y]	rue [ʀy]
[ɔ]	robe [ʀɔb]
[o]	mot [mo] / gâteau [gato] / jaune [ʒon]
[u]	bonjour [bɔ̃ʒuʀ]
[ø]	jeudi [ʒødi]
[œ]	sœur [sœʀ] / leur [lœʀ] / jeune [ʒœn]

Nasal vowels

[ɑ̃]	vacances [vakɑ̃s] / vent [vɑ̃]
[ɛ̃]	intéressant [ɛ̃teʀesɑ̃] / impossible [ɛ̃pɔsibl]
[ɔ̃]	long [lɔ̃]
[œ̃]	lundi [lœ̃di] / un [œ̃]

Semi-vowels

[j]	piéton [pjetɔ̃]
[w]	pourquoi [puʀkwa]
[ɥ]	nuit [nɥi]

Watch out! When a word ending with an **-s** is followed by a word that starts with a vowel, you will do what is called a *liaison*, which means that you will link the two words and will make the sound [z].

ils___ont
les___enfants

SPELLING

To spell, you need to know the alphabet and the names of the letters. You must also know the four types of accents used in French: *accent aigu* (**as in é**), *accent grave* (**as in è**), *accent circonflexe* (**as in ê**) and *tréma* (**ë**).

The letter **a** can be spelled with two different accents:

▶ with an *accent grave* to distinguish two words that have the exact same pronunciation.
à / a   là / la

▶ with an *accent circonflexe* for a slightly different pronunciation of the **a**. This small phonetic nuance is less and less observed in standard French, but the accent has been preserved.

âge, pâte

The letter **e** can be written with or without any of the four accents. The accents will modify its basic pronunciation

l'été, le père, la fête, Noël

▶ The **è** cannot be placed at the beginning of a word.

la mère

▶ Only the **é** can be used several times in a word.

Il m'a téléphoné hier.

▶ If an **e** is followed by another vowel and it needs to be pronounced separately, a *tréma* is placed over the **e**.

Noël [nɔɛl]

The letter **u**, can have an *accent circonflexe*, an *accent grave* or a *tréma* to distinguish a similar sounding word in writing. These accents will not modify its pronunciation.

où, sûr

The letters **i** and **o** can have an *accent circonflexe* for etymological or spelling reasons.

île, tôt

GREETINGS

You can greet others using different expressions, depending on the people you are addressing and the time of the day.

▶ In the morning, at noon or in the afternoon

● *Salut / Bonjour. Ça va ?*
○ *Ça va. Et toi ? / Et vous ?*

▶ In the evening

● *Salut / Bonsoir. Ça va ?*

Salut is informal while *bonjour* is neutral. *Ça va* will also be used in rather informal situations. *Et toi ?* will be used with someone you are familiar with and that you are addressing using *tu*, while *Et vous ?* will be used to address someone you are on a formal basis with (*vous* form).

D, U, R, A, N, D.

Votre nom, s'il vous plaît ?

TOUR VOYAGES

SAYING GOODBYE

There are several expressions you can use to say good-bye:

▶ In the morning, midday, in the afternoon and in the evening

Au revoir !
À bientôt !
À plus ! (note that this expression is very informal)

▶ In the morning

Bonne journée !   (Have a good day!)

▶ Midday

Bon après-midi !   (Have a good afternoon!)

▶ In the evening

Bonne soirée !   (Have a good evening!)
Bonne fin de soirée !   (Enjoy the rest of your evening!)

Note that we only use *Bonne nuit!* (Good night!) just before going to bed.

INTRODUCING OURSELVES

Generally, to introduce yourself, use the expression **s'appeler** + your name.

*Bonjour, **je m'appelle** Thierry.*

ASKING QUESTIONS (1)

In French there are several ways to ask questions. One way is to use **qu'est-ce que** + sentence.

● **Qu'est-ce que** *ça veut dire « livre » en anglais ?*
○ *Ça veut dire « book ».*

THE INTONATION OF THE SENTENCE

Usually, with a statement (positive or negative), the intonation goes down.

*Tu viens de**main**.*   *Tu ne viens pas de**main**.*

When asking a question, your intonation will rise as indicated by the arrow.

*Tu viens de**main** ?*

NUMBERS 0 TO 19

0	zéro	10	dix
1	un / une	11	onze
2	deux	12	douze
3	trois	13	treize
4	quatre	14	quatorze
5	cinq	15	quinze
6	six	16	seize
7	sept	17	dix-sept
8	huit	18	dix-huit
9	neuf	19	dix-neuf

▶ Pronunciation
Certain numbers are pronounced differently if they are followed by a word that starts with a vowel or a consonant.

six [sis] mais *six livres* [silivʀ] / *six enfants* [sizɑ̃fɑ̃]
huit [ɥit] mais *huit livres* [ɥilivʀ] / *huit enfants* [ɥitɑ̃fɑ̃]
dix [dis] mais *dix livres* [dilivʀ] / *dix enfants* [dizɑ̃fɑ̃]

Never pronounce the **-p** in **sept**, but do pronounce the **-t**.

sept [sɛt] / *sept livres* [sɛtlivʀ] / *sept enfants* [sɛtɑ̃fɑ̃]

Neuf heures is pronounced [nœvœʀ] and *neuf ans* is pronounced [nœvɑ̃]. In all other cases, **neuf** is pronounced [nœf]: *neuf enfants* [nœfɑ̃fɑ̃].

▶ Spelling
When counting, always use **un**.

Un, deux, trois, … vingt et un, trente et un…

However, when expressing a quantity, you need to pay attention to the gender of the noun.

Un livre, deux livres… vingt et un livres…
*Un**e** page, deux pages… vingt et un**e** pages…*

Careful ! Belgium and Switzerland, use different numbers for 70 and 90 (and other numbers derived from 70 and 90).

▶ In Belgium:
septante (70) and **nonante** (90). **1971** would thus be **mille neuf cent septante-un**.

*Son grand-père a fêté ses **nonante** ans.*

Note that the **-p** is pronounced in **septante** [sɛptɑ̃t].
Quatre-vingts (80) is used as in France.

▶ In Switzerland:
The same numbers are used as in Belgium (**septante** and **nonante**), but 80 is **huitante** or **octante**.

*La question posée a été approuvée par référendum à plus de **huitante** / **octante** pour cent de la population.*

1 PRISE DE CONTACT

NUMBERS 20 TO A BILLION

20	vingt	101	cent un
21	vingt et un / une	110	cent dix
22	vingt-deux	200	deux cents
23	vingt-trois	201	deux cent un
24	vingt-quatre	300	trois cents
25	vingt-cinq	400	quatre cents
26	vingt-six	500	cinq cents
27	vingt-sept	600	six cents
28	vingt-huit	700	sept cents
29	vingt-neuf	800	huit cents
30	trente	900	neuf cents
40	quarante	1000	mille
50	cinquante	1001	mille un
60	soixante	10 000	dix mille
70	soixante-dix	100 000	cent mille
80	quatre-vingts	1 000 000	un million
90	quatre-vingt-dix	2 000 000	deux millions
100	cent	1 000 000 000	un milliard

▶ Pronunciation
A few numbers change pronunciation:

vingt [vɛ̃] mais *vingt-deux* [vɛ̃tdø], *vingt-trois* [vɛ̃t'ʀwa]

▶ Spelling
Quatre-vingts (80) is spelled with an **–s** when it is on its own. But if followed by another word, the **–s** drops:

quatre-vingt-un, quatre-vingt-deux...

In French, a hyphen is placed between two-digit numbers and single-digit numbers.

dix-sept, vingt-deux, quarante-cinq

Whenever **et**, is used, we do not use a hyphen.

*vingt **et** un, cinquante **et** un*

	SINGULAR	PLURAL
1st PERSON	**je** (**j'** in front of a vowel or a silent **h**)	**nous / on**
2nd PERSON	**tu / vous** (formal)	**vous**
3e PERSON	**il / elle / on**	**ils / elles**

Personal subject pronouns are always used with conjugated verbs and are placed in front of the verb.

- *Éric Descamps ?*
- *Oui, **je** suis là.*
- *Hans ?*
- ***Il** est absent.*

In questions, the personal subject pronouns can be placed after the verb.

*Es-**tu** français?*
*Avez-**vous** des frères et sœurs ?*

The personal pronoun **tu** is used to address a friend, a young person, someone from your family or a colleague that you address informally.

The personal pronoun **vous** has two uses: to address a person in a formal way (for example your instructor, anyone older than you, people you don't know) or to address several persons at the same time.

The personal subject pronouns **il**, **elle**, **ils**, **elles**:

▶ **Il** represents a masculine singular subject, **elle** a feminine singular subject.
▶ **Ils** represents a masculine plural subject, **elles** a feminine plural subject.

*Tintin est un personnage de fiction. **Il** est toujours accompagné de Milou. **Ils** sont inséparables.*

*C'est ma sœur, **elle** s'appelle Lidia.*
*Ce sont mes sœurs, **elles** s'appellent Lidia et Katia.*

Careful! If you have both masculine and feminine elements, the masculine plural form is used (**ils**).

Stressed pronouns

	SINGULAR	PLURAL
1st PERSON	**moi**	**nous**
2nd PERSON	**toi**	**vous**
3e PERSON	**lui / elle**	**eux / elles**

Stressed pronouns are used to reinforce the subject pronouns.

***Moi**, je m'appelle Sarah.*

Stressed pronouns can be used by themselves, without the verb (which is not possible for personal subject pronouns).

Comment tu t'appelles ?
*○ **Moi**, je m'appelle Grazia, et **toi** ?*
*● **Moi**, Julio.*

C'est is followed by a stressed pronoun, not by a personal subject pronoun.

- *Carine Nacar ?*
- *Oui, c'est **moi**.*

Careful! In English, you can place emphasis on a subject pronoun using your voice:

***I** will do the dishes and **you** walk the dog.*

In French, however, you need to use a stressed pronoun.

***Moi**, je m'appelle Jeanne et **lui**, il s'appelle Georges.*

NOUNS : GENDER AND NUMBER

▶ Gender
In French, all nouns have a gender: they are either masculine or feminine. This is important because you will need to agree all elements referring to that noun you are using (articles, adjectives, demonstrative adjectives, etc.) to make sure everything matches its gender.

le cinéma américain   la musique américaine

▶ Number
Generally, to indicate plural, you simply add an **–s** to the singular form of the noun.

le livre → les livres   le musicien → les musiciens

DEFINITE ARTICLES

	SINGULAR	PLURAL
MASCULIN	**le** sport, **l'**art *	**les** pays
FÉMININ	**la** cuisine, **l'**histoire *	**les** vacances

*__Le__ and **la** change to **l'** in front of a vowel or a silent **h**.

Definite articles are used:

▶ to introduce something or someone that is definite, familiar or already mentioned.

*C'est **le** chat de Lucile.*

▶ to make a reference to a category or a species in general.

***Les** fromages français sont célèbres dans le monde entier.*

▶ to make a reference to something you always do on a particular day of the week.

***Le** lundi, je vais à la piscine.*

THE VERB ÊTRE

ÊTRE	présent de l'indicatif
	je suis
	tu es
	il / elle / on est
	nous sommes
	vous êtes
	ils / elles sont

The verb **être** is used:

▶ to define words or concepts.

*La Terre **est** une planète.*

▶ to indicate something (an object, a place, a person or a concept).

*C'**est** la Terre. C'**est** une planète.*

▶ to comment on something (**c'est** + masculine singular adjective).

*C'**est** joli. Tu as bien choisi les couleurs.*

▶ to define or classify (an object, a person...).

*Minou **est** un chat.*

▶ to identify something or someone.

*Minou **est** le chat de Justine.*

▶ to express characteristics.

*Minou **est** noir et blanc.*

▶ to locate in space.

*Minou **est** sur le fauteuil.*

▶ to describe something or someone.

*Minou **est** fatigué. Il **est** gros. Il **est** heureux.*

▶ to indicate someone's profession (without an article between **être** and the profession).

*Paul **est** journaliste.*

THE VERB AVOIR

AVOIR	présent de l'indicatif
	j'ai
	tu as
	il / elle / on a
	nous avons
	vous avez
	ils / elles ont

The verb **avoir** is used:

▶ to indicate possession.

*Il **a** trois voitures.*

▶ to tell someone's age.

● *Tu **as** quel âge ?*
○ *J'**ai** 15 ans. Et toi ?*

▶ to indicate certain feelings such as being cold, hot, hungry, thirsty and sleepy. Note that these expressions all use the verb **to be** in English.

● *Minou **a** faim.*
○ *J'**ai** froid.*

IDENTIFYING : C'EST / CE SONT

C'est and ***ce sont*** are used to identify, point to or present things and beings.
In the singular:

● *C'**est** Isabelle Adjani ?*
○ *Non, c'**est** Juliette Binoche.*

In the plural:

● *Ce **sont** les îles Seychelles ?*
○ *Non, ce **sont** les îles Comores.**

Note that the singular form may be used instead of the plural form in informal speech.

*C'**est** les îles Comores.*

The negative forms are **ce n'est pas** and **ce ne sont pas**.

● *Jorge, c'**est** Jacques en français ?*
○ *Non, **ce n'est pas** Jacques, c'est Georges.*

● *La photo nº 4, **ce sont** les Pays-Bas ?*
○ *Non, **ce ne sont pas** les Pays-Bas.*

Note that the particle **ne/n'** is often omitted in informal speech.

C'est pas Jacques; c'est pas les Pays-Bas.

Laurent, c'est ton ami ?

Non, c'est mon frère.

VOCABULAIRE

Numbers :

un	one
deux	two
trois	three
quatre	four
cinq	five
six	six
sept	seven
huit	eight
neuf	nine
dix	ten
onze	eleven
douze	twelve
treize	thirteen
quatorze	fourteen
quinze	fifteen
seize	sixteen
dix-sept	seventeen
dix-huit	eighteen
dix-neuf	nineteen
vingt	twenty
trente	thirty
quarante	fourty
cinquante	fifty
soixante	sixty
soixante-dix	seventy
quatre-vingts	eighty
quatre-vingt-dix	ninety
cent	hundred
mille	thousand

A few European countries:

l'Allemagne	Germany
l'Angleterre	England
l'Autriche	Austria
l'Espagne	Spain
l'Irlande	Ireland
l'Italie	Italy
la Belgique	Belgium
la France	France
la Norvège	Norway
la Pologne	Poland
la Suède	Sweden
la Suisse	Switzerland
le Royaume-Uni	United Kingdom
les Pays-Bas	Netherlands

Nouns :

l'adresse électronique (f)	email address
l'ami, l'amie	friend
le café	café, coffee shop (also means coffee)
la chanson	song
le cinéma	cinema / movies
le croissant	croissant
la cuisine	food, kitchen
la culture	culture
l'école	school
l'émission (f)	TV show
l'Europe (f)	Europe
la famille	family
le français	French language
la francophonie	French-speaking countries
le fromage	cheese
les gens	people
l'histoire (f)	history
la langue	language
la littérature	literature
la mère	mother
la mode	fashion
la musique	music
le nom	last name
le numéro de téléphone	phone number
les parents (m)	parents
le pays	country
le père	father
le petit ami	boyfriend
la petite amie	girlfriend
la politique	politics
le portable	cell phone
le prénom	first name
le sport	sport(s)
le tourisme	tourism
le travail	work
les vacances	vacation

Verbs :

aimer	to like, to love
apprendre	to learn
avoir	to have
connaître	to know
croire	to believe
épeler	to spell
être	to be
étudier	to study
parler	to speak
s'appeler	to be called
travailler	to work

Some words and expressions:

arobase	at sign @
bonjour	hello / good morning / good afternoon
bonsoir	good evening
c'est moi	it's me
ça s'écrit	it is spelled
ça, cela	this
c'est, ce n'est pas	it is, it is not
ce sont, ce ne sont pas	these are, these are not
comment	how
elle	she
elles	they, them (feminine)
en français	in French
eux	they (stressed), them
il	he
ils	they (masculine)
j'apprends	I learn
je ne sais pas	I don't know
je sais	I know
je	I
lui	he (stressed), him
moi	me
nous	we, us
on dit	we say
parce que	because
pour	in order to, for
pourquoi	why
qu'est-ce que	what
qu'est-ce que c'est ?	what is it ?
salut	hi / bye
s'il te plaît	please (informal singular)
s'il vous plaît	please (formal or plural)
toi	you (stressed singular)
tu	you (informal singular)
vous	you (formal or plural)

2 POINTS COMMUNS

Bruno
....
....
....
....

Dorothea
Elle est allemande.
Elle a 26 ans.
Elle est traductrice.

Nicole
....
....
....
....

Xavier
....
....
....
....

Marta
....
....
....
....

We are going to form groups according to each person's tastes.

Taadaki

....

....

....

....

1. QUI EST QUI ?

A. À deux, à l'aide des informations ci-dessous, essayez de deviner la nationalité, l'âge et la profession de ces personnes. Complétez leur fiche comme dans l'exemple de Dorothea.

Nationalité

- italien
- américaine
- allemande
- espagnole
- japonais
- français

Profession

- musicien
- étudiante
- traductrice
- peintre
- cuisinier
- architecte

Âge

- 24 ans
- 45 ans
- 58 ans
- 19 ans
- 33 ans
- 26 ans

B. Maintenant, comparez vos propositions à celles des autres groupes.

- Nous pensons que Nicole est étudiante.
- Nous aussi.

C. Écoutez ces conversations et regardez à nouveau les photos. À votre avis, de qui parlent-ils ?

Track 14

	Ils parlent de...
Conversation 1	
Conversation 2	
Conversation 3	
Conversation 4	

2. RUE DU MOULIN NEUF

A. Tous ces gens habitent rue du Moulin Neuf.
Regardez l'illustration et lisez les textes. Ensuite,
écrivez le prénom et le nom d' / de...

un jeune garçon : ....

une dame âgée : ....

quelqu'un qui ne travaille pas : ....

un célibataire : ....

une personne qui étudie : ....

quelqu'un qui fait du sport : ....

quelqu'un qui travaille dans une banque : ....

Au numéro 16, rez-de-chaussée

SONIA GUICHARD
- Elle a cinquante-huit ans.
- Elle est assistante sociale.
- Elle aime beaucoup les plantes.
- Elle n'aime pas le bruit.

ALBERT GUICHARD
- Il est retraité.
- Il a soixante-cinq ans.
- Il est sympathique et poli.
- Il aime bricoler.

Au numéro 16, 2ᵉ étage

MARC LEFRANC
- Il a trente-trois ans.
- Il est dentiste.
- Il est très cultivé et un peu prétentieux.
- Il aime l'art contemporain.

Au numéro 16, 1ᵉʳ étage

GÜNTER ENGELMANN
- Il est directeur d'une agence bancaire.
- Il est allemand.
- Il a quarante-cinq ans.
- Il collectionne les timbres.

JENNIFER LAROCHE-ENGELMANN
- Elle a trente ans.
- Elle travaille à la télévision.
- Elle a deux enfants.

NATHALIE ENGELMANN
- Elle a huit ans.
- Elle aime les jeux électroniques.
- C'est une bonne élève.

DAVID ENGELMANN
- Il a douze ans.
- Il est très bavard.
- Il aime le football.

Au numéro 16, 1ᵉʳ étage

SYLVIE CUVELIER
- Elle a quarante et un ans.
- Elle est publicitaire.
- Elle est très coquette, elle aime beaucoup la mode.

FREDDY CUVELIER
- Il travaille dans l'immobilier.
- Il a quarante-quatre ans.
- Il est dynamique, travailleur, très ambitieux.
- Il aime l'escalade.

JEAN-MARC CUVELIER
- Il a dix-neuf ans.
- Il fait des études de géographie.
- Il aime les grosses motos et sortir avec ses copains.

Au numéro 16, 2ᵉ étage

PHILIPPE BONTÉ
- Il a vingt-sept ans.
- Il est canadien.
- Il est professeur de musique.
- Il joue de la trompette.

Au numéro 16, 3ᵉ étage

BARBARA PINCHARD
- Elle a soixante-neuf ans.
- Elle est veuve.
- C'est une dame très gentille.
- C'est une excellente cuisinière.

Au numéro 16, 3ᵉ étage

JAMAL YACOUB
- Il est journaliste.
- Il est jeune, il est beau et il est célibataire.
- C'est un excellent percussionniste.

Au numéro 16, 4ᵉ étage

MARC WIJNSBERG
- Il est sculpteur.
- Il est divorcé.
- Il est sociable et très bavard.
- Il aime rire.

Au numéro 16, 4ᵉ étage

ANNE-MARIE FLABAT
- Elle est informaticienne.
- Elle aime les animaux.
- Elle a un chien et un chat.

JUSTINE FLABAT
- Elle a vingt-sept ans.
- Elle est infirmière.
- Elle aime la danse moderne.

B. Écoutez ces conversations entre voisines. De qui parlent-elles ?
Que disent-elles ? À deux, complétez le tableau.

Track 15

ELLES PARLENT DE...	ELLES DISENT QU'IL / ELLE EST...
1	
2	
3	
4	

3. JAPONAIS, JAPONAISE

Quels sont les pays correspondants à ces adjectifs ? Essayez aussi de compléter la liste.

1. espagnol
espagnole

2. italien
italienne

3. japonais
japonaise

4. suédois
suédoise

5. américain
américaine

6. chinois
....

7. anglais
....

8. mexicain
....

9. autrichien
....

4. QUI AIME LE THÉÂTRE ?

A. Par groupes de trois, pensez à vos camarades de classe et décidez qui aime...

le théâtre : *Boris*

chanter : ....

l'art contemporain : ....

les courses automobiles : ....

le hip-hop : ....

les langues : ....

faire du camping : ....

danser : ....

.... : ....

B. Vérifiez vos hypothèses.

- *Nous pensons que Boris aime le théâtre.*
- *Non, je n'aime pas le théâtre...*

5. MON ARBRE GÉNÉALOGIQUE

Track 16

A. Irène parle de sa famille ; écoutez-la et complétez son arbre généalogique.

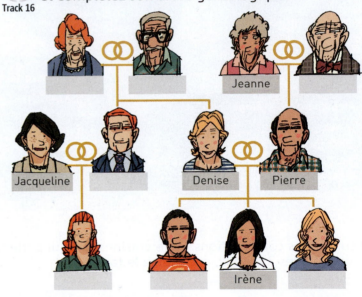

Jeanne

Jacqueline   Denise   Pierre

Irène

B. Maintenant, comparez vos réponses à celles d'un camarade.

LA PROFESSION

- *Qu'est-ce qu'il / elle fait dans la vie ?*
- *Elle est informaticienne.*
- *Il travaille dans une banque.*
- *Il fait des études de chimie.*

LA NÉGATION : NE... PAS

Elle n'aime pas le bruit.
Il ne travaille pas.
Il n'est pas français.

LES POSSESSIFS ET LES LIENS DE PARENTÉ

mon père **ma** mère	**mes** parents
ton frère **ta** sœur	**tes** frères et sœurs
son grand-père **sa** grand-mère	**ses** grands-parents
leur fils **leur** fille	**leurs** enfants

AIMER AU PRÉSENT

AIMER	
j'	aim**e**
tu	aim**es**
il / elle / on	aim**e**
nous	aim**ons**
vous	aim**ez**
ils / elles	aim**ent**

6. CÉLÉBRITÉS

A. Voici quelques francophones célèbres. À votre avis, quelle est leur année de naissance ? Parlez-en entre vous.

1. Patrick Bruel est un chanteur et acteur français, né à Tlemcen, en Algérie.

2. Jean Reno est un acteur mondialement connu. Il est né à Casablanca de parents espagnols.

3. Lætitia Casta, née à Pont-Audemer, est un mannequin « top model » et une actrice française.

4. Amélie Nothomb est une écrivaine belge. Elle est née à Kobé, au Japon.

 N°　1978　　 N°　1967　　 N°　1948　　N°　1959

- Je pense que Lætitia Casta est née en...

B. Quel âge ont-ils ?

Patrick Bruel a...
Jean Reno a...
Lætitia Casta a...
Amélie Nothomb a...

C. Maintenant, pensez à un personnage célèbre et laissez la classe vous poser des questions pour deviner de qui il s'agit.

- C'est un homme ou une femme ?
- Une femme.
- Quelle est sa nationalité ?
- Elle est italienne.
- Elle a quel âge ?
- Environ 45 ans.
- Qu'est-ce qu'elle fait dans la vie ?
- Elle est actrice.
- J'ai trouvé ! C'est Monica Bellucci.

strategies

To internalize grammar rules, it is important to apply them in contextualized activities.

PARLER DE SES GOÛTS

▶ **Aimer** + **le** / **la** / **l'** / **les** + nom
  *Il aime **le** football / **l'**art / **les** animaux...*

▶ **Aimer** + verbe à l'infinitif
  *Il aime **bricoler** / **sortir** avec les copains.*

LES ARTICLES INDÉFINIS

	MASCULIN	FÉMININ
SINGULIER	**un** acteur	**une** actrice
PLURIEL	**des** musiciens	

LE GENRE ET LE NOMBRE DES ADJECTIFS

Les adjectifs s'accordent en genre.

	MASCULIN	FÉMININ
consonne + e	excellen**t**	excellen**te**
é + e	cultiv**é**	cultiv**ée**
eux / euse	prétenti**eux**	prétenti**euse**
eur / euse	travaill**eur**	travaill**euse**
e	sympathiqu**e**	

Les adjectifs s'accordent aussi en nombre. En général, on ajoute **-s** pour former le pluriel.

- *David est très poli.*
- *Augustin aussi est très bien élevé.*
- *C'est vrai, ils sont tous les deux très poli**s** et très bien élevé**s**.*

POSER DES QUESTIONS (2)

	MASCULIN	FÉMININ
SINGULIER	**quel** âge...?	**quelle** profession...?
PLURIEL	**quels** livres...?	**quelles** langues...?

7. VOYAGE EN MÉDITERRANÉE

A. Ces personnes partent en vacances en croisière. Pouvez-vous les associer à la description qui convient ?

1. Charles Bramard, 44 ans, travaille dans une agence de voyages. Il aime les animaux. Il parle français, anglais et espagnol.

2. Giulia Potier, 42 ans, femme au foyer. Elle parle italien (sa langue maternelle) et français.

3. Daniel Potier, époux de Giulia, 43 ans, directeur commercial dans une multinationale. Il aime le camping. Il parle français et assez bien anglais.

4. Eugénie Potier, fille de Giulia et Daniel. Elle a 12 ans, elle est sympathique et ouverte ; elle s'intéresse à tout.

5. Éric Laffont, 30 ans, célibataire, skipper, a fait deux tours du monde en voilier. Il parle français et un peu anglais.

6. Federico Sordi, 40 ans, italien. Il aime beaucoup voyager.

7. Isabella Sordi, italienne, 38 ans, mariée avec Federico. Elle parle italien et un peu français.

8. Marc Wijnsberg, 35 ans, divorcé, sculpteur. Il adore les sports d'hiver. Il parle français et anglais.

9. Bertrand Laurent, 62 ans, veuf, ancien capitaine de la marine marchande. Il lit le *National Geographic* en anglais.

10. Paul Duval, 26 ans, étudiant en médecine. Il aime les courses automobiles et le football. Il parle français et anglais.

11. Isabel Gomes, 25 ans, portugaise, petite amie de Paul, étudiante infirmière à Porto. Elle parle portugais, espagnol, anglais et un peu français.

12. Marion Martin, 32 ans, célibataire, journaliste. Elle est écolo. Elle parle français et anglais.

13. Françoise Lepont, 61 ans, retraitée, elle aime le jazz. Elle parle français et italien.

strategies

A dictionary is a great tool when you're learning a new language. However, don't look up each and every word in a text. Start by searching keywords to understand the text as a whole.

14. Jacqueline Soulet, fille de Françoise, 30 ans, employée de banque, elle aime la nature. Elle parle français et assez bien anglais.

15. Pascale Riva, 26 ans, célibataire. Elle fait une école de théâtre. Elle est assez extravertie. Elle parle français et un peu italien.

16. Nicole Nakayama, 29 ans, professeure de français à l'université. Elle est timide et très aimable. Elle parle français, anglais et japonais.

17. Toshio Nakayama, 35 ans, japonais, époux de Nicole. Il aime la pêche. Il parle japonais et assez bien anglais.

B. Comparez vos réponses à celles d'un autre camarade.

C. Vous êtes maître d'hôtel à bord de ce paquebot et vous devez placer ces passagers à table pour le dîner de bienvenue. Écoutez les renseignements sur les passagers et prenez des notes.

Track 17

D. Par petits groupes, répartissez ces passagers en quatre tables. Ensuite, expliquez et justifiez votre choix à la classe.

À la table numéro 1, je place Nicole avec son mari Toshio. À côté, Marc, parce qu'il parle anglais, comme Toshio...

La France, un pays plurilingue

La France se compose d'une mosaïque de langues et de cultures. En plus du français, dans certaines régions, on parle une langue régionale qui peut être étudiée dans les écoles ou les universités : l'alsacien, le basque, le breton, le catalan, le corse, le gallo et l'occitan.

Mais il y a aussi d'autres langues qui sont très présentes dans la vie familiale des Français. Dans de nombreuses familles, on parle la langue maternelle des parents ou des grands-parents immigrés en France : l'arabe, l'espagnol, l'italien, le portugais, le polonais, le chinois... On calcule qu'un quart des citoyens français ont un ancêtre d'origine étrangère venu en France à partir du 19e siècle.

NOS PRÉFÉRÉS

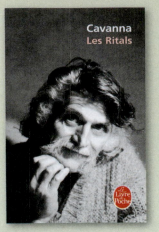

Kiffe kiffe demain (2004), Faiza Guène, Le Livre de Poche.

L'auteure raconte la vie d'une adolescente de 15 ans originaire du Maghreb qui vit dans une cité de la banlieue populaire de Paris.

Les Ritals (1978), François Cavanna, Le Livre de Poche.

Ce roman autobiographique raconte l'enfance de ce fils de « ritals » (nom argotique donné aux immigrés italiens) dans les années 30 près de Paris.

8. LANGUES EN CONTACT

A. Situez sur la carte les régions de France où l'on parle breton, basque, catalan, occitan, corse, gallo et alsacien.

Track 18

B. Écoutez ces trois personnes qui parlent des langues de leur entourage et prenez des notes.

	Origine des parents et des grands-parents	Langues parlées à la maison	Langues étudiées à l'école
1.			
2.			
3.			

9. PARLEZ-VOUS FRANÇAIS ?

A. Savez-vous quelles langues sont parlées en Belgique, en Suisse et au Canada ? Découvrez-les !

LA BELGIQUE, LA SUISSE ET LE CANADA

En **Belgique**, il y a trois langues officielles : le néerlandais, le français et l'allemand. Dans les Flandres (Nord-Est du pays), la langue officielle est le néerlandais ; en Wallonie (Sud-Ouest), le français ; et dans la région de la Communauté germanophone, l'allemand. Seule la région de Bruxelles-Capitale a deux langues officielles : le néerlandais et le français.

La **Suisse** possède quatre langues nationales qui occupent quatre régions linguistiques : l'allemand, au Nord et au Centre ; le français, parlé à l'Ouest, dans la Suisse romande ; l'italien au Sud, dans le canton de Tessin, et le romanche, parlé par une petite minorité dans le Sud-Est.

Les deux langues officielles au **Canada** sont l'anglais et le français. Le français est la langue officielle du Québec et il est également officiel, avec l'anglais, au Nouveau-Brunswick au Yukon et au Nunavut. Dans cette dernière région, l'inuktitut est la langue de la majorité et une des onze langues officielles. Dans les Territoires du Nord-Ouest, il y a aussi plusieurs langues autochtones officielles.

B. Observez ces photos. De quels pays et/ou régions proviennent-elles ? Reconnaissez-vous les différentes langues ?

C. Quelles sont les langues parlées dans votre pays ou dans votre région ? Et dans votre famille ?

2 POINTS COMMUNS

ADJECTIVES: GENDER AND NUMBER

Adjectives agree in gender and number with the noun they qualify or characterize.

un pantalon **gris** → une chemise **grise**
un livre **passionnant** → des livres **passionnants**

Feminine forms

The general rule is that an –**e** is added to the masculine form.

grand → grand**e**   japonais → japonais**e**
petit → petit**e**   mexicain → mexicain**e**

However, there are a few other rules:

▶ adjectives ending in –**ien** or –**on** become –**ienne** or –**onne** in the feminine.

brésil**ien** → brésil**ienne**   bret**on** → bret**onne**

▶ adjectives ending in –**er** become –**ère** in the feminine.

étrang**er** → étrang**ère**

▶ adjectives ending in –**eux** become –**euse** in the feminine.

joy**eux** → joy**euse**

▶ adjectives ending in –**eur** also become –**euse** in the feminine.

travaill**eur** → travaill**euse**

▶ adjectives ending in –**if** become –**ive** in the feminine.

sport**if** → sport**ive**

▶ adjectives ending in –**e** have the same form in the masculine and in the feminine. These are gender-neutral adjectives.

jeune → jeune

How to form the masculine from the feminine form

Knowing the feminine form of an adjective can help you figure out what the masculine form is: orally it will help you with its pronunciation and in writing it will help you with its spelling.

▶ Orally: the last consonant you hear in a feminine adjective is not pronounced in the masculine.

FEMININE   MASCULINE
japonaise [ʒaponɛz]   japonais [ʒaponɛ]

▶ In writing: this last consonant that you hear in the feminine indicates the last letter of the masculine.

FEMININE   MASCULINE
grande [gʀɑ̃d]   grand [gʀɑ̃]

▶ In certain cases, the adjective is pronounced in the same way in the masculine and in the feminine. But you will notice a difference in the spelling of the adjective: an –**e** is added in the feminine.

FEMININE   MASCULINE
âgé**e** [aʒe]   âgé [aʒe]
espagnol**e** [ɛspaɲɔl] espagnol [ɛspaɲɔl]

How to form the plural

Generally, the plural is formed by adding an –**s** at the end.

grand → grand**s**
petite → petite**s**

However, there are a few other rules:

▶ adjectives that end with an –**x** in the singular do not change in the plural.

joyeux → joyeux

▶ most adjectives ending in –**al** in the singular end in –**aux** in the plural.

norm**al** → norm**aux**

NEGATION: NE...PAS

In standard French, the negation consists of using **ne... pas** around the verb. This is the most common negative form. The **ne** is placed before the verb and the **pas**, after the verb.

Il **ne vient pas** manger aujourd'hui.

In front of a vowel, **ne** becomes **n'**.

Il **n'est pas** content.

In familiar language, especially in informal conversations, but also in informal writing such as a message, the **ne** is often left out.

Il **est pas** content.

POSSESSIVE ADJECTIVES

Possessive adjectives are used to indicate possession.

NUMBER OF OWNERS	PERSON	SINGULAR			PLURAL
		MASCULINE	FEMININE STARTING WITH A VOWEL OR A SILENT **H**	FEMININE	MASCULINE AND FEMININE
1 OWNER	moi toi vous (formal) lui / elle	**mon** mari **ton** père **votre** fils **son** grand-père	**mon** épouse **ton** épouse **votre** épouse **son** épouse	**ma** femme **ta** mère **votre** fille **sa** grand-mère	**mes** enfants **tes** parents **vos** cousins **ses** grands-parents
2 OWNERS OR +	nous vous eux / elles	**notre** frère **votre** oncle **leur** neveu	**notre** sœur **votre** tante **leur** nièce		**nos** sœurs **vos** tantes **leurs** nièces

Possessive adjectives always agree in number with the noun they refer to.

Singular noun = singular possessive adjective

l'ami de Bob = ***son*** *ami*

Plural noun = plural possessive adjective

les amis de Bob = ***ses*** *amis*

INDEFINITE ARTICLES

Indefinite articles are used to talk about something or someone that has not yet been mentioned or that may be unknown to the person you are speaking with.

	SINGULAR	PLURAL
MASCULINE	**un** livre	**des** livres
FEMININE	**une** photo	**des** photos

Un or ***une*** can be used to indicate possession:

Tu as ***un*** *stylo ?*
J'ai ***un*** *frère et* ***une*** *sœur.*

Des is used to talk about several things/people that we don't know or that we are identifying for the first time. It can also be used to mention things/people without indicating how many there are. In other words, ***des*** indicates plural but it does not specify quantity.

Il a ***des*** *enfants ?*
Elle a ***des*** *amis français.*

Note that in English, ***des*** does not exist. You simply use the noun in the plural (he has children, she has cousins).

Refer to Unit 5 for the use of indefinite articles in negative sentences.

ASKING QUESTIONS (2)

Questions can also be asked by using the interrogative adjectives ***quel***, ***quelle***, ***quels***, ***quelles***.

	MASCULINE	FEMININE
SINGULAR	**quel âge... ?**	**quelle profession... ?**
PLURAL	**quels** livres... ?	**quelles** langues... ?

● ***Quelle*** *est ta date de naissance ?*
○ *Je suis né le 24 avril 1991.*

Quel, ***quelle***, ***quels***, ***quelles*** are all pronounced [**kel**].

Quelle profession exercez-vous ?

Moi, nageur professionnel. Et vous ?

VOCABULAIRE

Professions:

l'acteur, l'actrice	actor
l'architecte (m, f)	architect
l'assistant social,	
l'assistante sociale	social worker
le chanteur, la chanteuse	singer
le cuisinier, la cuisinière	cook
le/la dentiste	dentist
le directeur, la directrice	director
l'écrivain, l'écrivaine	writer
l'étudiant, l'étudiante	student
l'infirmier, l'infirmière	nurse
l'informaticien, l'informaticienne	computer specialist
l'instituteur, l'institutrice	school teacher
le/la journaliste	journalist
le mannequin	model
le musicien, la musicienne	musician
le/la peintre	painter
le/la percussionniste	drummer
le professeur, la professeure	teacher
le/la publicitaire	publicist
le sculpteur, la sculptrice	sculptor
le traducteur, la traductrice	translator

Nouns:

l'animal (m), les animaux	animal(s)
l'art (m)	art
le bruit	noise
le chat	cat
le chien	dog
le copain, la copine	buddy
le cousin, la cousine	cousin
la course automobile	car race
la dame	lady
la danse	dance
l'élève (m, f)	schoolboy or schoolgirl
l'enfant (m, f)	child
l'époux, l'épouse	spouse
l'escalade (f)	rock climbing
la famille	family
la femme	woman, wife
la femme au foyer	housewife
la fille	daughter
le fils	son
le football	football
le frère	brother
le garçon	boy
la grand-mère	grandmother
le grand-père	grandfather
l'histoire (f)	history
l'homme (m)	man
la langue	language
le mari	husband
le mariage	wedding
le marié, la mariée	groom, bride
le monde	world
la moto	motorcycle
le neveu	nephew
la nièce	niece
l'oncle (m)	uncle
la pêche	fishing
la personne	person
le petit-fils	grandson
la petite-fille	granddaughter
la plante	plant
la rue	street
la sœur	sister
le soir	evening
la tante	aunt
la télévision	television
le théâtre	theater, drama
le timbre	stamp
les sports d'hiver	winter sports (skiing, snowboarding)
le veuf, la veuve	widower, widow
le voyage	travel, trip

Adjectives of nationality:

allemand(e)	German
américain(e)	American
anglais(e)	English
autrichien(ne)	Austrian
belge	Belgian
canadien(ne)	Canadian
chinois(e)	Chinese
espagnol(e)	Spanish
français(e)	French
italien(ne)	Italian
japonais(e)	Japanese
mexicain(e)	Mexican
portugais(e)	Portuguese
suédois(e)	Swedish

Adjectives:

âgé(e)	old
agréable	pleasant
aimable	friendly
ambitieux, ambitieuse	ambitious
amusant(e)	funny
bavard(e)	talkative
beau, belle	beautiful
bon(ne)	good
célibataire	single
coquet(te)	stylish
cultivé(e)	well-read
décédé(e)	deceased
divorcé(e)	divorced
écolo	green, environmentalist
étranger, étrangère	foreign
excellent(e)	excellent
extraverti(e)	extroverted, outgoing
gentil(le)	nice
gros(se)	big
intelligent(e)	intelligent
jeune	young
marié(e)	married
ouvert(e)	open
poli(e)	polite
prétentieux, prétentieuse	conceited
retraité(e)	retired
sociable	sociable
sympathique	friendly
timide	shy
travailleur, travailleuse	hard-working
vieux, vieille	old
vrai(e)	true

Verbs:

aimer	to like
aller	to go
avoir	to have
bricoler	to do small projects around the house, fixing this and that
chanter	to sing
danser	to dance
être	to be
étudier	to study
faire	to do
jouer	to play
parler de	to talk about
rire	to laugh
sortir	to go out
travailler	to work

voyager	*to travel*

Some words and expressions:

à bientôt	*see you soon*
à côté de	*next to*
aller au cinéma	*to go to the movies*
assez	*enough*
aujourd'hui	*today*
aussi	*also*
bien	*well*
faire une croisière	*to go on a cruise*
faire des études	*to study*
faire la fête	*to party*
mondialement connu(e)	*world renowned*
non	*no*
oui	*yes*
pas du tout	*not at all*
plusieurs	*several*
quelqu'un	*someone*
sans	*without*
seulement	*only*
souvent	*often*
tous les deux	*both*
très	*very*
un peu	*a little*

Ce sont des étudiantes françaises.

Ce sont des étudiants français.

3 LA VIE EN ROCK

Les grands rendez-vous de la Fête de la musique

Air

Le plus international des groupes de musique électronique française joue samedi sur la scène de la place de la Bastille à Paris.

Jean-Benoît Dunckel et Nicolas Godin sont les créateurs d'un style vraiment original situé entre la musique électronique, le rock psychédélique et la pop. Timides en apparence, ces deux musiciens offrent des concerts en direct vibrants et pleins d'énergie.

Amadou & Mariam

Les deux chanteurs maliens visitent la place de la Comédie de Montpellier pour fêter cette journée consacrée à la musique.

Amadou et Mariam mélangent le rock et la musique malienne pour créer un style dansant et très gai. Leurs chansons, en langue bambara, en français et en anglais, sont un exemple parfait de métissage et parlent des problèmes de l'Afrique et du monde, mais aussi de la joie de vivre.

Lynda Lemay

Sensible, attentive, chaleureuse, drôle... la Québécoise, en tournée mondiale, chante samedi sur la scène de la place Charles de Gaulle à Lille.

Dans ses chansons, Lynda Lemay parle de la famille, du couple, de la souffrance, des injustices sociales et de l'amour

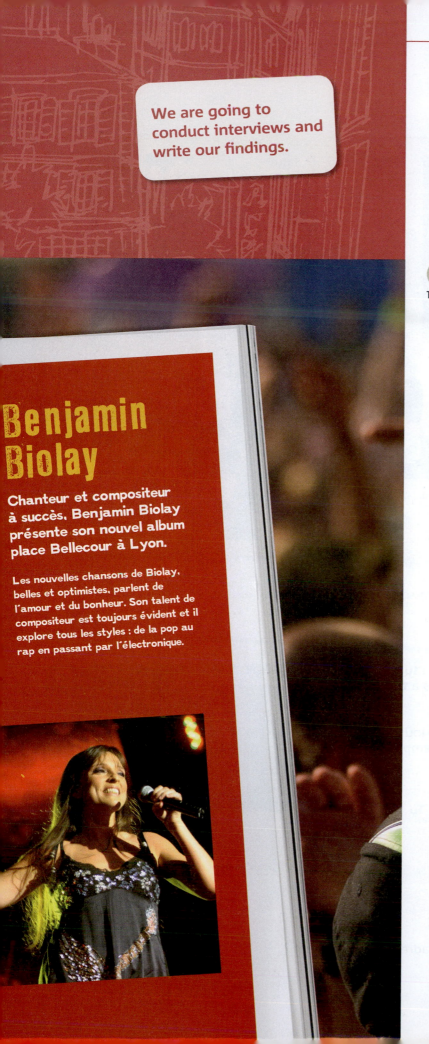

We are going to conduct interviews and write our findings.

Benjamin Biolay

Chanteur et compositeur à succès, Benjamin Biolay présente son nouvel album place Bellecour à Lyon.

Les nouvelles chansons de Biolay, belles et optimistes, parlent de l'amour et du bonheur. Son talent de compositeur est toujours évident et il explore tous les styles : de la pop au rap en passant par l'électronique.

1. LA FÊTE DE LA MUSIQUE

A. Cette revue recommande à ses lecteurs quatre concerts pour la Fête de la musique. À quel concert préférez-vous aller ?

- Moi, je préfère aller au concert d'Amadou et Mariam. Et toi ?
- Moi, au concert de Benjamin Biolay, j'aime bien son style.

B. Au cours d'une émission radio, trois auditeurs parlent de ces artistes. Notez ce qu'ils disent : s'ils aiment, s'ils adorent, s'ils n'aiment pas ou s'ils détestent ces chanteurs.

Track 19

	Appel 1	Appel 2	Appel 3
Air			
Amadou et Mariam			
Benjamin Biolay			
Lynda Lemay			

C. Quel style de musique aimez-vous ? Répondez aux questions suivantes, puis interrogez quelques camarades. Avez-vous les mêmes goûts ?

Quel est votre chanteur préféré ?

Quelle est votre chanteuse préférée ?

Quelles sont vos chansons préférées ?

2. ROMAN PHOTO

A. Où est Yvon sur chacune de ces situations ?

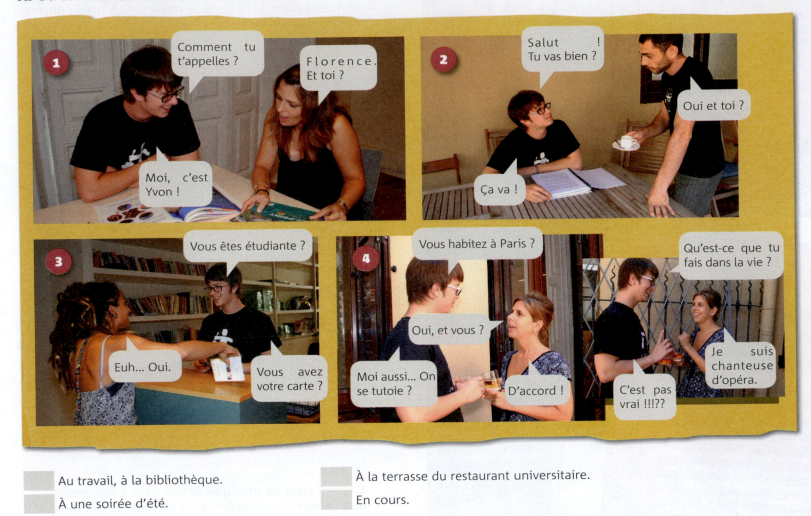

☐ Au travail, à la bibliothèque.

☐ À une soirée d'été.

☐ À la terrasse du restaurant universitaire.

☐ En cours.

B. Quelle forme d'adresse emploie Yvon dans chaque cas : **tu** ou **vous** ? Dans quelle situation propose-t-il de passer de **vous** à **tu** ?

C. Écoutez trois nouvelles conversations d'Yvon, le même jour. Notez le thème évoqué puis relevez les formes d'adresse employées par Yvon et ses interlocuteurs.

Track 20

Thème de la conversation	Vous	Tu
Conversation 1 :		
Conversation 2 :		
Conversation 3 :		

D. Existe-t-il dans votre langue différentes manières de s'adresser à quelqu'un ? Discutez-en entre vous.

3. DEUX ENTRÉES POUR UN CONCERT !

A. Le site du festival *Zik* vous propose de remplir ce questionnaire en ligne pour gagner deux entrées au concert de votre choix.

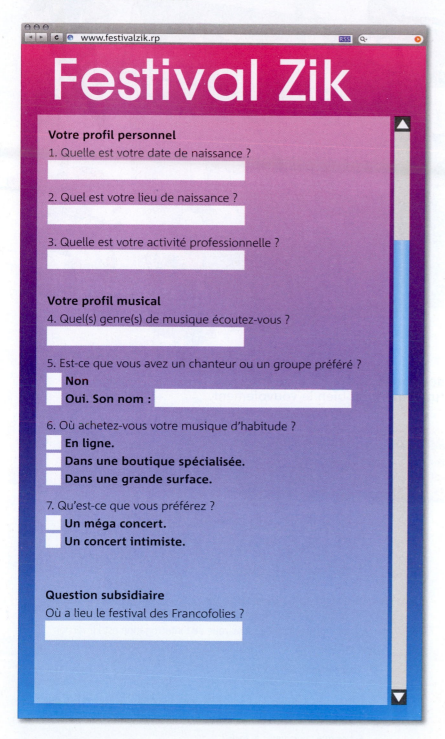

Festival Zik

Votre profil personnel

1. Quelle est votre date de naissance ?

2. Quel est votre lieu de naissance ?

3. Quelle est votre activité professionnelle ?

Votre profil musical

4. Quel(s) genre(s) de musique écoutez-vous ?

5. Est-ce que vous avez un chanteur ou un groupe préféré ?
- [ ] **Non**
- [ ] **Oui. Son nom :**

6. Où achetez-vous votre musique d'habitude ?
- [ ] **En ligne.**
- [ ] **Dans une boutique spécialisée.**
- [ ] **Dans une grande surface.**

7. Qu'est-ce que vous préférez ?
- [ ] **Un méga concert.**
- [ ] **Un concert intimiste.**

Question subsidiaire

Où a lieu le festival des Francofolies ?

B. À deux, échangez vos questionnaires et, à partir des réponses obtenues, essayez de deviner à quel concert vous pouvez inviter votre camarade.

4. CYRANO ET ROXANE

A. Connaissez-vous l'histoire de Cyrano de Bergerac ? Que savez-vous des personnages de Cyrano et Roxane ?

B. Lisez ces descriptions. À deux, pensez à un acteur et à une actrice pour jouer ces rôles.

> Cyrano est poète et écrivain, philosophe, physicien et musicien. Il est intelligent, cultivé, ironique et généreux. Cyrano est un homme indépendant, quelqu'un qui peut être irritant, mais qui parle bien et qui sait séduire. La caractéristique physique de Cyrano reste bien entendu son très long nez !

> Roxane est la cousine de Cyrano. C'est une jeune femme très belle, intelligente et libre. Sa personnalité évolue : d'abord c'est quelqu'un d'un peu superficiel, mais quand elle tombe réellement amoureuse, elle devient plus sage et plus sensible.

C. Décrivez un personnage célèbre de votre culture. Quelles sont ses caractéristiques physiques ?

5. AVEZ-VOUS UNE BONNE MÉMOIRE ?

A. Chez les Dulac, chacun fait ce qu'il aime. Observez l'image pendant une minute puis cachez-la. À deux, retrouvez qui fait quoi.

Qui fait de la musculation ?
Qui fait de la peinture ?
Qui fait de la planche à roulettes ?
Qui fait du yoga ?
Qui fait du rugby ?
Qui fait du jardinage ?

B. Que fait le fils aîné ?
Et le chien ?

6. COMME MOI !

A. Cherchez, dans la classe, des camarades qui ont des points communs avec vous.
Attention : vous devez décider si vous employez le tutoiement ou bien le vouvoiement.

- Où aimez-vous passer vos vacances ?
- À la plage.

- Vous êtes étudiante ?
- Oui, je fais des études d'infirmière. Et vous ?
- Moi, je fais des études d'architecture.

- Est-ce que tu aimes le football ?
- Pas beaucoup.

B. Écrivez ce que vous avez découvert.

Wim a deux frères, comme moi.
Markus fait des études de sociologie, comme moi.

POSER DES QUESTIONS (3)

POSER UNE QUESTION	RÉPONDRE
Vous avez des frères et sœurs **?**	Oui, j'ai un frère.
Est-ce que vous aimez le cinéma ?	Oui, beaucoup ! Et vous ?
Qu'est-ce que c'est ça ?	C'est un cadeau pour toi.
Qui chante *La Vie en rose* ?	Édith Piaf, n'est-ce pas ?
Comment vous appelez-vous ?	Laurent, Laurent Ogier. Et vous ?
Vous habitez **où** ?	À Berlin.
Quel est votre acteur préféré ?	Romain Duris.

Dans un registre soutenu, la marque de l'interrogation est l'inversion sujet-verbe.

> *Aimez-vous* le rap français ?

On peut aussi marquer l'interrogation sans l'inversion : avec **est-ce que** et avec la seule intonation.

> *Est-ce que* vous aimez le rock ?
> *Vous aimez la musique électronique ?*

Placé après le verbe, **qu'est-ce que** devient **quoi** dans un registre familier.

> *Qu'est-ce que tu fais ?*   =   *Tu fais **quoi** ?*

7. STÉRÉOTYPES

A. Il y a souvent des stéréotypes sur les goûts des Français, des Allemands, des Américains, etc. Quels sont-ils ?

Les Français...
aiment ....
n'aiment pas ....

Les Allemands... ....

Les Italiens... ....

Les Américains... ....

Les ....

B. Avez-vous vécu des expériences qui confirment ces stéréotypes ? Quels sont les stéréotypes concernant les goûts des habitants de votre pays ?

8. VRAI OU FAUX

A. Par groupes, chacun fait trois affirmations sur ses activités. Les autres doivent deviner si elles sont vraies ou fausses.

Étudier
- l'anglais
- l'espagnol
- le chinois
- l'arabe
- ...

Aimer (beaucoup...)
- danser
- chanter
- sortir le soir
- faire du théâtre
- le jazz / le hip-hop / la pop française
- le cinéma américain / français
- ...

Jouer
- au football / au tennis
- aux échecs / aux cartes
- de la guitare / de la trompette
- du piano / du saxo
- de l'accordéon
- ...

Faire des études de
- mathématiques
- géographie
- sociologie
- ...

- *Moi, j'étudie le chinois.*
- *Mmmh, oui, je crois que c'est vrai.*
- *Non, je crois que c'est faux.*

B. Communiquez au reste de la classe une information intéressante ou nouvelle sur vos camarades de groupe.

- *Olga fait des études de sciences politiques et étudie le chinois.*

strategies

When you learn new vocabulary, it is not enough to pay attention to isolated words; you must also identify the articles they go with, the expressions they are used in, etc.

VOUVOYER OU TUTOYER

La forme d'adresse **vous** marque la distance ou le respect. **Tu** exprimes une relation de familiarité et de confiance et s'utilise de plus en plus dans les *chats*, les blogs, etc.

Pour un premier contact, il est recommandé d'utiliser **vous**. Avant de passer du vouvoiement au tutoiement, il est toujours prudent de demander la permission.

FAIRE ET JOUER AU PRÉSENT

FAIRE		JOUER	
je	**fais**	je	**joue**
tu	**fais**	tu	**joues**
il / elle / on	**fait**	il / elle / on	**joue**
nous	**faisons**	nous	**jouons**
vous	**faites**	vous	**jouez**
ils / elles	**font**	ils / elles	**jouent**

À ET DE + ARTICLE DÉFINI

	le	les	la	l'
à	**au**	**aux**	**à la**	**à l'**
de	**du**	**des**	**de la**	**de l'**

EXPRIMER DIFFÉRENTS DEGRÉS DANS LE GOÛT

J'adore la musique classique.
Il aime beaucoup la gymnastique.
Nous aimons bien le cinéma français.
Tu n'aimes pas trop le foot, n'est-ce pas ?
Ils n'aiment pas du tout voyager.
Je déteste la télé !

9. ENTRETIEN AVEC...

A. Répondez sur une feuille aux deux questionnaires proposés par cette revue.

TELLE EST LA QUESTION

Le questionnaire de Marcel Proust (qui date du XIXe siècle) et celui du journaliste Bernard Pivot (qu'il a créé à la fin du XXe siècle) permettent de connaître la personnalité et les goûts de quelqu'un.
Voici une sélection des questions.

QUESTIONNAIRE DE MARCEL PROUST

- Le principal trait de mon caractère.
- Mon principal défaut.
- Mon occupation préférée.
- La couleur que je préfère.
- Mes héros dans la fiction.
- Mes héroïnes favorites dans la fiction.
- Mes peintres favoris.
- Mes héros dans la vie réelle.
- Mes noms favoris.

QUESTIONNAIRE DE BERNARD PIVOT

- Votre mot préféré.
- Le mot que vous détestez.
- Le son, le bruit que vous détestez.
- Votre juron ou gros mot.
- Homme ou femme pour illustrer un nouveau billet de banque.

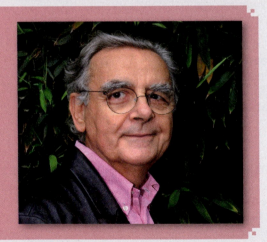

B. Échangez vos questionnaires avec un camarade. Commentez vos réponses.

- Alors, votre mot préféré est « cacahouète » ? Pourquoi ?
- Je ne sais pas... c'est juste un mot sympa que j'aime bien.

C. Maintenant, vous allez interroger votre camarade pour ensuite publier son interview. Suivez ce plan.

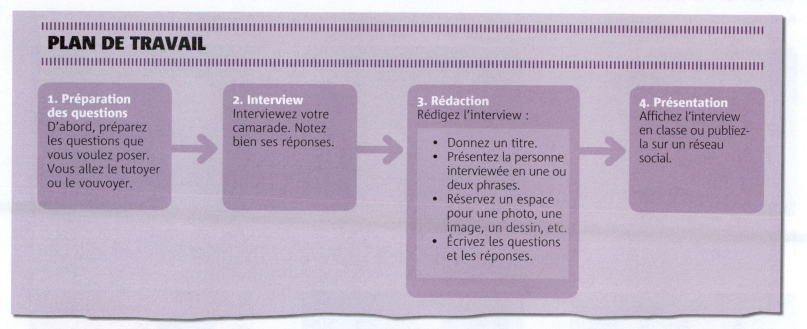

PLAN DE TRAVAIL

1. Préparation des questions
D'abord, préparez les questions que vous voulez poser. Vous allez le tutoyer ou le vouvoyer.

2. Interview
Interviewez votre camarade. Notez bien ses réponses.

3. Rédaction
Rédigez l'interview :

- Donnez un titre.
- Présentez la personne interviewée en une ou deux phrases.
- Réservez un espace pour une photo, une image, un dessin, etc.
- Écrivez les questions et les réponses.

4. Présentation
Affichez l'interview en classe ou publiez-la sur un réseau social.

D. Lisez les interviews. Quelles informations sur vos camarades vous semblent surprenantes ?

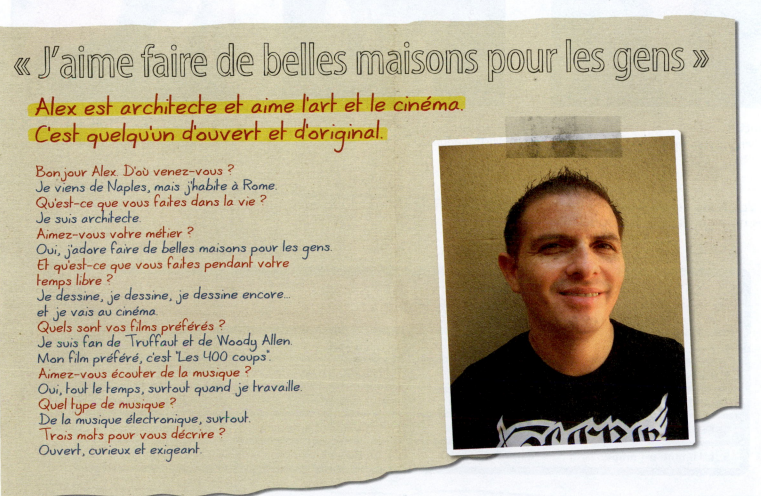

« J'aime faire de belles maisons pour les gens »

Alex est architecte et aime l'art et le cinéma. C'est quelqu'un d'ouvert et d'original.

Bonjour Alex. D'où venez-vous ?
Je viens de Naples, mais j'habite à Rome.
Qu'est-ce que vous faites dans la vie ?
Je suis architecte.
Aimez-vous votre métier ?
Oui, j'adore faire de belles maisons pour les gens.
Et qu'est-ce que vous faites pendant votre temps libre ?
Je dessine, je dessine, je dessine encore... et je vais au cinéma.
Quels sont vos films préférés ?
Je suis fan de Truffaut et de Woody Allen. Mon film préféré, c'est "Les 400 coups".
Aimez-vous écouter de la musique ?
Oui, tout le temps, surtout quand je travaille.
Quel type de musique ?
De la musique électronique, surtout.
Trois mots pour vous décrire ?
Ouvert, curieux et exigeant.

10. LA CHANSON FRANÇAISE

A. Rendez-vous sur une plateforme musicale et écoutez ces chansons. Les connaissez-vous ?

Édith Piaf
La vie en rose
(1946)

Françoise Hardy
Tous les garçons et les filles
(1962)

Georges Brassens
Les copains d'abord
(1964)

Francis Cabrel
Je l'aime à mourir
(1979)

Renaud
Mistral gagnant
(1985)

Olivia Ruiz
Les crêpes aux champignons
(2009)

B. Voici une liste des plus belles chansons francophones. Connaissez-vous quelques-uns des noms de la liste ? Lesquels ?

En 2002, un groupe de compositeurs de musique francophones a élu les 10 plus belles chansons en français du XXe siècle.

1. **Avec le temps**	Léo Ferré	6. **La Mer**	Charles Trenet
2. **Ne me quitte pas**	Jacques Brel	7. **La Bohème**	Charles Aznavour
3. **La Javanaise**	Serge Gainsbourg	8. **Et maintenant**	Gilbert Bécaud
4. **Les Feuilles mortes**	Yves Montand	9. **Comme d'habitude**	Claude François
5. **L'Hymne à l'amour**	Édith Piaf	10. **Belle-Île-en-Mer**	Laurent Voulzy

C. Lisez le début des deux premières chansons de la liste précédente. Choisissez un adjectif pour chacune.

Avec le temps...
Avec le temps, va, tout s'en va
On oublie le visage et l'on oublie la voix
Le cœur, quand ça bat plus, c'est pas la peine d'aller
Chercher plus loin, faut laisser faire et c'est très bien

Léo Ferré

Ne me quitte pas
Il faut oublier
Tout peut s'oublier
Qui s'enfuit déjà
Oublier le temps
Des malentendus
Et le temps perdu
À savoir comment
Oublier ces heures
Qui tuaient parfois
À coups de pourquoi
Le cœur du bonheur

Jacques Brel

D. Voici quatre aspects de la culture musicale française.
Existe-t-il des équivalents dans votre pays ? Qu'en pensez-vous ?

LE SAVEZ-VOUS ?

Les Victoires de la musique

Créés en 1985, les Victoires sont l'équivalent des Grammys pour la musique française. Plus de 1200 professionnels (musiciens, chanteurs, auteurs, producteurs, etc.) votent pour élire les meilleurs interprètes, groupes, albums, etc. Les prix sont décernés lors d'une cérémonie télévisée annuelle.

La Fête de la musique

Mise en place en 1982 par Jack Lang, cette fête a lieu chaque année le 21 juin. Aujourd'hui, elle existe dans 110 pays sur les cinq continents, dans plus de 340 villes du monde, mais c'est en France que la Fête de la musique connaît le plus grand succès populaire : selon l'INSEE, depuis sa création 10 % des Français y ont participé en tant que musiciens ou chanteurs et 75 % en tant que spectateurs.

Le Hall

Il existe en France un organisme chargé de protéger le patrimoine musical français et de développer la recherche et l'éducation autour de la chanson : le Hall de la Chanson, Centre National du Patrimoine de la Chanson, des Variétés et des Musiques actuelles.

Le quotas de chansons francophones à la radio

La loi française oblige les radios à réserver aux chansons francophones des quotas très importants : entre 35 et 60 % du temps consacré à la chanson doit être réservé aux chansons en français.

3 LA VIE EN ROCK

SAYING **VOUS** OR TU

In French you can address someone saying **vous** (= *vouvoiement, vouvoyer quelqu'un*) or **tu** (= *tutoiement, tutoyer quelqu'un*).

Choosing **tu** or **vous** is not a grammatical rule. Rather, it is a social rule that is important to understand and to respect.

Vouvoyer

Using **vous** indicates distance and respect toward the person you are addressing. **Vous** is the polite way to address people in all sorts of situations. It is important to address people using **vous** in situations other than those described in the **tutoyer** section (see below).

At work, in stores and generally, in all professional situations, you will use **vous** to address people. In these cases, **tutoyer** can be perceived as rude.

- ● *Bonjour madame, **vous** pouvez me donner un timbre à 0,60 euros, s'il **vous** plaît ?*
- ○ *Bien sûr. Désirez-**vous** autre chose ?*

It is often the case that office workers of different hierarchical status still say **vous** to each other even after many years of working together.

- ● *Jean, **vous** pouvez prendre le dossier Durango pour la réunion de cet après-midi ?*
- ○ *Oui, monsieur Raffina.*

Vous is also used in all formal writing (professional, administrative, business).

Cher monsieur,
*Comme **vous** le souhaitez, j'ai le plaisir de...*

Tutoyer

You will always use **tu** with a child (up to 12/15 years old).

- ● *Alors mon petit, **tu** aimes les bonbons ?*
- ○ *Oui, madame.*

Tu is used among relatives and friends.

- ● *Papa, est-ce que **tu** veux bien venir me chercher à la sortie du cinéma ?*
- ○ *D'accord, mais **tu** ne me fais pas attendre.*

From elementary school to college, kids say **tu** to each other, and generally, up to 18 years old or so, kids use the **tu** form among themselves in all situations.

*Justine, **tu** me passes ton stylo, s'il te plaît ?*
***Tu** as combien de moyenne en français ?*

Watch out! Don't say **tu** to your professor.

*Monsieur, **vous** pouvez nous donner la date de l'examen ?*

Transitioning from "*vous*" to "*tu*"

This transition is not automatic. It implies that the person who is older, or of a higher hierarchical status, will initiate the change to the **tu** form.

- ● *Est-ce que vous avez un instant pour regarder ce dossier, madame ?*
- ○ *Si vous voulez, on peut se tutoyer.*
- ● *D'accord, eh bien... est-ce que tu peux...*

ASKING QUESTIONS (3)

The inversion

The inversion is used in formal speech and writing. It is formed by inverting the verb and the subject pronoun, and placing a hyphen between these two elements. If the original sentence does not have a subject pronoun, you have to add one.

***Êtes-vous** français?*
*Hélène **est-elle** française?*

« Est-ce que... »

Est-ce que is used in general questions (also known as yes/no questions). **Est-ce que** is easy to use: all you have to do is place it in front of a statement.

- ● ***Est-ce que** vous voulez un café ?*
- ○ *Oui, volontiers !*

- ■ *Non merci !*

Note that in front of a vowel, **est-ce que** becomes **est-ce qu'**.

- ● ***Est-ce qu'**il y a un bon film à la télé ce soir ?*
- ○ *Non.*

Est-ce que can also be used in special questions (wh-questions). You will then combine an interrogative word with **est-ce que**.

*Où **est-ce que** tu habites ?*

In familiar language, **est-ce que** is often omitted. A rising intonation will then indicate that you are asking a question.

- ● *Vous faites du sport ?*
- ○ *Moi oui, un petit peu.*
- ■ *Moi non, pas du tout.*

« Qu'est-ce que... »

Qu'est-ce que is not a yes/no question; therefore, answers can be varied.

- ● ***Qu'est-ce qu'**on achète pour son anniversaire ?*
- ○ *Je ne sais pas. Un disque ? Un pull ? Un livre ?*

- ● ***Qu'est-ce que** nous apportons samedi ? Un gâteau ? Des jus de fruits ?*
- ○ *Apportez un gâteau.*

- ● ***Qu'est-ce qu'**il mange normalement ?*
- ○ *Il mange de tout. Ce n'est pas un enfant difficile.*

In familiar language, **qu'est-ce que** is often replaced by **quoi**.

*On achète **quoi** pour son anniversaire ?*
*On apporte **quoi** samedi ?*
*Il mange **quoi** ?*

VOCABULAIRE

A few interrogative words

In this unit, you have learned three interrogative words:

▶ **Comment** is used to ask about the way to do or say something.
  Comment tu t'appelles ?

▶ **Où** is used to ask about location.
  Où habites-tu ?

Note that **où** can be preceded by a preposition.
  D'où est-ce que tu viens ?

▶ **Qui** is used for people.
  Qui veut un café ?

In familiar language, the interrogative word is often placed at the end of the question.
  Tu t'appelles **comment** ?

THE PREPOSITIONS À AND DE + DEFINITE ARTICLES

À and **de** are modified in front of certain definite articles.

	le	les	la	l'
à	au	aux	à la	à l'
de	du	des	de la	de l'

- Est-ce que tu joues **au** foot ?
○ Non, mais je fais **du** basket.

EXPRESSING ONE'S TASTES

The following verbs and expressions can be used to express one's tastes.

☺☺ adorer / aimer beaucoup

☺ aimer

☺ aimer bien

☹ ne pas (trop) aimer

☹☹ détester / ne pas aimer du tout

- **Tu aimes** le cinéma français ?
○ Oh oui, **j'adore** ! Et toi ?
- Moi, **j'aime bien** mais je préfère le cinéma américain.
■ Pas moi. Moi, **je déteste** le cinéma américain !

Nouns:

l'amour (m)	love
l'appel (m)	call
l'auditeur, l'auditrice	listener
la bibliothèque	library
le billet de banque	banknote / bill
le bonheur	happiness
le bruit	noise
la carte	card
le chanteur, la chanteuse	singer
la chanson	song
le concert	concert
la couleur	color
le cours	class
la date de naissance	birthdate
le défaut	flaw
l'émission de radio (f)	radio show
l'entrée (f)	ticket (for a concert, a show)
le festival	festival
le genre	genre, style
le goût	taste
le gros mot	swearword
le groupe	band
la joie de vivre	joy of life
le juron	swearword
le lieu de naissance	birthplace
le métier	profession
le mot	word
la musique électronique	techno
l'occupation (f)	hobby
le peintre	painter
la pop	pop music
le personnage	character (in a novel, for instance)
la plage	beach
le rap	rap music
le rock	rock music
la soirée	evening party
la soirée d'été	summer party
le style	style
le temps libre	leisure time
le trait de caractère	personality feature
la terrasse	patio, terrace
le travail	work
la vie réelle	real life
la voix	voice

Adjectives:

curieux(ieuse)	curious
drôle	funny
exigeant(e)	demanding
extraordinaire	extraordinary, great
fantastique	fantastic
incroyable	incredible
ouvert(e)	open
préféré(e)	favorite
sage	wise
sensible	sensitive

Verbs:

adorer	to love
aller	to go
aimer	to like
chanter	to sing
danser	to dance
dessiner	to draw
détester	to hate
écouter	to listen
faire	to do, to make
jouer	to play
habiter	to live
préférer	to prefer
sortir	to go out
tutoyer quelqu'un	to say tu to someone
vouvoyer quelqu'un	to say vous to someone

Some words and expressions:

avoir lieu	to take place
beaucoup	a lot
beaucoup de monde	lots of people
c'est pas vrai!	I can't believe it / oh really!
comment	how
d'accord	OK
d'habitude	usually
d'où viens-tu/venez-vous?	where do you come from ?
en direct	live
être fan de	to be a fan of
faire de la musculation	to work out
faire de la peinture	to paint
faire de la planche à roulettes	to skateboard
faire du jardinage	to garden
jouer aux cartes	to play cards
jouer aux échecs	to play chess
où	where
malheureusement	unfortunately
pas du tout	not at all
passer ses vacances	to spend one's vacation
qu'est-ce que	what
quel(le)	which
qui	who
quoi	what
qu'est-ce que vous faites dans la vie?	what kind of work do you do ?
surtout	especially
tout le temps	all the time
trop	too much
un week-end chargé	a busy weekend

4 DESTINATION VACANCES

Bordeaux
- sa gastronomie
- ses vins
- son Grand-Théâtre

Paris
- ses musées
- sa vie nocturne
- ses boutiques chic

Chamonix
- ses Tracks de ski
- son air pur
- ses montagnes

Carcassonne
- sa cité médiévale
- le Canal du Midi

We are going to plan a class trip according to our tastes and interests.

1. VACANCES EN FRANCE

Regardez les photos des villes françaises qui apparaissent sur la carte de France. Qu'est-ce qu'on peut faire dans ces villes ?

aller à la plage

bien manger

faire de la randonnée

faire du shopping

faire du ski

sortir la nuit

visiter des musées

voir des monuments historiques

faire du VTT

- À Chamonix, on peut faire du ski.
- Et, à Nice, on peut aller à la plage.

2. MOI, J'AIME BEAUCOUP...

Track 21

A. Estelle, Luc et Sylvain parlent de leurs activités préférées. Écoutez et notez ce que chacun aime faire.

Estelle aime...
Luc aime...
Sylvain aime...

B. Et vous, quelles sont vos activités préférées en vacances ? Parlez-en avec deux camarades.

- Moi, j'aime beaucoup sortir la nuit, bien manger et faire du shopping.
- Moi, j'aime beaucoup...

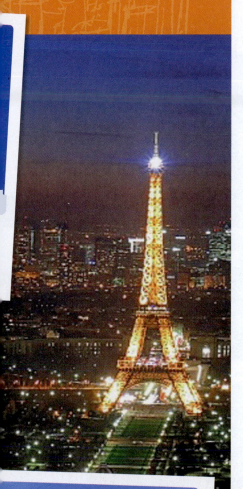

Nice
· son climat ensoleillé
· ses plages

3. UN SONDAGE

A. Le magazine *Évasion* a publié ce sondage pour connaître vos habitudes en matière de vacances. Répondez-y.

Test : Vos vacances idéales

Vous préférez passer vos vacances...

- en famille.
- en couple.
- avec des amis.
- seul(e).

Quand est-ce que vous aimez partir ?

- Au printemps.
- En automne.
- En été.
- En hiver.

Où est-ce que vous aimez aller en vacances ?

- À la montagne.
- À la mer.
- À l'étranger.
- À la campagne.

Qu'est-ce que vous aimez ?

- Faire du sport.
- Le calme.
- Découvrir d'autres cultures.
- La nature.

Comment aimez-vous voyager ?

- En voiture.
- En train.
- À moto.
- En avion.

B. En petits groupes, échangez des idées.

- Moi, en été, j'aime aller à la plage avec des amis. Et toi ? Qu'est-ce que tu aimes faire ?
- Moi, j'aime bien faire des randonnées.
- Ah, alors tu peux aller dans le Massif central cet été, il y a de supers balades à faire.

4. TROIS FORMULES DE VACANCES

A. Regardez les photos de vacances de Sarah, Julien et Richard. À votre avis, qui aime...

connaître des pays étrangers ?

....

les vacances en famille ?

....

les vacances tranquilles au bord de la mer ?

....

Sarah

Julien

Richard

B. Maintenant, écoutez Sarah, Julien et Richard qui parlent de leurs vacances. Qu'apprenez-vous de nouveau ? Notez les informations.

Track 22

	Sarah	Julien	Richard
Saison			
Pays			
Activités			
Moyen de transport			

5. CHERCHE COMPAGNON DE VOYAGE

A. Voici trois annonces qui proposent des voyages très différents. Lequel préférez-vous ?

Je préfère...
- aller en Afrique.
- aller à Roquebrune.
- aller au Québec.
- aller ailleurs : ....

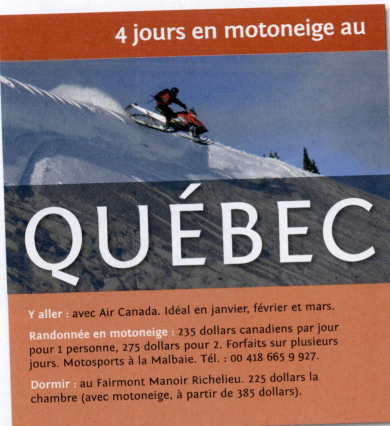

4 jours en motoneige au
QUÉBEC

Y aller : avec Air Canada. Idéal en janvier, février et mars.

Randonnée en motoneige : 235 dollars canadiens par jour pour 1 personne, 275 dollars pour 2. Forfaits sur plusieurs jours. Motosports à la Malbaie. Tél. : 00 418 665 9 927.

Dormir : au Fairmont Manoir Richelieu. 225 dollars la chambre (avec motoneige, à partir de 385 dollars).

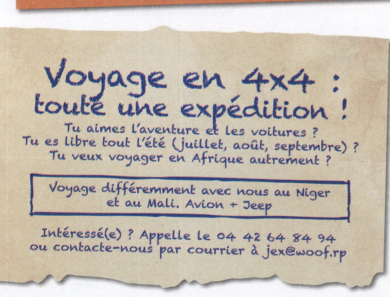

Voyage en 4x4 : toute une expédition !

Tu aimes l'aventure et les voitures ?
Tu es libre tout l'été (juillet, août, septembre) ?
Tu veux voyager en Afrique autrement ?

Voyage différemment avec nous au Niger et au Mali. Avion + Jeep

Intéressé(e) ? Appelle le 04 42 64 84 94 ou contacte-nous par courrier à jex@woof.rp

LE SOLEIL, LA MER ET LE CALME

Offre exceptionnelle

Appartement avec piscine, très bon marché à Roquebrune-Cap-Martin, sur la Côte d'Azur. Pour 5 personnes, en basse saison (avril, mai, juin ou octobre, novembre, décembre).

Voyages Solexact. Tél. : 04 94 55 33 54

1200 € la semaine

B. Maintenant, par groupes, parlez de vos préférences et de votre choix.

- Moi, je préfère aller à Roquebrune, parce que j'aime la plage et le calme.
- Moi aussi.
- Eh bien, moi, je préfère aller en Afrique parce que j'adore l'aventure et que j'aime découvrir d'autres cultures.

C. Martine appelle l'office de tourisme de Roquebrune pour se renseigner sur le temps qu'il fait. Écoutez. Quel temps fait-il ?

Track 23

- Il fait beau.
- Il pleut.
- Il fait froid.
- Il neige.
- Il fait chaud.

6. À LA DÉCOUVERTE DE...

A. Lisez ces renseignements sur Oroques, une ville imaginaire, et regardez le plan du centre ville. Que pouvez-vous situer sur ce plan ? Travaillez avec un camarade.

- Ça, c'est sûrement l'office de tourisme.
- Oui, je crois.
- Et ça c'est...

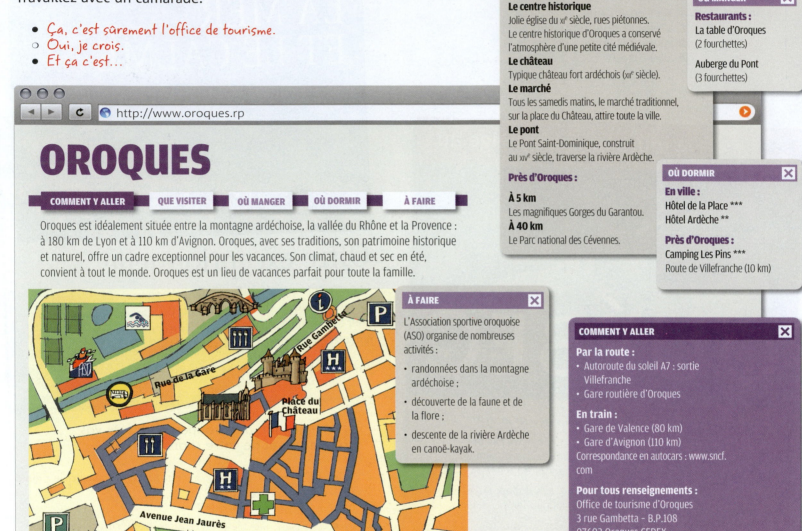

OROQUES

| COMMENT Y ALLER | QUE VISITER | OÙ MANGER | OÙ DORMIR | À FAIRE |

Oroques est idéalement située entre la montagne ardéchoise, la vallée du Rhône et la Provence : à 180 km de Lyon et à 110 km d'Avignon. Oroques, avec ses traditions, son patrimoine historique et naturel, offre un cadre exceptionnel pour les vacances. Son climat, chaud et sec en été, convient à tout le monde. Oroques est un lieu de vacances parfait pour toute la famille.

Rue Gambetta

Rue de la Gare

Place du Château

Avenue Jean Jaurès

QUE VISITER

En ville :

Le centre historique
Jolie église du XIᵉ siècle, rues piétonnes.
Le centre historique d'Oroques a conservé l'atmosphère d'une petite cité médiévale.
Le château
Typique château fort ardéchois (XIIᵉ siècle).
Le marché
Tous les samedis matins, le marché traditionnel, sur la place du Château, attire toute la ville.
Le pont
Le Pont Saint-Dominique, construit au XIVᵉ siècle, traverse la rivière Ardèche.

Près d'Oroques :

À 5 km
Les magnifiques Gorges du Garantou.
À 40 km
Le Parc national des Cévennes.

OÙ MANGER

Restaurants :
La table d'Oroques
(2 fourchettes)

Auberge du Pont
(3 fourchettes)

OÙ DORMIR

En ville :
Hôtel de la Place ***
Hôtel Ardèche **

Près d'Oroques :
Camping Les Pins ***
Route de Villefranche (10 km)

À FAIRE

L'Association sportive oroquoise (ASO) organise de nombreuses activités :

- randonnées dans la montagne ardéchoise ;
- découverte de la faune et de la flore ;
- descente de la rivière Ardèche en canoë-kayak.

COMMENT Y ALLER

Par la route :
- Autoroute du soleil A7 : sortie Villefranche
- Gare routière d'Oroques

En train :
- Gare de Valence (80 km)
- Gare d'Avignon (110 km)
Correspondance en autocars : www.sncf.com

Pour tous renseignements :
Office de tourisme d'Oroques
3 rue Gambetta – B.P.108
07603 Oroques CEDEX
Tél. 04 75 90 01 02

LE PRONOM ON (1)

On permet de ne pas préciser qui fait l'action.

- Au Québec, **on** parle français.

- Qu'est-ce qu'**on** peut faire à Oroques ?
- Beaucoup d'activités sportives. En plus, dans cette région, **on** mange très bien.

LES MOIS DE L'ANNÉE

janvier	février	mars
avril	mai	juin
juillet	août	septembre
octobre	novembre	décembre

VOULOIR AU PRÉSENT

VOULOIR	
je	veux
tu	veux
il / elle / on	veut
nous	voulons
vous	voulez
ils / elles	veulent

EXPRIMER L'INTENTION : VOULOIR + INFINITIF

- Cet été, je veux **aller** en France. Tu veux **venir** avec moi ?
- Oui, génial !

PARLER DE SES ACTIVITÉS ET DE SES LOISIRS

- Qu'est-ce que tu **fais** en vacances ?
- Du sport, beaucoup de sport : de la natation, du VTT, des randonnées...

SITUER DANS L'ESPACE

- **Où est** la pharmacie ?
- **Près de** l'avenue Jean Jaurès.

L'hôtel de ville est... **sur** la place de la Paix.
dans la rue du Chemin vert.
dans l'avenue.
près d'ici.
à côté de la poste.

B. Par groupes, faites 10 phrases à partir du texte et du plan avec les structures suivantes. La première équipe qui écrit 10 phrases correctes gagne.

À Oroques, il y a une église et ....

Près d'Oroques, il y a .... et ....

.... est sur ....

.... est dans ....

.... est près du/de la/de l'/des ....

.... est à .... km de/d' ....

À Oroques, on peut ....

Près d'Oroques, on peut ....

 C. Écoutez ces personnes qui demandent leur chemin et situez les lieux qu'elles cherchent.

Track 24

	Lieu	Indice
1		sur la place du Château
2	La poste	
3		
4		

7. CLUBS DE VACANCES

Les clubs de vacances sont très populaires en France. De ces deux clubs, lequel préférez-vous ? Pourquoi ? Parlez-en en groupes.

CLUB BIEN-ÊTRE

CLUB PAPAYE

- un bar
- une laverie automatique
- un minigolf
- un court de tennis
- une garderie

- une piscine
- un distributeur automatique
- un sauna
- une plage
- une pharmacie

- un salon de coiffure
- une discothèque
- un restaurant
- une salle de sports

- *Moi, je préfère le club Bien-être parce qu'il y a une salle de sports et j'aime faire de la musculation tous les jours. Et vous ?*

IL Y A / IL N'Y A PAS

	SINGULIER	PLURIEL
Il y a	**une** pharmacie.	**des** magasins.
		deux restaurants.
	un hôtel.	**plusieurs** hôtels.
Il n'y a pas		**de** pharmacie.
		d'hôtel.
		de magasins.

- Pardon Monsieur, est-ce qu'**il y a** une pharmacie près d'ici ?
- Oui, sur la place de l'Église.

ALLER AU PRÉSENT

ALLER	
je	**vais**
tu	**vas**
il / elle / on	**va**
nous	**allons**
vous	**allez**
ils / elles	**vont**

À / EN + NOMS DE LIEU

▶ **À** + ville
*Je vais souvent **à** Marseille.*

▶ **Au** + pays masculin qui commence par une consonne.
*Pierre va **au** Portugal tous les ans.*

▶ **Aux** + pays au pluriel
*Pauline veut travailler **aux** États Unis.*

▶ **En** + pays féminin ou pays masculin qui commence par une voyelle.
*Tu vas souvent **en** France ?*
*Il habite **en** Équateur ?*

8. VACANCES EN GROUPE

A. Vous allez organiser un voyage en groupe. D'abord, indiquez vos préférences dans le tableau. Vous pouvez en ajouter d'autres. Parlez-en entre vous.

Hébergement	Lieu	Intérêts
☐ l'hôtel	☐ la plage	☐ la nature
☐ le camping	☐ la montagne	☐ les sports
☐ la location meublée	☐ la campagne	☐ les musées et la culture
☐ l'auberge de jeunesse	☐ la ville	☐ la vie nocturne
☐ le gîte rural		

B. Exprimez vos préférences et écoutez bien ce que chacun dit. Notez le nom des personnes qui ont les mêmes préférences que vous.

- *Moi, j'aime la nature et le sport. Alors, je préfère des vacances à la campagne. J'adore faire du camping.*

C. Formez des équipes en fonction des préférences, puis choisissez ensemble une destination. Voici quatre destinations possibles ; vous pouvez, si vous préférez, en chercher d'autres sur Internet.

Faites de l'accrobranche dans les Pyrénées !

À côté de la Réserve nationale d'Orlu, nous vous proposons des parcours-aventure d'un arbre à l'autre.

Pour les amateurs de sensations fortes ! Vous pouvez aussi vous détendre à la terrasse de notre chalet.

SITUATION
À 1h30 de Toulouse

HÉBERGEMENT
Camping municipal d'Orlu ***
Tél. : 05 68 44 93 72
Pour les adresses d'auberges et de refuges, consultez notre site.

ACTIVITÉS COMPLÉMENTAIRES
- Canyoning sur la rivière Oriège
- Visite de l'Observatoire de la montagne aux Forges d'Orlu
- Visite de la Maison des loups aux Forges d'Orlu
- Visite du haras des Bésines à Orgeix

GROSPIERRES

Grospierres est un village médiéval transformé en village de vacances. Ici, tout est pensé pour votre bien-être !
Vous faites du sport ? Vous voulez être au calme ? Vous aimez la nature ? Ici, il y a tout ce que vous cherchez !

Équipements : Restaurant gastronomique, court de tennis, piscine, hôtel trois étoiles, camping, gîtes ruraux, locations meublées.

À proximité : Le festival de jazz des Vans, le festival de musique classique de Labeaume et la fête du vin à Ruoms en août. Les grottes de la Basse Ardèche (la grotte Chauvet). Des activités de plein air dans les gorges de l'Ardèche : canoë-kayak, spéléologie...

BRUXELLES

Découvrez l'île de la Réunion !

De très nombreux hôtels, des chambres d'hôtes et des logements d'écotourisme pour vivre la magie de la capitale européenne.

Aux portes du Sud Sauvage, l'hôtel **Les Palmes** constitue un point de départ idéal pour les plus belles randonnées de la région.

Les attractions incontournables
- L' Atomium.
- Le Parlement européen.
- Le musée Magritte.

Les activités pour toute la famille
- Le musée des Sciences naturelles.
- Le Centre belge de la Bande dessinée.
- L' Aquarium public de Bruxelles.
- Le Planétarium.

Le monde des saveurs
- Le musée Schaerbeekois de la Bière.
- Le musée du Cacao et du Chocolat.
- La Maison des Maîtres Chocolatiers Belges.

La vie nocturne
- Les terrasses de la place Saint-Géry et le quartier Saint-Jacques.
- Saint-Boniface : le quartier des restaurants.
- Ixelles : le quartier universitaire et ses cafés ouverts tard.
- Haut-de-ville : les salles de cinéma, les cafés chic et les boîtes de nuit.

ADRESSE DE L'HÔTEL :
10 allée des Lataniers
GRANDS BOIS
97410 ST–PIERRE
Pour réserver :
Tél. 0267 31 14 60

SITUATION :
Situé à 10 minutes de la plage, l'hôtel **Les Palmes** se trouve à environ 2 heures de l'aéroport Roland Garros de Saint–Denis.

HÉBERGEMENT :
30 chambres climatisées réparties autour de la piscine, dans un jardin exotique.
20 bungalows tout confort, aménagés pour 4 à 6 personnes. Accès direct à une plage privée.

RESTAURATION :
Restaurant, crêperie, bar–pizzeria.

AUTRES SERVICES :
Discothèque, grande piscine extérieure, centre de fitness, sauna, salon de coiffure, minigolf.

D. Mettez-vous ensuite d'accord sur les dates, le type d'hébergement et les activités de vos vacances et prenez des notes.

NOTRE VOYAGE

➡ OÙ : Notre projet est d'aller ....

➡ QUAND : Nous voulons partir ....

➡ LOGEMENT : Nous préférons ....

➡ INTÉRÊTS : Nous voulons ....

➡ ACTIVITÉS : Nous préférons ....

E. Exposez le projet de vacances de votre groupe au reste de la classe.

Étretat

À 300 km de Paris, Étretat est un ancien village de pêcheurs et une célèbre station balnéaire. Il se trouve au nord du Havre en Normandie et est très connu pour ses falaises blanches et ses belles plages.

Ce site naturel attire chaque année des milliers de touristes qui désirent connaître ce paysage fascinant : l'Arche et l'Aiguille (haute de 70 m), la Manneporte, la falaise d'Amont, la plage et le chemin des falaises. Des peintres comme Gustave Courbet, Eugène Delacroix, Eugène Boudin et Claude Monet ont peint ce paysage et des écrivains comme Guy de Maupassant, Georges Simenon ou Maurice Blanc ont parlé de ces lieux dans leurs ouvrages.

Étretat, c'est un site touristique et naturel plein d'attraits mais c'est aussi une intense vie culturelle avec des concerts et des salons tout au

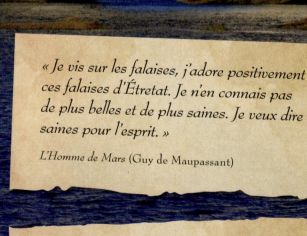

Étretat (Gustave Courbet)

« Je vis sur les falaises, j'adore positivement ces falaises d'Étretat. Je n'en connais pas de plus belles et de plus saines. Je veux dire saines pour l'esprit. »

L'Homme de Mars (Guy de Maupassant)

« Si j'avais à montrer la mer à un ami pour la première fois, c'est Étretat que je choisirais. »

Alphonse Karr

9. PAYSAGES FASCINANTS

A. Observez ces deux images d'Étretat et lisez les textes. Que vous évoquent-ils ? Quels adjectifs pouvez-vous attribuer à ce paysage ? Aimeriez-vous visiter Étretat ?

B. Étretat est classé dans le programme des Opérations Grands Sites créé par le gouvernement français. Dans le document ci-dessous, vous trouverez d'autres sites inclus dans ce programme. Les connaissez-vous ?

1 Dune du Pilat – Gironde
2 Baie du Mont Saint-Michel – Manche
3 Puy de Dôme – Puy-de-Dôme
4 Aven d'Orgnac – Ardèche
5 Bonifacio – Corse-du-Sud

C. Par groupes, choisissez un des sites ci-dessus ou un autre de votre pays et écrivez une petite présentation pour le reste de la classe : parlez de sa situation géographique, de ses attraits, de son importance culturelle ou historique, etc.

4 DESTINATION VACANCES

MONTHS AND SEASONS

Months
The months of the year are:

janvier	avril	juillet	octobre
février	mai	août	novembre
mars	juin	septembre	décembre

To indicate which month something is happening, you can use **en** + month or the expression **au mois de / d'**.

> *Nous sommes **en octobre, en novembre**...*
> *Nous sommes **au mois d'octobre, de novembre**...*

Months are never preceded by an article.

> **Janvier** et **février** *sont les mois les plus froids de l'année.*

Note that in French, months are not capitalized.

Seasons
The seasons of the year are:

le printemps	l'été	l'automne	l'hiver

> *Nous sommes **en été / en automne / en hiver.***
> *Nous sommes **au printemps.***
> *Chez nous, **l'automne** commence le 21 septembre.*

IL Y A / IL N'Y A PAS

Il y a is an impersonal structure that is used to indicate the presence or the existence of people and things. **Il y a** can refer to both singular and plural.

- **Il y a** *une pharmacie près d'ici ?*
- *Oui, **il y a** une grande pharmacie dans l'avenue Victor-Hugo.*

- *Est-ce qu'**il y a** des commerces dans ce club de vacances ?*
- *Oui, **il y a** une bonne épicerie à cinq minutes.*

The negative form is **il n'y a pas de / d'**.

> *À Lans, **il n'y a pas de** piscine municipale.*
> **de** *commerces.*
> **d'** *office de tourisme.*

Il y a des toilettes par ici ?

THE PRONOUN ON (1)

On is a third-person singular subject pronoun. **On** can be used in various ways. In this unit, the pronoun **on** is neutral. The subject that performs the action is unknown.

> **On** *mange pour vivre.*

On is also used to talk about something general without specifying the subject.

> *En France, **on** parle français.*

On can be used in a similar way when the subject is unknown.

> *(Toc, toc) **On** frappe à la porte. Tu peux aller voir qui c'est ?*

See Unit 5 for more uses of **on**.

TALKING ABOUT OUR ACTIVITIES AND HOBBIES

- **Qu'est-ce que vous faites** *le week-end ?*
- *Moi, je fais du sport. Je fais de la natation et du tennis. Et vous ?*
- *Moi, je regarde la télé et je vais au cinéma avec des amis.*

FAIRE	présent de l'indicatif
	je fais
	tu fais
	il / elle / on fait
	nous faisons
	vous faites
	ils / elles font

> *Je fais du ski.*
> *Il fait de la randonnée.*
> *Nous faisons de l'équitation.*
> *Ils font des voyages.*

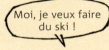

Moi, je veux faire du ski !

Et moi, je veux faire du ski nautique !

LOCATING SOMETHING IN SPACE

▶ **À côté de / d'** is used to indicate that an object or a person is next to someone or something.
La chambre 114 **est à côté de** *la chambre 113.*

▶ **Dans** means that something is inside.
Dans *la maison, dans la voiture, dans la rue, dans le livre, etc.*

▶ **Chez** is used to indicate "at someone's home". It can also be used for businesses, as in: *chez le boulanger.*
Je vais **chez** *moi,* **chez** *mon ami Henri,* **chez** *mes parents, etc.*

▶ **Près de / d'** is used to indicate that something is close, near.
J'habite **près de** *l'université.*

The opposite of **près de** is **loin de**.

▶ **Sur** (literally, on top of)
Sur *la table,* **sur** *la plage,* **sur** *le papier.*

Note that in English, **on** can be used in expressions such as **on** the bus, or **on** the plane. In French you could not say *sur le bus* or *sur l'avion*. This would indicate that you are literally on top of the bus or on top of the airplane! Instead you use **dans** *le bus* and **dans** *l'avion* because you are inside them.

À / EN + PLACES

In French, prepositions are used to locate people and things in space.

▶ **À** + noun
- with a city: *J'habite* **à** *Seattle,* **à** *Paris, etc.*
- with certain islands: *Il va* **à** *Hawaii,* **à** *Haïti, etc.*

▶ **Au** + masculine country
Je vais **au** *Canada,* **au** *Mexique,* **au** *Pérou, etc.*

Note that masculine countries that start with a vowel will be preceded by **en** instead : **en** *Irak,* **en** *Uruguay, etc.*

▶ **Aux** + plural country
J'habite **aux** *États-Unis,* **aux** *Philippines, etc.*

▶ **En** + feminine country
Je vais **en** *France,* **en** *Italie,* **en** *Bolivie,* **en** *Chine, etc.*

EXPRESSING INTENTION : THE VERB VOULOIR + INFINITIVE

● *Qu'est-ce que* **vous voulez faire** *plus tard ?*
○ *Moi,* **je veux travailler** *avec les enfants. Je* **veux être** *institutrice.*

● *Les enfants, est-ce que* **vous voulez aller** *au zoo dimanche ?*
○ *Ouuuuuui !!!!!!! Génial !*

VOULOIR	présent de l'indicatif
	je veux
	tu veux
	il / elle / on veut
	nous voulons
	vous voulez
	ils / elles veulent

VOCABULAIRE

Months:

janvier	*January*
février	*February*
mars	*March*
avril	*April*
mai	*May*
juin	*June*
juillet	*July*
août	*August*
septembre	*September*
octobre	*October*
novembre	*November*
décembre	*December*

Nouns:

l'aéroport (m)	*airport*
l'année (f)	*year*
l'argent (m)	*money*
l'auberge (f)	*inn*
l'automne (m)	*autumn*
l'avion (m)	*plane*
le bar	*bar*
la boîte de nuit	*disco, night club*
le calme	*calm, tranquility*
la campagne	*countryside*
la carte	*map*
la chambre	*bedroom*
le château	*castle*
le court de tennis	*tennis court*
la culture	*culture*
la dégustation	*tasting, sampling*
la discothèque	*club, disco*
le distributeur automatique	*ATM*
la garderie	*day care*
la gare	*train station*
le gîte rural	*vacation rental in the countryside*
l'équitation (f)	*horseback riding*
l'été (m)	*summer*
l'hiver (m)	*winter*
l'hôtel (m)	*hotel*
le jour	*day*
la laverie automatique	*laundromat*
la location	*rental*
le magasin	*store*
le marché	*market*
le matin	*morning*
la mer	*sea*
la montagne	*mountain*
le monument	*monument*

le moyen de transport	*means of transportation*
le musée	*museum*
la nature	*nature*
la nuit	*night*
la pêche	*fishing*
la pharmacie	*drugstore*
la piscine	*swimming pool*
la plage	*beach*
la plongée	*scuba diving*
le pont	*bridge*
le printemps	*spring*
la promenade	*walk*
le quartier	*neighborhood*
la randonnée	*hike*
le restaurant	*restaurant*
la rivière	*river*
la route	*road*
la saison	*season*
la salle de sport	*exercise room*
le salon de coiffure	*hair salon*
la semaine	*week*
le soleil	*sun*
le spectacle	*show*
le sport	*exercise*
le train	*train*
les vacances (f)	*vacation*
la vie nocturne	*night life*
la ville	*city*
la voiture	*car*
le voyage	*travel*
le VTT	*mountain bike*

Adjectives:

chaud(e)	*hot*
climatisé(e)	*air-conditioned*
grand(e)	*big*
idéal(e)	*ideal*
intéressé(e)	*interested*
joli(e)	*pretty*
libre	*available*
magnifique	*magnificent*
meublé(e)	*furnished*
naturel(le)	*natural*
nombreux(euse)	*numerous*
prochain(e)	*next*
sec/sèche	*dry*
seul(e)	*alone*
tranquille	*quiet*

Verbs:

aller	*to go*
bronzer	*to tan*
chercher	*to look for*
connaître	*to know*
dormir	*to sleep*
faire	*to do*
lire	*to read*
loger	*to stay overnight*
manger	*to eat*
partir	*to leave*
revenir	*to return*
se baigner	*to go swimming*
venir	*to come*
visiter	*to visit*
voir	*to see*
vouloir	*to want*

Some words and expressions:

à côté de	*next to*
alors	*so, then*
au bord de la mer	*by the sea*
avoir envie de	*to feel like*
bon marché	*cheap*
dans	*in, inside*
différemment	*differently*
ici	*here*
il fait chaud	*it is hot*
il fait froid	*it is cold*
il n'y a pas	*there isn't*
il y a	*there is*
moi aussi	*me too*
moi non plus	*me neither*
où	*where*
par jour	*per day*
pardon	*sorry*
près de	*close to*
quand	*when*
sur	*on top of*

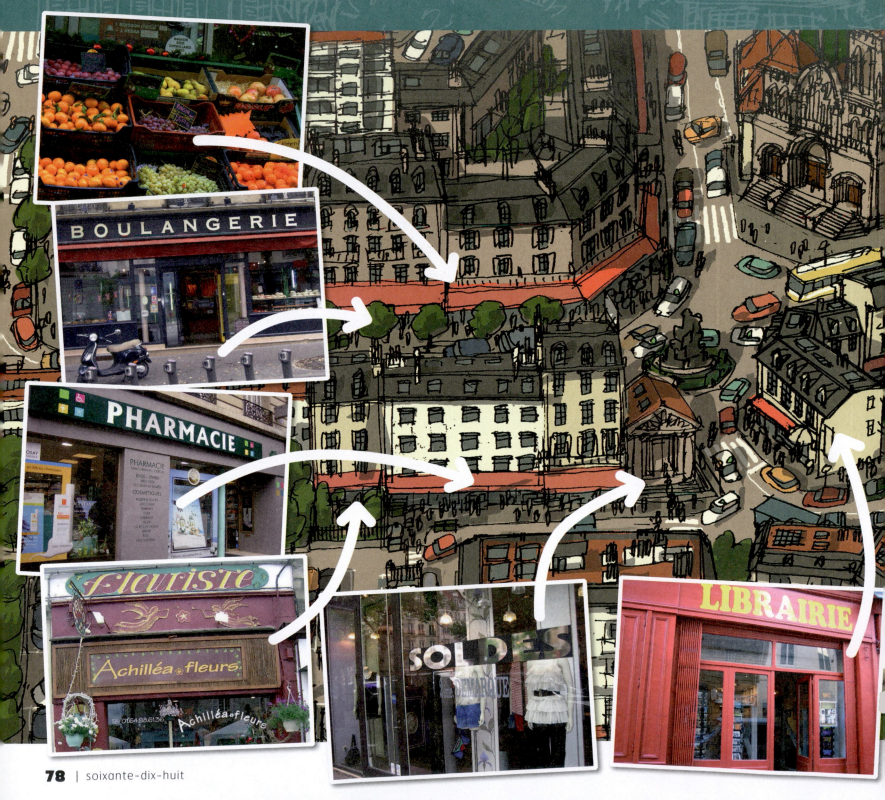

We are going to pick a theme and do all the planning for a party.

1. LE QUARTIER SAINT-QUENTIN

A. Qu'est-ce qu'on vend dans ces magasins ?

à la fromagerie

dans la boutique de vêtements

au supermarché

à l'épicerie

à la boulangerie

à la librairie

à la parfumerie

chez le fleuriste

chez le traiteur

à la pharmacie

- À l'épicerie, on vend des fruits et des légumes.
- Oui… Et qu'est-ce qu'on vend chez le traiteur ?

B. Selon vous, quels magasins manquent-ils dans le quartier ?

- Je crois qu'il manque une pâtisserie…
- Peut-être, mais il y a une boulangerie…

2. COLIN FAIT LES COURSES

A. Dans chacun de ces dialogues, il manque une phrase. Laquelle ?

- C'est combien, cette veste ?
- Est-ce que vous acceptez les chèques ?
- Vous vendez des cartes d'anniversaire ?
- Et ces chaussures, ça va ?
- Pardon, le rayon des vestes, s'il vous plaît ?

B. Écoutez et vérifiez.

Track 25

C. Maintenant, dites dans quelle conversation :

	CONVERSATION Nº...
Colin cherche un cadeau pour sa femme.	
Colin demande le prix.	
Colin essaie des chaussures.	
Colin va payer.	
on indique à Colin un autre magasin.	

3. SOIRÉE D'ANNIVERSAIRE

A. Demain, c'est l'anniversaire de Sophie, la petite amie de Philippe, et il va lui préparer une soirée en tête-à-tête. Lisez la liste ci-dessous et dites dans quels magasins il va faire ses courses.

- du fromage (camembert)
- une bouteille de champagne
- une salade
- une carte d'anniversaire
- de l'eau gazeuse
- un cadeau : un parfum ? un livre ?
- du saumon
- un gâteau d'anniversaire
- des huîtres
- des fleurs
- des bougies
- du pain

▶ à la fromagerie	▶ à la boulangerie	▶ chez le fleuriste	▶ à la pharmacie
▶ au supermarché	▶ à la librairie	▶ chez le traiteur	▶ à la pâtisserie
▶ à l'épicerie	▶ à la parfumerie	▶ à la papeterie	▶ à la boutique de vêtements

- Philippe va acheter du fromage à la fromagerie.

B. Vous accompagnez Philippe pour faire ses courses. Regardez le plan du quartier Saint-Quentin, pages 60-61, et, à deux, préparez votre itinéraire.

D'abord, on va aller à la boulangerie pour acheter du pain. Après, on va... Puis... Ensuite... Enfin...

C. Imaginez que vous voulez préparer une soirée en tête-à-tête pour quelqu'un. Faites votre liste de courses et comparez-la à celle de Philippe.

4. C'EST TRÈS CHER !

Voici quelques tickets de caisse et quelques prix de produits et services en France. Pour vous, qu'est-ce qui est cher ou bon marché ?

- Le jus de fruits est très cher.
- Oui, très cher !
- Par contre, le journal est bon marché.
- Oui, ici ça coûte plus cher.

ticket de métro

Réseaux ferrés
AEROPORT CDG2 TGV
PARIS-
2 cl

stif   sti

N107   EUR 8,50   CB

livre

ELÉV... ...FILMS
ET SURTOUT... DE LA RUE.

PRIX FRANCE
9,95 €

addition

LA VILLE DE PROVINS
47 BLD DE LA LIBERTÉ
75010 PARIS

SAM 05 JUIN   12:21

Qté	Désignation	P.U.	TOTAL
1	CAFÉ	2.00	2.00
1	JUS DE FRUITS	3.60	3.60

journal

...ce-A
▶ Le Front ...
▶ Maîtriser
Supplément 4 pages

5ᵉ année - N°20244 - **1,40 €** - France métrop...

...ialiste pr...

ticket caisse

HYPER U
8 quai de Pierre-Scize
69004 Lyon
26 juillet 10:13

Qté	Désignation	P.U.	TOTAL
2	LAIT	0.57	1.14 €
2	MELON	1.85	3.70 €
1	CHIPS PAYSANNES	0.99	0.99 €
1	CRÉMERIE COUPE	2,35	2.35 €
			8.18 €

magazine

PRIX D'ÉTÉ
1,50 €

5. L'EMPLOI DU TEMPS

Track 26

A. Regardez les emplois du temps de Julien et de Fabien. Puis écoutez les messages laissés sur leurs boîtes vocales. À qui s'adressent-ils ?

Julien

Septembre   Semaine **36**

LUNDI 6
9h00 Entretien d'embauche

MARDI 7
21h00 Anniversaire de Luc

MERCREDI 8
18h00 Cours de samba

JEUDI 9
19h00 Cinéma avec Carine

VENDREDI 10
21h30 Dîner chez Martine

SAMEDI 11
10h00 Foot
22h00 Soirée chez Quentin

DIMANCHE 12
7h00 Randonnée forêt d'Iraty

Fabien

Agenda de Fabien

SEPTEMBRE
LUNDI 6
11h00 Entretien d'embauche
MARDI 7
21h00 Anniversaire de Jacques
MERCREDI 8
18h00 Cours de salsa
JEUDI 9
19h00 Cinéma avec Corinne
VENDREDI 10
22h30 Dîner chez Pauline
SAMEDI 11
7h00   Randonnée forêt d'Iraty
22h00 Soirée chez Alain
DIMANCHE 12
10h00 Foot

1. ....   3. ....   5. ....
2. ....   4. ....   6. ....

B. Et vous, qu'allez-vous faire la semaine prochaine ?

● Moi, je vais suivre un cours de...

DEMANDER ET DONNER UN PRIX

● **Combien** coûte cette veste ?
○ Deux cents euros.

● C'est **combien** ?
○ Vingt-quatre francs suisses.

● **Quel est le prix** de ces mocassins ?
○ Cent quatre-vingt-dix euros.

L'OBLIGATION : IL FAUT

● Pour la fête, **il faut acheter** des boissons ?
○ Oui, mais **il ne faut pas acheter** d'eau.
● Par contre, **il faut du** pain.

LES ARTICLES PARTITIFS ET INDÉFINIS

AFFIRMATIF	NÉGATIF
J'achète **du** pain.	Je n'achète pas **de** pain.
Nous achetons **de l'**huile.	Nous n'achetons pas **d'**huile.
Tu as **de la** confiture ?	Tu n'as pas **de** confiture ?
Il faut acheter **des** boissons fraîches.	Il ne faut pas acheter **de** boissons fraîches.
J'ai **un** sac marron.	Je n'ai pas **de** sac marron.
Nous avons **une** invitation pour la fête.	Nous n'avons pas **d'**invitation pour la fête.
Il a **des** déguisements.	Il n'a pas **de** déguisements.

6. DANS TON SAC

A. Observez la photo de cette jeune fille et imaginez ce qu'elle a dans son sac à main.

B. En groupes, posez des questions pour deviner ce que chacun a dans son sac.

- Est-ce que tu as un stylo ?
○ Non, je n'ai pas de stylo.

7. LE JUSTE PRIX

A. En groupes, cherchez cinq photos de produits et leur prix.

B. Ensuite, chaque groupe montre aux autres la photo d'un des produits choisis et en fait deviner le prix.

- Combien coûte ce téléphone portable ?

C. Puis, c'est au tour du groupe qui a trouvé le prix de montrer la photo d'un de ses produits.

8. INVITATION

A. Lisez cette invitation que vous venez de recevoir.

B. Décidez si vous souhaitez assister à cette soirée et écrivez un courriel de réponse.

LES ADJECTIFS DÉMONSTRATIFS

	MASCULIN	FÉMININ
SINGULIER	**ce** pull **cet** anorak	**cette** veste
PLURIEL	**ces** chaussures	

LE PRONOM ON (2)

On remplace **nous** en langage familier.

*Qu'est-ce qu'**on achète** pour la soirée ?*

= *Qu'est-ce que **nous achetons** pour la soirée ?*

DEMANDER ET DONNER L'HEURE

- **Quelle heure est-il ?**
○ *Il est sept heures dix.*

- **À quelle heure** commence ton cours ?

○ **À**	huit heures.	8h
	huit heures cinq.	8h05
	huit heures et quart.	8h15
	huit heures vingt-cinq.	8h25
	huit heures et demie.	8h30
	huit heures trente-cinq.	8h35
	neuf heures moins vingt.	8h40
	neuf heures moins le quart.	8h45
	neuf heures moins cinq.	8h55

LES JOURS DE LA SEMAINE

lundi   mardi   mercredi   jeudi
vendredi   samedi   dimanche

- **Quel jour** tu peux venir chez moi ?
○ **Vendredi** ou **samedi** prochain.

ALLER + INFINITIF

*Je **vais acheter** un cadeau pour Mylène.*
*Tu **vas mettre** cette jupe ?*
*Il / Elle / On **va organiser** une soirée à thème.*
*Nous **allons apporter** des chaises.*
*Vous **allez venir** ce soir ?*
*Ils / Elles **vont faire** un gâteau.*

9. SOIRÉE À THÈME

A. Vous avez atteint le niveau A1 de français. Pour fêter ça, vous allez organiser une soirée. Proposez différents thèmes de soirées.

▶ Soirée DVD   ▶ Soirée karaoké   ▶ Soirée ....

▶ Soirée déguisée   ▶ Soirée ....   ▶ Soirée ....

▶ Soirée jeux de société   ▶ Soirée ....   ▶ Soirée ....

B. Choisissez la soirée qui vous plaît le plus. Faites la liste des différents « ingrédients » qu'il faut pour cette soirée, comme dans l'exemple.

Pour une soirée déguisée, il faut...

- des déguisements
- un espace pour danser
- de la musique et des haut-parleurs
- des boissons (des jus de fruits...)
- des canapés et des gâteaux
- une table
- des guirlandes

C. En groupes, chacun présente sa proposition de soirée. L'ensemble du groupe choisit une des propositions et la présente au reste de la classe.

- *Nous, on propose une soirée déguisée. On pense qu'on a tout ce qu'il faut.*
- *Et, en plus, c'est facile à organiser.*

D. Tous les élèves de la classe votent pour le meilleur projet de soirée.

10. LES PRÉPARATIFS

A. En groupes, vous allez organiser les préparatifs de la soirée. Complétez ce panneau et donnez une tâche à chacun.

SOIRÉE DÉGUISÉE

Date, heure et lieu

Budget

Boissons

À apporter pour le thème

Nourriture

Qui fait quoi ?

- Jane va apporter des CD et de la musique sur son mp3
- Uwe va apporter des haut-parleurs
- Julia va préparer les canapés
- Sam va acheter les boissons
- Édith va s'occuper de la décoration

B. Maintenant, il faut annoncer votre soirée (courriels, affiches, cartons d'invitation...). À vous de choisir le meilleur moyen pour réunir le plus de monde possible !

11. ON FAIT LA FÊTE

A. Quelles sont les fêtes les plus populaires dans votre pays ? Quand ont-elles lieu ?

- *Chez nous, on fête... au mois de...*

B. Connaissez-vous des fêtes françaises ? En voici quelques-unes.

Des fêtes très françaises

À part les fêtes plus ou moins communes en Europe, comme Noël, par exemple, il existe actuellement en France de nouvelles célébrations très populaires. Ces fêtes ont souvent une composante culturelle très forte, liée à la musique, à l'art, au cinéma ou à l'architecture. Certaines ont un succès si important que d'autres pays les adoptent. En voici quelques-unes.

Chauds Les Marrons aux Buttes Chaumont de Noël Dolla, dans le cadre de la Nuit Blanche à l'Avenue Michal, Paris, 2009.

L.E.D. : Lighting Experience Dis-play de Balestra Berlin & We Love Art, dans le cadre de la Nuit Blanche quai de l'Hôtel de ville, Paris, 2009.

La Nuit Blanche

Qu'est-ce que c'est ? Depuis 2002, la ville de Paris organise tous les ans la Nuit Blanche, un parcours nocturne consacré à l'art contemporain. La Nuit Blanche propose au public d'entrer gratuitement dans des musées, des institutions culturelles et autres espaces publics ou privés durant toute une nuit. Ces lieux sont utilisés pour des installations ou des performances artistiques. Le but de cette manifestation est de rendre l'art accessible à tous, de mettre en valeur les espaces urbains et de créer un moment de convivialité.

DATE :
le premier
samedi
d'octobre.

Les Journées du patrimoine

Qu'est-ce que c'est ? Les Journées du patrimoine sont chaque année le grand rendez-vous culturel de la rentrée. Les habitants des villes et villages de France découvrent le patrimoine proche de leur environnement grâce à l'accès gratuit aux musées, aux monuments, à certains lieux normalement fermés au public, etc. Le but de ces journées est de faire connaître tous les aspects du patrimoine : rural, archéologique, militaire, religieux, littéraire, maritime, fluvial, industriel, public, domestique...

DATE : le troisième dimanche de septembre

Château de Versailles

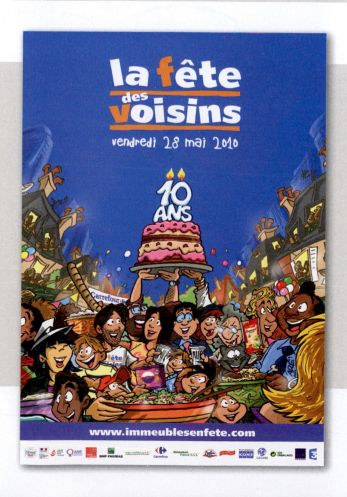

La Fête des voisins

Qu'est-ce que c'est ? La Fête des voisins permet aux voisins de se rencontrer de façon conviviale pour rompre l'isolement qui, selon ses organisateurs, gagne de plus en plus les habitants des villes. L'idée est de créer un sentiment d'appartenance à son quartier, à sa rue ou son immeuble, en passant quelques heures ensemble dans une ambiance de fête.

DATE : entre la dernière semaine de mai et la première semaine de juin.

C. Ces fêtes existent-elles chez vous ? Sont-elles populaires ?

5 SOIRÉE À THÈME

PARTITIVE ARTICLES

Partitive articles are used to refer to an indefinite quantity.

	SINGULAR	PLURAL
MASCULINE	**du** pain / **de l'**ananas	**des** fruits
FEMININE	**de la** confiture / **de l'**eau	**des** pâtes

*Le midi, je mange **de la** viande ou **du** poisson, avec **des** petits légumes.*

PARTITIVE AND INDEFINITE ARTICLES IN THE NEGATIVE

Partitive articles (**du, de la, de l', des**) and indefinite articles (**un, une, des**) change to **de** in the negative (or **d'** in front of a vowel or a silent **h**).

POSITIVE STRUCTURE	NEGATIVE STRUCTURE
J'achète **du** pain. Nous achetons **de l'**huile. Tu as **de la** confiture ? Il faut acheter **des** boissons fraîches.	Je n'achète pas **de** pain. Nous n'achetons pas **d'**huile. Tu n'as pas **de** confiture ? Il ne faut pas acheter **de** boissons fraîches.
J'ai **un** sac marron.	Je n'ai pas **de** sac marron.
Nous avons **une** invitation pour la fête. Il a **des** déguisements.	Nous n'avons pas **d'**invitation pour la fête. Il n'a pas **de** déguisements.

THE PRONOUN ON (2)

On is a third-person singular subject pronoun. **On** can have different meanings. In this unit, **on** is synonymous with **nous**.

On is used very frequently in informal daily conversation as well as in informal writing (emails, text messages, etc.) as a substitute for **nous**.

- *Vous venez à quelle heure demain ?*
- *○ **On pense** arriver vers sept heures.*

Note that regardless of its meaning **on** is always conjugated in the third person singular.

*Demain, **on est** en vacances.*

However, adjectives that follow the verb will agree in gender and number with **nous**, if the meaning of **on** is **nous**.

*Sophie et moi, on part dans les Pyrénées. **On est contentes** de partir toutes les deux en vacances.*

Also note that **on** does not have its own form of the stressed pronoun: **nous** is used if a stressed pronoun is added.

- *Vous habitez où ?*
- *○ **Nous, on** habite à Lyon. Et vous ?*

Refer to Unit 4 for another use of **on**.

DEMONSTRATIVE ADJECTIVES

Demonstrative adjectives are used to designate objects, places, people or ideas. They are the equivalent of **this** and **these** in English. They can be accompanied by a gesture such as pointing to whatever is designated.

	MASCULINE		FEMININE
SINGULAR	**ce** livre	**cet** ordinateur / **cet** hôtel *	**cette** table
PLURAL		**ces** livres	**ces** tables

In front of a vowel or a silent **h**, **ce** becomes **cet**. **Cet** and **cette** are pronounced the same [sɛt].

ALLER + INFINITIVE

When the verb **aller** is in the present of the indicative and is immediately followed by a verb in the infinitive, it expresses an upcoming action in the near future.

- *Qu'est-ce que **tu vas faire** ce week-end ?*
- *○ Je pense que **je vais faire** du ski.*

Ce soir, Demain, La semaine prochaine, Le mois prochain, L'année prochaine, Dans deux ans,	**je vais** **tu vas** **il / elle / on va** **vous allez** **nous allons** **ils / elles vont**	+ infinitive

In the negative, the second element of the negation will be inserted between the verb **aller** and the infinitive.

- *Finalement, **je ne vais pas faire** de ski ce week-end.*
- *○ Et qu'est-ce que tu vas faire ?*

Qu'est-ce que tu vas faire ce week-end ?

Je vais dormir !

EXPRESSING OBLIGATION: IL FAUT

To express a general obligation, the verb **falloir** can be used. **Falloir** is an impersonal verb, which means that it is only conjugated with **il** (third-person singular). Other subjects are not possible.

▸ **Il faut** + infinitive.
Il faut manger pour vivre.

Negative form : **Il ne faut pas** acheter de boissons.

▸ **Il faut** + noun.
Il faut des œufs pour faire une omelette.

Negative form : **Il ne faut pas** de sucre pour faire cette recette.

ASKING FOR A PRICE / GIVING A PRICE

- **Combien coûte** ce pantalon ?
- (Il coûte) 89 euros.

- **Combien coûtent** ces chaussures ?
- (Elles coûtent) 210 euros.

It is possible to ask for a price without stating the name of the object:

- **C'est combien ?** • **Combien ça coûte ?**
- 89 euros.   ○ 210 euros.

ASKING FOR THE TIME / GIVING THE TIME

In French, the word **heure** has to be used each time you tell time. In English you can simply say "It is 5" but in French you have to say "Il est 5 heures".

If minutes follow the hour, then the word **heure** is inserted between the hour and the minutes.

Il est quatre heures vingt. (4:20)
Il est cinq heures moins dix. (4:50)
Il est dix-heures vingt-cinq. (10:25)

The word **moins** is used in informal situations to indicate the minutes that are missing before the next hour (starting with the 35th minute).

Trois heures **moins** cinq. (2:55)
Trois heures **moins** dix. (2:50)
Trois heures **moins** le quart. (2:45)
Trois heures **moins** vingt. (2:40)
Trois heures **moins** vingt-cinq. (2:35)

For 15 and 30, you can also say:

Trois heures **et quart**. (3:15)
Trois heures **et demie**. (3:30)

In writing, the word **heure(s)** is often replaced by an **h**: Il est 7h20.

To ask what time it is, use the question **Quelle heure est-il ?** or **Il est quelle heure ?**

- Excusez-moi, monsieur, **il est quelle heure**, s'il vous plaît ?
- Trois heures vingt, mon grand.
- Merci monsieur, au revoir !

For public services (transportation, business, administrations, etc.) and formal situations, the 24-hour system is used.

Notre réunion est à 14 heures. (also written as 14h00)
Le train part à 17 heures 30. (also written as 17h30)

THE DAYS OF THE WEEK

The week starts on Monday in the French calendar. The days of the week are: **lundi, mardi, mercredi, jeudi, vendredi, samedi, dimanche.**

Note that days are not capitalized in French.

Used without an article, the days of the week refer to the day that just happened or to the day that is coming up.

- **Lundi**, je vais à la piscine. Tu m'accompagnes ?
- **Lundi** ? Désolé, je ne peux pas mais, si tu veux, je peux **mercredi**.

You can add **dernier** or **prochain** to a day. **Dernier** means "last" and **prochain** means "next".

- Qu'est-ce que tu fais **dimanche prochain** ?
- Je vais à la montagne comme **dimanche dernier**.

If you add a definite article to a day, the meaning points to something that happens often. It means "every" + the day of the week. Note that the days are masculine.
D'habitude, **le samedi**, je vais à la montagne.
Le restaurant est fermé **le lundi**.

The meaning here is that it happens every Saturday and every Monday.

RELATING A SEQUENCE: D'ABORD, ENSUITE, PUIS, APRÈS, ENFIN

D'abord, ensuite, puis, après and **enfin** indicate the various steps in the completion of a process, such as a recipe. They are also used to relate a sequence of events in a narration.

Soupe à l'oignon

D'abord, tu épluches les oignons. **Ensuite**, tu coupes les oignons en morceaux **puis** tu les fais revenir dans un peu d'huile. **Après**, tu ajoutes trois cuillères de farine et un verre de vin blanc. Tu mélanges bien. **Enfin**, tu verses un demi-litre d'eau bouillante et tu laisses cuire pendant dix minutes.

D'abord, tu coupes les oignons. Ensuite, tu presses le citron, puis tu râpes le fromage et tu mets du sel dans l'eau bouillante. Après... Enfin...

VOCABULAIRE

Days of the week :

lundi	*Monday*
mardi	*Tuesday*
mercredi	*Wednesday*
jeudi	*Thursday*
vendredi	*Friday*
samedi	*Saturday*
dimanche	*Sunday*

Nouns:

l'anniversaire (m)	*birthday*
l'appareil photo (m)	*camera*
l'aspirine (f)	*aspirin*
la bière	*beer*
la boisson	*drink*
la bougie	*candle*
la boulangerie	*bakery*
la bouteille	*bottle*
la boutique de vêtements	*clothes shop*
le cadeau	*gift*
la carte bleue	*credit card*
la carte d'anniversaire	*birthday card*
le champagne	*champagne*
les chaussures	*shoes*
le chèque	*check*
la confiture	*jam*
la consommation	*consumption*
la couleur	*color*
le dîner	*dinner*
l'eau (f)	*water*
l'eau gazeuse (f)	*sparkling water*
l'emploi du temps (m)	*schedule*
l'entraîneur (m)	*coach (for sports)*
l'entretien d'embauche (m)	*job interview*
l'enveloppe (f)	*envelope*
l'épicerie (f)	*grocery store*
l'espace (m)	*space*
l'œuf (m)	*egg*
le déguisement	*costume*
la femme	*woman, wife*
la fleur	*flower*
le fleuriste	*flower shop*
le fromage	*cheese*
la fromagerie	*cheese shop*
les fruits	*fruit*
la guirlande	*garland, tinsel*
le gâteau	*cake*
la gomme	*eraser*
les haut-parleurs (m)	*speakers (for music)*
l'homme (m)	*man*

l'huître (f)	*oyster*
l'invitation (f)	*invitation*
le jeu de société	*board game*
le journal	*newspaper*
le jus de fruit	*juice*
le lait	*milk*
les légumes	*vegetables*
la librairie	*bookstore*
le lieu	*place*
le livre	*book*
les lunettes (f)	*glasses*
le magasin	*store*
le maquillage	*makeup*
le médicament	*medication*
le morceau	*piece*
la nourriture	*food*
le pain	*bread*
la papeterie	*office supplies store*
le parfum	*perfume*
la parfumerie	*perfume/cosmetics shop*
la pâtisserie	*pastry shop*
le patrimoine	*cultural heritage*
la pharmacie	*drugstore*
le prix	*price*
les produits de beauté	*beauty products*
le quartier	*neighborhood*
le rayon	*aisle (in a store)*
le sac	*bag*
le sac à main	*purse*
la salade	*lettuce*
le saumon	*salmon*
la soirée	*party*
le shampoing	*shampoo*
le stylo	*pen*
le supermarché	*supermarket*
le téléphone portable	*cell phone*
le traiteur	*deli*
la veste	*jacket*
les vêtements (m)	*clothes*
les voisins (m)	*neighbors*
le yaourt	*yogurt*

Adjectives:

autre	*other*
cher, chère	*expensive*
déguisé(e)	*dressed up in a costume*

désolé(e)	*sorry*
frais, fraîche	*fresh*
populaire	*popular*
prochain(e)	*next*

Verbs:

accepter	*to accept*
acheter	*to buy*
apporter	*to bring*
avoir besoin de	*to need*
coûter	*to cost*
dépenser	*to spend*
essayer	*to try*
fêter	*to celebrate*
mettre	*to put*
payer	*to pay*
vendre	*to sell*

Some words and expressions:

à quelle heure... ?	*at what time... ?*
après	*after*
aujourd'hui	*today*
bien sûr	*of course*
bon marché	*cheap*
c'est combien	*how much is it ?*
ce, cette	*this*
ces	*these*
combien ça coûte ?	*how much is it ?*
d'abord	*first*
demain	*tomorrow*
enfin	*finally*
ensuite	*then*
faire la fête	*to party*
faire les courses	*to go shopping*
faire mal	*to hurt*
il faut...	*it is necessary to...*
l'autre côté de la rue	*the other side of the street*
la semaine prochaine	*next week*
passer une nuit blanche	*to stay up all night*
puis	*then*
quelle heure est-il ?	*what time is it ?*
quelqu'un	*someone*
quelque chose	*something*
suivre un cours	*to take a class*
trop	*too (as in too small, too much)*
un peu	*a bit*

6 BIEN DANS NOTRE PEAU

Bien-être

CETTE SEMAINE

FITNESS
QUEL EST LE SPORT IDÉAL POUR VOUS ?

page 2

page 36

SANTÉ
CONTRE LA DOULEUR,
LA MÉDITATION

pa

SOIN DU CORPS
UNE PEAU PARFAITE,
C'EST POSSIBLE ?

We are going to develop some guidelines to reduce stress.

{ LE MAGAZINE POUR ÊTRE BIEN DANS SA PEAU }

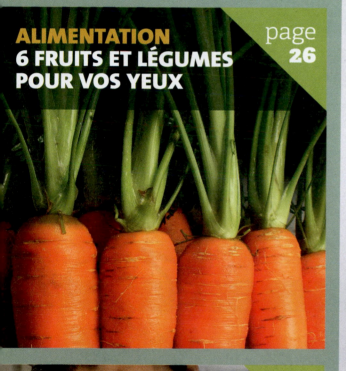

ALIMENTATION
6 FRUITS ET LÉGUMES POUR VOS YEUX

page 26

page 46

PSYCHOLOGIE
COMMENT CONTRÔLER SA COLÈRE

1. BIEN–ÊTRE

A. Observez le sommaire du magazine *Bien-être*. Lisez-vous ce genre de magazine ? Lequel des cinq articles vous semble le plus intéressant ? Pourquoi ?

- Moi, je trouve que l'article sur le contrôle de la colère peut être intéressant parce que cela peut aider à résoudre des conflits.
- Moi, l'article sur l'alimentation...

B. Voici une liste d'habitudes en rapport avec la forme physique et le bien-être. Signalez vos bonnes (+) et vos mauvaises (−) habitudes . Vous pouvez en ajouter d'autres.

Je prends toujours la voiture pour me déplacer.
Je fais du sport régulièrement.
Je mange beaucoup de légumes frais.
Je prends un bon petit-déjeuner chaque matin.
Je dors peu.
Je mange trop de sucreries.
Je fume.
Je ne bois jamais de lait.
Je bois au moins trois tasses de café par jour.
Je prends souvent des suppléments de vitamines.
Je mange des fruits tous les jours.
Je bois très peu d'eau.
Je me déplace toujours à vélo.
Je mange souvent dans des fast-foods.
Je marche beaucoup.
Je passe trop de temps devant mon ordinateur.
Je mange vite.
....
....

C. Comparez vos réponses avec celles de deux camarades. Quelles sont vos habitudes communes ?

- Moi, je marche beaucoup et je fume.
- Moi aussi, je fume mais je mange beaucoup de légumes frais.
- Eh bien, moi, je ne mange jamais de légumes et je dors peu.

2. LE MAL DU SIÈCLE

A. Ce site propose des exercices pour les personnes qui restent longtemps assises. Lisez les textes, regardez les images 1 à 5 et écrivez les noms des parties du corps désignées.

http://www.enforme.nrp

EN FORME

SANTÉ   MÉDICAMENTS   PSYCHOLOGIE   NUTRITION   FORME SPORT

BOUGEZ-VOUS !

1 Asseyez-vous sur une chaise, posez les mains sur les jambes.

a ....
b ....

2 Levez le bras droit et fermez la main. Tendez le bras, ensuite détendez-le. Recommencez avec le bras gauche.

c ....

4 Levez et tendez la jambe droite. Tirez la pointe du pied en direction de votre tête. Reposez la jambe. Recommencez avec la jambe gauche.

g ....
h ....
i ....

5 Croisez les doigts et mettez les bras derrière la tête. Tendez les muscles du dos.

j ....
k ....

Selon une étude du ministère de la Santé, 80 % des Français ont mal au dos. Rien d'étonnant si on considère que la majorité de nos concitoyens passent en moyenne sept heures par jour assis sur une chaise, à l'école ou au travail. Même assis, vous pouvez faire de l'exercice physique. Voici quelques mouvements faciles à réaliser après la classe ou au bureau.

3

Fermez les yeux. Tirez tous les muscles du visage vers le haut. Contractez aussi le nez et la bouche. Puis, décontractez-les.

d ....

e ....

f ....

d
e
f

6

....
....
....
....
....
....
....

B. Maintenant, écrivez le texte pour l'image 6.

C. D'après vous, quelles activités physiques sont bonnes pour…

1. les jambes ?   3. le dos ?
2. le cœur ?   4. perdre du poids ?

☐ la musculation   ☐ le basket-ball   ☐ le football
☐ la natation   ☐ le cyclisme   ☐ le handball
☐ l'athlétisme   ☐ la marche à pied   ☐ la voile
☐ le tennis   ☐ la gymnastique   ☐ le ski

D. Comparez vos réponses avec celles d'un camarade.

3. FAITES-VOUS DU SPORT ?

A. Écoutez ces interviews et remplissez le tableau.

Track 27

	Quel sport ?	Quelquefois	… fois par semaine	Tous les…	Jamais
1					
2					
3					
4					
5					
6					
7					
8					

B. Interrogez un camarade sur ses habitudes sportives. Ensuite, communiquez l'information à la classe.

● Tino est très sportif. Il joue au tennis deux fois par semaine, il fait du ski en hiver et de la planche à voile en été.

4. GYM TONIQUE

A. Vous allez créer un exercice tonifiant : à deux, imaginez une suite de gestes à partir de la première illustration. Puis dessinez trois figures et rédigez les consignes.

B. Dictez vos consignes à deux camarades qui devront exécuter les gestes en même temps.

C. Maintenant, toute la classe vote : quel est le meilleur exercice ?

5. LES CAUSES DU STRESS

A. Voici une liste de différentes causes éventuelles de stress. Notez d'autres causes que vous connaissez. Ensuite, interrogez un camarade.

▶ Passer souvent des examens.

▶ Vivre dans un environnement bruyant.

▶ Manger à des heures irrégulières ou devant la télévision.

▶ Se coucher tard tous les jours de la semaine.

▶ Travailler ou étudier plus de 10 heures par jour.

▶ Penser souvent au travail ou aux études pendant le week-end.

▶ Se disputer fréquemment avec la famille, les amis ou les collègues.

▶ Se réveiller très tôt le week-end.

▶ Avoir un petit salaire.

▶ ....

▶ ....

- Est-ce que tu travailles plus de 10 heures par jour ?
- Non, je fais 8 heures tous les jours.

B. Pensez-vous que votre interlocuteur souffre de stress ? Si oui, pourquoi ? Demandez-lui de vous le confirmer.

LES VERBES AU PRÉSENT À UNE BASE

TRAVAILLER → **travaill** → je travaill**e**, tu travaill**es**, il / elle / on travaill**e**, nous travaill**ons**, vous travaill**ez**, ils / elles travaill**ent**

LES VERBES AU PRÉSENT À DEUX BASES

DORMIR → **dor** → je dor**s**, tu dor**s**, il / elle / on dor**t**
→ **dorm** → nous dorm**ons**, vous dorm**ez**, ils / elles dorm**ent**

FINIR → **fini** → je fini**s**, tu fini**s**, il / elle / on fini**t**
→ **finiss** → nous finiss**ons**, vous finiss**ez**, ils / elles finiss**ent**

LES VERBES AU PRÉSENT À TROIS BASES

DEVOIR → **doi** → je doi**s**, tu doi**s**, il / elle / on doi**t**
→ **dev** → nous dev**ons**, vous dev**ez**
→ **doiv** → ils / elles doiv**ent**

PRENDRE → **prend** → je prend**s**, tu prend**s**, il / elle / on prend
→ **pren** → nous pren**ons**, vous pren**ez**
→ **prenn** → ils / elles prenn**ent**

LES VERBES PRONOMINAUX

SE LEVER		
je	me	lève
tu	te	lèves
il / elle / on	se	lève
nous	nous	levons
vous	vous	levez
ils / elles	se	lèvent

Je me lève à 6 heures.

COMPARER (1)

plus de	fruits	
autant de	légumes	que...
moins de	sel	

6. UN RÉGIME SPORTIF

A. Lisez cet extrait d'une interview d'un jeune espoir du tennis.

L'alimentation d'un champion

Éric Dugal nous révèle ses habitudes alimentaires.

Faites-vous attention à votre alimentation ?
Bien sûr ! En période de compétition, j'ai une alimentation adaptée à mes besoins. C'est-à-dire... quand je joue, j'ai une alimentation riche en énergie, mais je dois avoir des digestions légères ; alors, je ne mange presque pas de graisses : jamais de beurre, ni de fromage et je mange des légumes avec seulement un peu d'huile d'olive.

Vous mangez beaucoup de fruits et de légumes ?
Oui, cinq fruits par jour et des légumes deux fois par jour.

Vous mangez de la viande ou du poisson ?
Je n'aime pas du tout le poisson, je n'en mange presque jamais. Quant à la viande, je mange beaucoup de viande blanche – du poulet, de la dinde, deux ou trois fois par jour –, mais rarement de la viande rouge.

Et que buvez-vous ?
Je bois trois litres d'eau par jour, et jamais d'alcool, évidemment.

B. Comparez votre alimentation à celle de ce joueur de tennis.

- Moi, je mange... - Moi, je ne mange pas... - Moi, je bois... - Moi, je ne bois pas...	... (beaucoup) plus de / d'... ... (beaucoup) moins de / d'... ... autant de / d'...	... graisses. ... viande rouge. ... viande blanche. ... poisson. ... fruits. ... légumes. ... eau.

Moi, je mange beaucoup moins de viande que lui, je suis végétarienne.

7. VOS HABITUDES

Track 28 Écoutez ce que disent ces personnes interviewées par Radio Centre, et remplissez une fiche pour chacune d'elles.

Interview : A ☐   B ☐   C ☐
Il / Elle a une vie saine ? Oui ☐   Non ☐
Pourquoi ?...
...
Un conseil : Il / Elle doit ....
...

L'IMPÉRATIF

À l'impératif, il y a seulement trois personnes et on n'utilise pas les pronoms sujets.

	PRÉSENT DE L'INDICATIF	IMPÉRATIF
JOUER	tu jou**es** nous jou**ons** vous jou**ez**	jou**e** ! jou**ons** ! jou**ez** !
PRENDRE	tu prend**s** nous pren**ons** vous pren**ez**	prend**s** ! pren**ons** ! pren**ez** !
SE LEVER	tu te lèv**es** nous nous lev**ons** vous vous lev**ez**	lèv**e**-toi ! lev**ons**-nous ! lev**ez**-vous !

AVOIR	ÊTRE
aie ! ayons ! ayez !	sois ! soyons ! soyez !

À la forme négative
Ne fume pas ici !
Ne prenons pas ce chemin !
Ne vous levez pas !

LA QUANTITÉ (1)

Je bois   **peu d'**eau.
       assez de lait.
       beaucoup de soda.
       trop de café.

● *Tu manges **beaucoup de** légumes ?*
○ *Oui, j'en mange tous les jours.*

DONNER DES CONSEILS, RECOMMANDER

▶ Conseils adressés à une personne
*Tu es très stressé, **détends-toi !***
*Pour maigrir, **vous devez manger** moins de sucreries.*

▶ Conseils impersonnels
__Il faut dormir__ 8 heures par nuit.
__Il est important de faire__ de l'exercice.
__Il convient d'avoir__ une alimentation variée.

LA FRÉQUENCE

toujours / souvent / quelquefois / jamais
tous les jours / mois / ans...
chaque lundi / mardi...
deux fois par semaine / mois...

8. TOP SANTÉ

À deux, lisez chacun l'un de ces deux textes en notant l'essentiel sur les fiches ci-dessous. Ensuite, présentez oralement son contenu à votre camarade.

Se sentir bien

L'alimentation

Vous avez faim ? Alors, mangez !

Certains diététiciens disent qu'on peut manger tout ce qu'on veut à condition d'avoir faim. Il est important aussi de manger à des heures régulières, et il faut consommer beaucoup de fruits, de légumes et des aliments riches en fibres, comme le pain et le riz complets. Mais faites attention aux sucres ! Ne mangez pas trop de viande non plus. Mangez plus de poisson. L'idéal est d'en manger trois fois par semaine. Le poisson est riche en protéines et contient peu de graisses. L'eau est la seule boisson indispensable, il faut en boire au moins un litre et demi par jour. Enfin, il faut insister sur le fait que chacun de nous possède un corps différent, et que se sentir bien et être en bonne santé ne signifie pas nécessairement être mince.

L'exercice physique

Aujourd'hui, dans nos sociétés modernes, nous sommes très sédentaires. Par conséquent, une activité physique régulière est vraiment conseillée. Pour se maintenir en forme, il suffit de faire un peu de marche tous les jours et une heure d'exercice plus intense par semaine. Le mieux, bien sûr, c'est de pratiquer différentes activités comme le vélo, le footing, la natation, etc. Il convient d'avoir une pratique sportive pour faire travailler le cœur et les muscles, mais aussi pour bien dormir.

Titre du texte :

....

Idée principale :

....

....

Idées secondaires et exemples :

....

....

....

Titre du texte :

....

Idée principale :

....

....

Idées secondaires et exemples :

....

....

....

9. CONTRE LE STRESS

A. Individuellement, écrivez dix conseils pour réduire le stress.

DIX CONSEILS POUR RÉDUIRE LE STRESS

1. Il faut ....
2. Il est important de ....
3. Vous devez ....
4. Il convient de ....
5. Ne ....
6. ....
7. ....
8. ....
9. ....
10. ....

strategies

Before writing a text, it is important to look at other documents of the same type. This will help you understand and follow the structure for that specific kind of text.

B. Par groupes, rédigez un article avec des conseils pour réduire le stress (vous pouvez suivre le modèle des articles de l'activité 8). Ensuite, affichez-le ou publiez-le sur un réseau social.

C. Lisez les articles des autres groupes. Quels conseils vous semblent personnellement les plus utiles et les plus réalisables ? Quelles sont les idées qui vous paraissent les plus originales ?

10. POUR ÊTRE HEUREUX…

A. Attribuez un titre à chaque texte.

« J'ai décidé d'être heureux parce que c'est bon pour la santé. » Voltaire

En France, de plus en plus de personnes décident de faire des petits gestes ou des changements importants dans leur vie pour être plus heureux, vivre plus en harmonie avec la nature ou avoir plus de temps pour leur famille. La consommation de produits bio et le télétravail en sont des exemples, mais il y en a bien d'autres.

Vanessa habite en ville mais, tous les dimanches matins, elle part à la cueillette de fruits et de légumes dans une ferme bio à 30 kilomètres de chez elle. Elle rentre à la maison avec des produits très frais et beaucoup moins chers qu'au supermarché. « On fait une économie d'argent importante sur les fruits et légumes, explique Vanessa, et les enfants mangent des produits sains. » C'est aussi, pour cette urbaine, une façon de garder le contact avec la terre et de profiter de la nature tout en soutenant les agriculteurs bio de la région.

Alexandre a une fille de 6 ans. Il vient de renoncer à un poste important et à un gros salaire pour passer plus de temps avec sa famille. Il travaille aujourd'hui chez lui avec un ordinateur, une connexion Internet et un téléphone. Il gagne 25 % de moins mais il ne regrette rien. « J'accompagne ma fille à l'école tous les jours, explique-t-il en riant, et je vais la chercher : c'est merveilleux ! » Alexandre ne prend plus les transports en commun pour se rendre à son travail. Cela signifie moins de stress et une économie considérable de temps et d'argent. Le télétravail permet ainsi à de nombreuses personnes de concilier emploi et famille et de se sentir plus heureuses.

B. Que pensez-vous des décisions prises par ces personnes ?
Avez-vous des idées d'autres décisions à prendre pour mieux vivre ?

11. UNE SANTÉ QUI COMPTE

A. À votre avis, quelles sont les différentes motivations qui poussent les gens à faire du sport ? Faites-en une liste par ordre de préférence. Ensuite, lisez l'article ci-dessous.

SAVOIR-VIVRE

Prendre soin de soi

En France le médecin généraliste est le professionnel de santé le plus fréquemment consulté, et davantage par les femmes que par les hommes.

Les Françaises sont aussi plus nombreuses que les Français à éviter les produits trop riches en sucre ou en matières grasses et ceux qui contiennent des additifs ou des colorants. Par ailleurs, manger des fruits et des légumes frais tous les jours est davantage un comportement féminin.

Si perdre du poids est une préoccupation plutôt féminine (62 %), elle est partagée par une proportion d'hommes loin d'être négligeable (38 %).

La consommation de tabac et d'alcool concerne davantage les hommes. En revanche, ce sont surtout les femmes qui évoquent le stress, les problèmes de sommeil ou de solitude.

Enfin, les hommes sont globalement plus sportifs que les femmes (44 % contre 35 %). Quant à leurs motivations, les plus souvent évoquées sont le plaisir et les effets bénéfiques sur la santé. Les non-sportifs invoquent le manque de temps (34 %) et l'absence de besoin (24 %) ; 17 % des femmes et seulement 9 % des hommes reconnaissent que c'est par manque de courage.

MOTIVATIONS POUR FAIRE DU SPORT

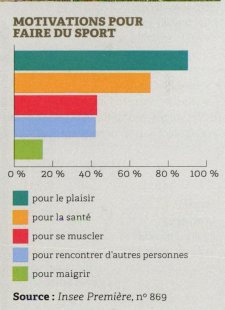

- pour le plaisir
- pour la santé
- pour se muscler
- pour rencontrer d'autres personnes
- pour maigrir

Source : *Insee Première*, n° 869

B. Vos motivations correspondent-elles à celles de cet article ? Recueillez par écrit les réponses de chacun pour élaborer le graphique des « Motivations pour faire du sport » de la classe.

6 BIEN DANS NOTRE PEAU

TALKING ABOUT OUR DAILY HABITS: THE PRESENT TENSE

The present tense of the indicative (*le présent*) is used to talk about what we do regularly.

Je mange du poisson une fois par semaine.
Je prends toujours le métro pour aller travailler.
Je sors avec mes amis tous les vendredis.

To conjugate verbs in the present indicative, we use their stems or phonetic bases. Certain verbs have one stem, while others have two or three stems.

How to form the present

▶ Verbs with one stem

TRAVAILLER
[tʀavaj]
je **travaill**-e
tu **travaill**-es
il / elle / on **travaill**-e
nous **travaill**-ons
vous **travaill**-ez
ils / elles **travaill**-ent

▶ Verbs with two stems

The same stem is used for the first, second and third person singular and for the third person plural, while another stem is used for *nous* and *vous*.

ACHETER	
[aʃɛt]	[aʃət]
j'**achèt**-e	
tu **achèt**-es	
il / elle / on **achèt**-e	
ils / elles **achèt**-ent	
	nous **achet**-ons
	vous **achet**-ez

One stem is used for all singular forms and another stem is used for all plural forms.

▶ Verbs with three stems

These verbs have one stem for the singular forms, one stem for *nous* and *vous*, and another stem for *ils/elles*.

DORMIR	
[dɔʀ]	[dɔʀm]
je **dor**-s	
tu **dor**-s	
il / elle / on **dor**-t	
	nous **dorm**-ons
	vous **dorm**-ez
	ils / elles **dorm**-ent

BOIRE		
[bwa]	[byv]	[bwav]
je **boi**-s		
tu **boi**-s		
il / elle / on **boi**-t		
	nous **buv**-ons	
	vous **buv**-ez	
		ils / elles **boiv**-ent

▶ Other verbs

Certain verbs that are very commonly used have forms in the present that are different from their infinitive. This is the case for the verbs *être*, *avoir* and *aller*.

ÊTRE	AVOIR
je **suis**	j'**ai**
tu **es**	tu **as**
il / elle / on **est**	il / elle / on **a**
nous **sommes**	nous **avons**
vous **êtes**	vous **avez**
ils / elles **sont**	ils / elles **ont**

ALLER
je **vais**
tu **vas**
il / elle / on **va**
nous **allons**
vous **allez**
ils / elles **vont**

REFLEXIVE VERBS

Some verbs are called reflexive verbs (also known as pronominal verbs). This means that the subject is followed by a personal pronoun (*me, te, se, nous, vous, se*) which represents the same person as the subject.

● *À quelle heure tu **te** lèves le matin ?*
○ *Je **me** lève à 6 heures trente.*

SE LEVER	
je **me** lève	
tu **te** lèves	
il / elle / on **se** lève	
	nous **nous** levons
	vous **vous** levez
	ils / elles **se** lèvent

In the negative, *ne* and *pas* are placed in the following way:

*Mario **ne** se couche **pas** tard le soir.*
*Le week-end, nous **ne** nous levons **pas** avant 11 heures.*

COMPARING (1)

Comparisons are used to indicate:

▶ superiority
● *Je fais du sport trois fois par semaine.*
○ *Tu fais **plus de sport que** moi.*

▶ equality
● *Moi, je dors à peu près 8 heures par nuit.*
○ *Je dors **autant d'heures que** toi.*

▶ inferiority
*Il a besoin de **moins d'heures de sommeil que** moi.*

EXPRESSING FREQUENCY

The adverbs **toujours**, **souvent**, **quelquefois**, **rarement** and **deux fois (par semaine)** indicate how frequently an action takes place. They are generally placed after the conjugated verb.

*Je mange **toujours** à la même heure.*

These adverbs can also be used by themselves when you answer a question.

- *Est-ce que vous fumez des cigares ?*
- ***Rarement**.*

A singular definite article in front of a day of the week or a moment of the day indicates a habit, something you do regularly.

- *Toni, est-ce que tu joues souvent au tennis ?*
- *Oui, **le vendredi**.*

- *À quelle heure vous vous levez **le matin** ?*
- *En général, à six heures.*

Instead of saying **le vendredi, le matin...** you can also say : **tous les vendredis, chaque vendredi, tous les matins, chaque matin...**

- *Vous êtes ouvert le matin ?*
- *Oui, **tous les matins** de 8 h à 12 h sauf le vendredi.*

NEGATION: NE ... JAMAIS

Ne is placed in front of the conjugated verb and **jamais** is placed after.

*Je **ne** prends **jamais** de café l'après-midi.*

When people speak, they often leave out the **ne**.

*Je Ø fais **jamais** la sieste.*

Jamais can also be used by itself.

- *Vous regardez la télévision le soir ?*
- *Jamais.*

QUANTITIES (1)

"Peu" and "beaucoup"

Peu and **beaucoup** are adverbs of quantity. When placed after a conjugated verb, they modify its meaning. **Peu** refers to a small amount while **beaucoup** refers to a large quantity.

- *Tu manges **peu** ; tu n'as pas faim ?*
- *Si, j'ai terriblement faim, mais je suis au régime.*

- *Tu as l'air fatigué.*
- *Oui, je travaille **beaucoup**.*

The preposition **de** is added if **peu** and **beaucoup** are followed by a noun.

*Le poisson est un aliment sain qui contient **peu de graisses**.*

"Trop" and "pas assez"

Trop and **pas assez** are adverbs of quantity expressing a subjective point of view. The speaker gives an opinion about an amount, judged to be excessive (**trop**) or insufficient (**pas assez**).

- *Je fais des exercices de français pendant 10 minutes chaque jour.*
- *C'est **pas assez** !*
- *C'est **trop** !*

The preposition **de** is added if **trop** and **pas assez** are followed by a noun.

- *Je prends quatre cafés par jour.*
- *Vous prenez **trop de café** !*

THE IMPERATIVE

The imperative is a verbal mode that is used to give orders or instructions. It is also used to give advice and make recommendations.

Ferme la fenêtre, j'ai froid !

- *En ce moment, je suis fatigué et j'ai mal au dos.*
- ***Faites** 10 minutes d'exercices de relaxation par jour.*

How to form the imperative

The imperative has only three forms: the **tu** form, the **nous** form and the **vous** form. However, note that the subject pronouns are dropped.

AFFIRMATIVE IMPERATIVE		
PRENDRE	(tu)	Prends !
DORMIR	(nous)	Dormons !
BOIRE	(vous)	Buvez !

The **–s** of the **tu** form disappears for **–er** verbs.

Va chez ta grand-mère et surtout ne **parle** pas avec des inconnus ! (Le Petit Chaperon rouge)

If you want to forbid something, the **ne** and **pas** will be placed around the conjugated verb.

NEGATIVE IMPERATIVE		
PRENDRE	(tu)	Ne prends pas !
DORMIR	(nous)	Ne dormons pas !
BOIRE	(vous)	Ne buvez pas !

Pronominal verbs vary slightly in the affirmative and in the negative forms of the imperative. In the affirmative form, the personal pronoun changes to a stressed form of the pronoun, and is placed after the verb, linked by a hyphen.

AFFIRMATIVE IMPERATIVE		
SE LEVER	(tu)	Lève-**toi** !
S'ASSEOIR	(vous)	Asseyez-**vous** !

In the negative form, the regular reflexive pronoun is placed in front of the verb.

NEGATIVE IMPERATIVE		
SE LEVER	(tu)	Ne **te** lève pas trop tard !
S'ASSEOIR	(vous)	Ne **vous** asseyez pas ici !

The verbs **être** and **avoir** have irregular forms in the imperative.

ÊTRE	Sois sage !	Soyons prêts !	Soyez aimables !
AVOIR	N'aie pas peur !	N'ayons pas peur !	Ayez l'air aimable !

Je dois partir !

Ne me quitte pas !

VOCABULAIRE

There are several ways to give advice or to make recommendations in French.

If you are addressing someone directly

You can use:

▶ the imperative
*Tu es très stressé, **détends-toi** !*

▶ the verb ***devoir*** followed by an infinitive
*Vous êtes très stressé, vous **devez** vous détendre !*

DEVOIR		
[dwa]	[dəv]	[dwav]
je **doi**-s		
tu **doi**-s		
il / elle / on **doi**-t		
	nous **dev**-ons	
	vous **dev**-ez	
		ils / elles **doiv**-ent

If you want to give an impersonal advice

You can use:

▶ *il faut*

▶ *il est important de/d'*

▶ *il est nécessaire de/d'*

▶ *il convient de/d'*

These forms are all followed by an infinitive and they indicate that an action is necessary or compulsory. These structures are impersonal; the subject pronoun ***il*** does not refer to a specific person (it is strictly a grammatical subject).

*Pour être en bonne santé, **il est nécessaire d'**avoir une alimentation variée.*

● *Je veux perdre du poids.*
○ ***Il faut réduire*** *les lipides et faire de l'exercice.*

Nouns:

l'alimentation (f)	diet (what you eat), food intake
l'an (m)	year
l'après-midi (m or f)	afternoon
l'athlétisme (m)	running, track
le beurre	butter
le bien-être	well-being
la bouche	mouth
le bras	arm
le bureau	desk
le café	coffee
la chaise	chair
le cœur	heart
la colère	anger
le conseil	advice
le corps	body
le cyclisme	biking
les devoirs	homework
le dos	back
la douleur	pain
l'eau (f)	water
l'emploi (m)	job
l'environnement (m)	environment
l'escrime (f)	fencing
le footing	jogging
le fromage	cheese
le fruit	fruit
le genou	knee
la graisse	fat
la gymnastique	gymnastics
l'horaire (m)	schedule
l'humeur (f)	mood
la jambe	leg
le jour	day
le lait	milk
le légume	vegetable
la main	hand
la marche à pied	walking
le matin	morning
le midi	at noon
la musculation	lifting weights, working out
la natation	swimming
le nez	nose
l'œil (m)	eye
l'ordinateur (m)	computer
la peau	skin
le petit-déjeuner	breakfast

le pied	foot
le poids	weight
le poisson	fish
le régime	diet (as in to go on a diet)
le salaire	salary
la santé	health
la semaine	week
la sieste	nap
le soin du corps	body treatment
le soir	evening
les sucreries (f)	sweets
les suppléments de vitamines (m)	vitamin supplements
la tasse	cup
la tête	head
la viande blanche	white meat
la viande rouge	red meat
la vie	life
le visage	face
la voile	sailing
la voiture	car
les yeux (m)	eyes

Adjectives:

assis(e)	seated
bio	organic
bruyant(e)	noisy
contrarié(e)	upset
droit(e)	right
facile	easy
frais, fraîche	fresh
gauche	left
heureux, heureuse	happy
idéal(e)	ideal
irrégulier, irrégulière	irregular
mince	thin
régulier, régulière	regular
sain(e)	healthy
sédentaire	not active, sedentary

Verbs:

acheter	to buy
boire	to drink
bouger	to move
contrôler	to control
courir	to run
devoir	to have to
donner	to give

dormir	*to sleep*	**Some words and expressions:**	
essayer	*to try*	après	*after*
fermer	*to close*	assez	*enough*
finir	*to finish*	autant (de)	*as much/*
fumer	*to smoke*		*many*
marcher	*to walk*	avoir mal à	*to hurt*
ouvrir	*to open*	beaucoup (de)	*a lot*
penser	*to think*	chaque	*each*
prendre	*to take*	en plein air	*outdoors*
réduire	*to reduce*	être en forme	*to be healthy,*
réussir	*to succeed*		*to be in good*
s'asseoir	*to sit down*		*shape*
s'habiller	*to get dressed*	faire attention à	*to be careful with*
se coucher	*to go to bed*	faire du sport	*to exercise*
se déplacer	*to get around*	fréquemment	*frequently*
se détendre	*to relax*	il convient de (+infinitive)	*it is good to*
se disputer	*to argue*	il faut (+infinitive)	*it is necessary to*
se doucher	*to shower*		
se laver	*to wash oneself*	jamais	*never*
		moins (de)	*less*
se lever	*to get up*	passer des examens	*to take exams*
se peigner	*to comb your hair*	passer du temps	*to spend time*
se réveiller	*to wake up*	perdre du poids	*to lose weight*
tendre	*to extend, to stretch out*	peu (de)	*little*
tirer	*to draw*	plus (de)	*more*
travailler	*to work*	prendre soin de soi	*to take care of oneself*
vivre	*to live*		
		quelquefois	*sometimes*

rarement	*rarely*
régulièrement	*regularly*
rien	*nothing*
tard	*late*
tôt	*early*
toujours	*always*
tous les jours	*every day*
toutes les semaines	*every week*
très	*very*
très peu (de)	*very little*
trois fois par semaine	*three times a week*
trop (de)	*too much*
vers le bas	*downwards*
vers le haut	*upwards*
vite	*quickly*

7 À CHACUN SON MÉTIER

1

2

3

5

6

7

We will select candidates for three positions and we will also pick a job for ourselves.

1. POUR ÊTRE POMPIER...

A. Ces personnes sont au travail. Reconnaissez-vous leur profession ?

une chimiste	une professeure
un pompier	un artisan menuisier
une secrétaire	un mécanicien
un vendeur	un serveur
une photographe	une musicienne
une dentiste	une journaliste
une coiffeuse	une infirmière
un camionneur	une interprète
un ouvrier	un architecte
un agriculteur	un médecin

B. Quelles qualités sont nécessaires pour exercer ces professions ? Parlez-en en petits groupes.

Être quelqu'un de (très)	organisé / aimable / autonome / ouvert / dynamique / courageux / patient / créatif...
Être	disposé à voyager / habitué à travailler en équipe...
Savoir	écouter / convaincre / commander / parler en public...
Connaître	l'informatique / des langues étrangères...
Avoir	un diplôme universitaire / un permis de conduire / une bonne présentation / de la force physique / le sens des relations sociales / l'esprit d'équipe...

- Pour être pompier, il faut être habitué à travailler en équipe.
- Oui, et il faut avoir de la force physique.

2. VOTRE MÉTIER

Et vous ? Que voulez-vous devenir ? Pourquoi ? Si vous exercez déjà un metier, quel est-il ?

- Moi, je veux être professeur.
- Moi, je ne sais pas encore.
- Moi, je suis secrétaire dans une entreprise de produits chimiques, et toi ?
- Moi, je travaille dans les assurances.

3. AVANTAGES ET INCONVÉNIENTS

A. Chaque profession présente des aspects positifs et d'autres négatifs.
Complétez le tableau selon votre avis personnel.

C'est un travail (très)...

- intéressant.
- créatif.
- facile.
- varié.
- motivant.
- dangereux.

- difficile.
- stressant.
- ennuyeux.
- pénible
- ...

Les dentistes / Les policiers...

- rencontrent beaucoup de monde.
- gagnent beaucoup d'argent.
- voyagent beaucoup.
- aident les autres.
- vivent à la campagne.
- ont beaucoup de responsabilités.

- ne gagnent pas beaucoup d'argent.
- travaillent de nombreuses heures de suite.
- sont assis toute la journée
- ...

Métier	Aspect positif ⬆	Aspect négatif ⬇
dentiste	argent	ennuyeux
enseignant(e)		
chauffeur de taxi		
psychologue		
juge		
médecin		
policier		
assistant(e) social(e)		
informaticien(ne)		
journaliste		
avocat(e)		
traducteur/trice		
employé(e) de bureau		
agriculteur/trice		

B. Commentez vos réponses avec deux camarades.

- Je trouve que les dentistes ont un travail ennuyeux.
- Oui, mais ils gagnent beaucoup d'argent.
- C'est vrai, mais...

C. Et vous ? Quels sont les aspects positifs et négatifs de votre profession ou de celle que vous voulez faire plus tard ?

- Moi, je travaille dans les assurances ; ce n'est pas un travail très créatif, mais on rencontre beaucoup de monde et...

4. PETITES ANNONCES

Track 29

A. Léa cherche du travail. Écoutez son entretien dans une agence d'emploi et prenez des notes.

> Elle a étudié...
> Elle parle...
> Elle a travaillé...
> Elle est allée...

B. Maintenant, lisez ces deux annonces, et décidez si le profil de Léa convient à l'une d'elles.

LE PARLEMENT EUROPÉEN ET LA COMMISSION EUROPÉENNE

recherche des

ASSISTANTS ADJOINTS

Le Parlement, la Commission et la Cour des Comptes mettent en œuvre une politique d'égalité des chances entre les femmes et les hommes et encouragent vivement les candidatures féminines.

Vous avez moins de 30 ans.
Vous êtes titulaire d'un Bac + 3.
Vous êtes disposé(e) à voyager.
Vous parlez l'anglais et l'espagnol.

Pour tout renseignement, consultez notre site Internet : www.europarl.europa.eu

1

STATION J

recrute un(e)

ASSISTANT(E) DE DIRECTION

Vous avez entre 25 et 35 ans et au moins 2 ans d'expérience.

Vous êtes dynamique, très organisé(e) et doué(e) d'une bonne mémoire. Vous maîtrisez l'orthographe, vous êtes autonome, motivé(e) et vous avez un bon esprit d'initiative. Vous parlez couramment anglais et une autre langue (espagnol ou allemand). Vous connaissez les principaux logiciels de bureautique.

DISPONIBILITÉ IMMÉDIATE

Merci d'envoyer votre CV, lettre manuscrite, rémunération actuelle et prétentions à :
Station J, Laure BABIN, 138 avenue d'Iéna 75116 Paris – RÉF. AW.

2

Annonce 1 : Elle peut / ne peut pas se présenter parce que ....

Annonce 2 : Elle peut / ne peut pas se présenter parce que ....

C. Partagez vos conclusions avec vos camarades et mettez-vous d'accord sur l'emploi le plus adapté au profil de Léa.

• *Je crois qu'elle peut postuler pour l'emploi de... parce qu'elle parle...*

5. FAN DE...

A. Lisez ces données biographiques. Quel est le nom de ce sportif ?

ACTUALITÉ

MA BIOGRAPHIE

ENGAGEMENTS

MÉDIATHÈQUE

FORUM

CONTACT

Je suis né en 1972 à Marseille. J'ai commencé à jouer au football très jeune et, à 16 ans, je suis devenu joueur professionnel. J'ai joué dans deux clubs : Cannes et Bordeaux. Je suis resté 7 ans à Cannes. Là, j'ai rencontré Véronique et nous nous sommes mariés. Je suis entré dans l'équipe de France en 1994 et, en 1998, nous avons gagné la Coupe du monde. J'ai joué plus tard au Real Madrid, puis j'ai pris ma retraite sportive...

B. Dans ce texte, on utilise un nouveau temps : soulignez les verbes correspondants. Comment ce temps se forme-t-il ?

6. QUIZ

Constituez deux ou trois équipes et trouvez de qui il s'agit. L'équipe qui a le plus de bonnes réponses gagne.

Il est né au Maroc de parents espagnols : son vrai nom est Juan Moreno.

Acteur, il a été Enzo dans *Le Grand Bleu* et il a joué le rôle de Krieger dans *Mission Impossible*.

Il a interprété des rôles très variés, de Cyrano de Bergerac à Obélix.

Il a joué dans plus de cent films depuis 1965.

Il a vécu au XIXᵉ siècle.

Il a lutté contre la peine de mort.

Il a décrit dans ses romans les conditions de vie des misérables.

Il est né le 14 mars 1879 à Ulm, en Allemagne.

Il a reçu le prix Nobel de physique en 1921 pour ses travaux sur la théorie de la relativité.

Cette Nordique est surtout connue comme chanteuse, compositrice et musicienne.

En 2000, elle a interprété magnifiquement le rôle de Selma dans le film *Dancer in the Dark*.

Il a étudié les changements de lumière selon les saisons.

Il a peint *Impression soleil levant*, qui a donné son nom au mouvement impressionniste.

LE PASSÉ COMPOSÉ

- *Tu as étudié l'espagnol ?*
- *Oui, pendant trois ans.*

ÉTUDIER		
j'	ai	
tu	as	
il / elle / on	a	étudié
nous	avons	
vous	avez	
ils / elles	ont	

Les verbes pronominaux (**se lever, s'habiller,** etc.) et les verbes **entrer, sortir, arriver, partir, passer, rester, devenir, monter, descendre, naître, mourir, tomber, aller, venir** se conjuguent avec l'auxiliaire **être**.

ALLER		
je	suis	allé(e)
tu	es	allé(e)
il / elle / on	est	allé(e)(s)
nous	sommes	allé(e)s
vous	êtes	allé(e)s
ils / elles	sont	allé(e)s

Le participe passé

Les participes passés ont plusieurs terminaisons.

étudier	**étudié**	dire	**dit**
finir	**fini**	voir	**vu**
prendre	**pris**	avoir	**eu**
être	**été**	vivre	**vécu**

À l'oral, il faut bien distinguer le présent du passé composé :

je finis [ʒəfini] / j'ai fini [ʒefini]
je fais [ʒəfɛ] / j'ai fait [ʒefɛ]
je dis [ʒədi] / j'ai dit [ʒedi]

7. AIMEZ-VOUS L'AVENTURE ?

A. Par petits groupes, posez-vous oralement les questions suggérées ci-dessous et trois autres qui vous intéressent. Chacun note les réponses des autres.

	oui, une fois	oui, plusieurs fois	non, jamais
monter en haut de la tour Eiffel			
passer à la télé			
se perdre à la montagne			
manger des cuisses de grenouilles			
descendre dans une mine			
faire du deltaplane			
entrer dans une grotte préhistorique			
faire un voyage à vélo			

B. Qui est le plus aventurier du groupe ?

8. MENTEUR !

A. À l'aide des débuts de phrases ci-dessous, écrivez quatre expériences vécues... ou pas. Au moins une de vos affirmations doit être vraie.

▶ Une fois, j'ai gagné...
▶ En..., j'ai fait...
▶ L'année dernière, j'ai rencontré...
▶ Il y a ... ans, je suis allé(e)...
▶ J'ai vécu... ans...

B. Par petits groupes, chacun lit ses phrases ; les autres doivent deviner ce qui est vrai et ce qui est faux.

- J'ai vécu deux ans en Russie parce que mon père est diplomate.
- Je crois que c'est faux.
- Oui, moi aussi.

À la forme négative

Les particules **ne** et **pas** encadrent l'auxiliaire.

*Elle **n'**a **pas** bien compris les explications.*

En français oral, **ne** disparaît souvent.

- *Vous avez fini vos études ?*
- *Non, j'ai **pas** fini, je suis en troisième année.*

La place des adverbes

Au passé composé, les adverbes se placent entre l'auxiliaire et le participe passé.

- *Est-ce que tu es **déjà** allé en France ?*
- *Non, je ne suis **jamais** allé en France.*

*Il a **toujours** travaillé.*
*J'ai **beaucoup** dormi.*
*Il a **assez** bu.*
*Nous avons **mal** compris.*
*Vous êtes **bien** arrivés ?*

SITUER UN FAIT DANS LE PASSÉ

*J'ai eu mon baccalauréat **en 1996**.*
*Je suis allé à Paris **il y a deux ans**.*
*J'ai habité (**pendant**) **deux ans** à Londres.*
*Ça s'est passé **au XXᵉ siècle**.*

PARLER DE SES COMPÉTENCES

- *Vous **connaissez** le secteur bancaire ?*
- *Oui, j'ai fait un stage dans une banque pendant mes études.*

- *Qu'est-ce que vous **savez** faire ?*
- *Je **sais** jouer de la guitare / conduire / faire des crêpes...*

9. NOUS RECHERCHONS...

A. Lisez les trois offres d'emploi suivantes et complétez-les avec les mots qui manquent.

- ▶ étudiant ou étudiante
- ▶ d'un instrument de musique
- ▶ saisonnier
- ▶ dans le secteur
- ▶ anglais et espagnol
- ▶ âge
- ▶ littéraire ou artistique
- ▶ sérieux et dynamique

Offres d'emploi

Animateur

Le Parc Astérix cherche un animateur pour un emploi saisonnier (avril-octobre).

- .... : entre 16 et 30 ans
- Idéal pour ....
- Vous jouez ....
- Vous avez le sens du spectacle, vous aimez le contact avec les enfants.
- Vous parlez deux langues étrangères.
- Si vous avez déjà une expérience en animation ou en théâtre, cela sera un plus !

Serveur

Serveur (H) restaurant (trois fourchettes) sur les Champs-Élysées.

- Bonne présentation, sens de l'organisation.
- Vous êtes agréable, ...
- École hôtelière et/ou expérience ....
- Bon niveau d'anglais

Guide

La Ville de Paris recrute un guide pour ses musées et monuments.

- Âge : à partir de 18 ans
- Emploi .... (juin-septembre)
- .... exigés, autres langues appréciées.
- Vous êtes sérieux et patient.
- Formation : ....

B. À la radio, l'animateur lit ces mêmes offres à ses auditeurs. Écoutez et vérifiez.

Track 30

10. LE MEILLEUR CANDIDAT

A. L'agence d'emploi qui gère ces trois offres a reçu quatre candidatures. Deux recruteurs commentent les dossiers des candidats. Écoutez leur conversation et complétez les fiches.

Track 31

NOM : Leblond

PRÉNOM : Bastien

LIEU DE NAISSANCE : Montpellier

ÂGE : 24 ans

ADRESSE : 3 avenue Jean Jaurès - 75019 Paris

TÉLÉPHONE / COURRIEL : 01 45 26 01 07 / b.leblond@houra.nrp

FORMATION : École hôtelière de Lyon

LANGUES ÉTRANGÈRES : bon niveau d'anglais

EXPÉRIENCE PROFESSIONNELLE : aucune

RÉSULTAT AU TEST PSYCHOTECHNIQUE :

DIVERS :

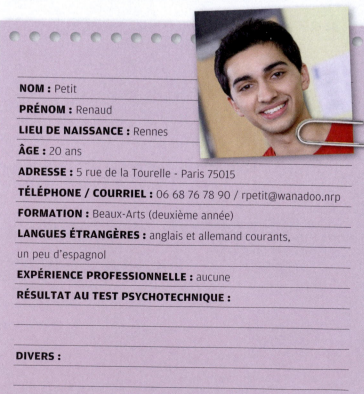

NOM : Petit

PRÉNOM : Renaud

LIEU DE NAISSANCE : Rennes

ÂGE : 20 ans

ADRESSE : 5 rue de la Tourelle - Paris 75015

TÉLÉPHONE / COURRIEL : 06 68 76 78 90 / rpetit@wanadoo.nrp

FORMATION : Beaux-Arts (deuxième année)

LANGUES ÉTRANGÈRES : anglais et allemand courants, un peu d'espagnol

EXPÉRIENCE PROFESSIONNELLE : aucune

RÉSULTAT AU TEST PSYCHOTECHNIQUE :

DIVERS :

NOM : Hernandes

PRÉNOM : Laurence

LIEU DE NAISSANCE : Évora (Portugal)

ÂGE : 24 ans

ADRESSE : 86 rue Victor Hugo - 75008 Paris

TÉLÉPHONE / COURRIEL : 06 61 05 37 71 / hernandes@yahoo.nrp

FORMATION : Maîtrise en Lettres Modernes

LANGUES ÉTRANGÈRES : portugais et espagnol courants, bon niveau d'anglais, notions d'allemand

EXPÉRIENCE PROFESSIONNELLE : monitrice pour colonies de vacances pendant 6 ans, 2 ans serveuse dans un restaurant (Nice).

RÉSULTAT AU TEST PSYCHOTECHNIQUE :

DIVERS :

NOM : Scott

PRÉNOM : Aude

LIEU DE NAISSANCE : Paris

ÂGE : 21 ans

ADRESSE : 44 boulevard des Italiens - 75009 Paris

TÉLÉPHONE / COURRIEL : aude.scott@gmail.nrp

FORMATION : Brevet d'Aptitude aux Fonctions d'Animateur (BAFA), préparation au concours de professeur des écoles

LANGUES ÉTRANGÈRES : bilingue français-anglais

EXPÉRIENCE PROFESSIONNELLE : animatrice à Disneyland Paris. Vendeuse le week-end chez Toumabi

RÉSULTAT AU TEST PSYCHOTECHNIQUE :

DIVERS :

B. Par petits groupes, proposez un candidat pour chaque emploi.

- À ton avis, quel est le meilleur candidat pour l'emploi de serveur ?
- Pour moi, c'est Bastien Leblond. Il a fait une école hôtelière.
- Oui, mais il n'a pas d'expérience professionnelle. En plus...

C. Chaque groupe présente maintenant ses conclusions.

- Nous proposons Aude Scott pour le poste de... parce que...

D. Complétez individuellement votre fiche et relisez les offres d'emploi. À quelle offre correspond le mieux votre profil ?

NOM :

PRÉNOM :

LIEU DE NAISSANCE :

ÂGE :

ADRESSE :

TÉLÉPHONE / COURRIEL :

FORMATION :

LANGUES ÉTRANGÈRES :

EXPÉRIENCE PROFESSIONNELLE :

RÉSULTAT TEST PSYCHOTECHNIQUE :

DIVERS :

E. Présentez votre fiche aux membres de votre groupe. L'offre d'emploi qui vous correspond le mieux est-elle la même pour eux et pour vous ?

11. SPÉCIFICITÉ FRANÇAISE

A. Lisez le titre du texte ci-dessous. À votre avis, qui sont ces « meilleures mains de France » ? Lisez le texte et vérifiez votre hypothèse.

LES MEILLEURES MAINS DE FRANCE

Un des Meilleurs Ouvriers de France

Le titre de « Un des Meilleurs Ouvriers de France » (MOF) est décerné chaque année à l'auteur(e) d'un chef-d'œuvre professionnel. Ce prix est reconnu par le Ministère du Travail. Les lauréats reçoivent leur diplôme et leur prestigieuse médaille au cours d'une cérémonie à l'Université de la Sorbonne.

Ensuite, le Président de la République les reçoit avec tous les honneurs au Palais présidentiel de l'Élysée. Le titre de MOF, créé en 1924, récompense le savoir-faire dans des métiers manuels traditionnels mais aussi modernes ou de haute technologie.

Déroulement des épreuves

Les candidats disposent d'un temps donné et de matériaux de base pour réaliser leur chef-d'œuvre. Le jury évalue l'organisation, les gestes professionnels, la rapidité d'exécution et, bien entendu, l'originalité et la capacité d'innovation.

La recherche de l'excellence

Les apprentis ont aussi leur concours, et leurs épreuves copient le modèle du MOF. Le titre de « Un des Meilleurs Apprentis de France » (MAF) récompense le meilleur ou la meilleure élève dans chaque catégorie professionnelle.

Il y a de nombreuses catégories professionnelles de MOF et de MAF, mais toutes ont en commun la conception et la réalisation d'un produit du début à la fin.

Ces titres, très respectés en France, sont une manière de récompenser et d'encourager la recherche de l'excellence dans le savoir-faire.

Plus d'informations sur :
www.meilleursouvriersdefrance.info

B. Observez ces œuvres de certains des Meilleurs Apprentis de France. Qu'en pensez-vous ? À quels sujets de la liste correspondent-elles ?

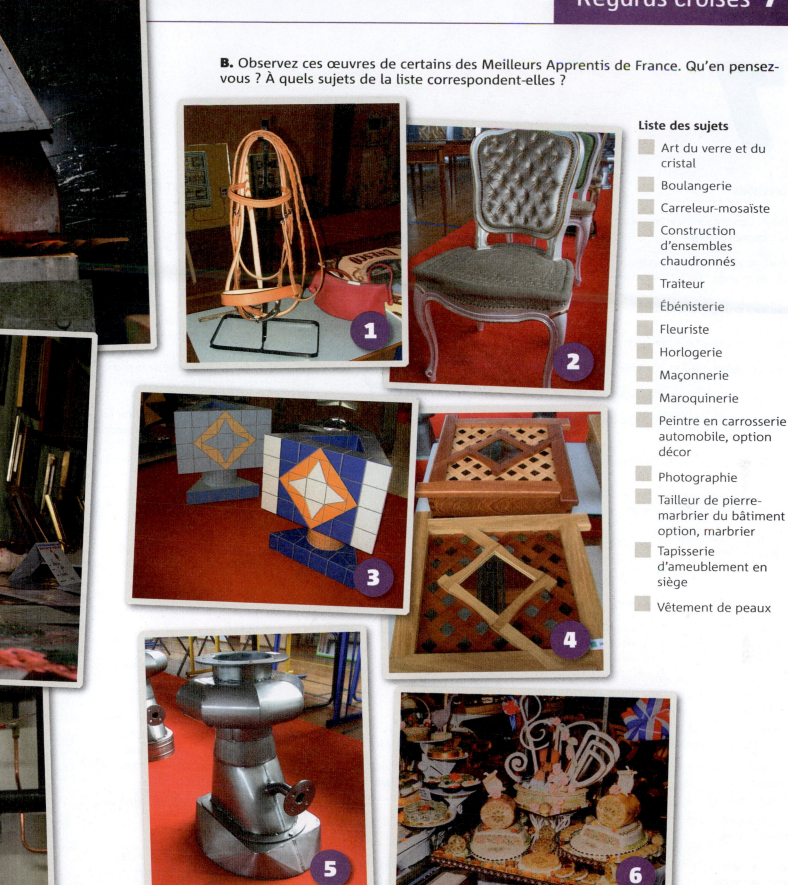

Liste des sujets

- Art du verre et du cristal
- Boulangerie
- Carreleur-mosaïste
- Construction d'ensembles chaudronnés
- Traiteur
- Ébénisterie
- Fleuriste
- Horlogerie
- Maçonnerie
- Maroquinerie
- Peintre en carrosserie automobile, option décor
- Photographie
- Tailleur de pierre-marbrier du bâtiment option, marbrier
- Tapisserie d'ameublement en siège
- Vêtement de peaux

C. Existe-t-il dans votre pays des concours et des titres semblables ? Quels sont les métiers manuels les plus prestigieux chez vous ?

7 À CHACUN SON MÉTIER

PROFESSIONS

In French, there is no article in front of the noun if you state someone's profession.

Je suis acteur.   *Je suis ~~un~~ acteur.*
Elle est médecin.   *Elle est ~~une~~ médecin.*

Nouns vary in gender and number.

Pierre est enseignant.	(masculine singular)
Marie est enseignant**e**.	(feminine singular)
Ils sont enseignant**s**.	(masculine plural)
Elles sont enseignant**es**.	(feminine plural)

There are various patterns for the feminine forms.

Note that a few professions only have a masculine form, even when referring to a woman.

Quelle est sa profession?
Elle est médecin.

	MASCULINE	FEMININE
Identical spelling and pronunciation for masculine and feminine.	un juge un interprète un architecte	une juge une interprète une architecte
Different form in the feminine but the pronunciation remains the same.	un auteur un employé	une auteur**e** une employé**e**
Different spelling and pronunciation: consonant + **e**.	un avocat [avɔka] une avocat**e** [avɔkat]	un marchand [maʁʃɑ̃] une marchand**e** [maʁʃɑ̃d]
Different spelling and pronunciation: doubling of the consonant + **e**.	un musicien [myzisjɛ̃] un pharmacien [faʁmasjɛ̃]	une musicie**nne** [myzisjɛn] une pharmacie**nne** [faʁmasjɛn]
Different spelling and pronunciation: -**er** → -**ère** -**eur** → -**euse** -**teur** → -**trice**	 un boulang**er** [bylɑ̃ʒe] un vend**eur** [vɑ̃dœʁ] un ac**teur** [aktœʁ]	 une boulang**ère** [bylɑ̃ʒɛʁ] une vend**euse** [vɑ̃døz] une ac**trice** [aktʁiz]

TALKING ABOUT WHAT WE KNOW: CONNAÎTRE AND SAVOIR

There are two verbs to express "to know" in French. The verb **connaître** is used to refer to knowledge you have acquired, or experience you have in a particular field. It is also used to refer to people and places you know.

- *Vous **connaissez** Paris ?*
- *Oui j'y vais régulièrement.*

- *Tu **connais** la copine de Stéphane ?*
- *Non, je ne l'ai jamais rencontrée.*

- *Moi, je **connais** bien le secteur bancaire. J'ai travaillé dans une banque pendant 3 ans.*

The verbe **savoir** is used to express a mastered skill, mental or physical.

*Gabrielle est une enfant douée, elle ne **sait** pas encore écrire mais elle **sait** déjà lire.*

- *Qu'est-ce que **vous savez** faire ?*
- *Je sais jouer du piano, conduire, faire des crêpes, jouer au tennis, jouer aux échecs, parler anglais, japonais et chinois, chanter, danser le cha-cha-cha, le tango et la polka. **Je sais** tout faire !*

CONNAÎTRE	present indicative
	je connais tu connais il / elle / on connaît nous connaissons vous connaissez ils / elles connaissent

SAVOIR	present indicative
	je sais tu sais il / elle / on sait nous savons vous savez ils / elles savent

TALKING ABOUT THE PAST: LE PASSÉ COMPOSÉ

The *passé composé* refers to an action or an event that took place before the present moment. It is used to talk about past experiences and to tell stories.

- *Vous parlez une langue étrangère ?*
- ○ *J'ai vécu deux ans en Angleterre, je parle bien l'anglais.*

- *Tu n'as pas l'air en forme !*
- ○ *Je n'ai pas dormi cette nuit, je suis très fatigué.*

*Marco Polo **a vécu** 16 ans en Chine.*

*Victor Hugo **a publié** Les Misérables en 1862.*

*Je suis née en 1984 en Pologne. L'année suivante, **ma famille est venue** vivre à Paris. **J'ai fait** toute ma scolarité en français et, à 19 ans, **je suis partie** travailler en Allemagne, à Cologne.*

How to form the *passé composé*
The ***passé composé*** is literally composed of two parts: an auxiliary (***avoir*** or ***être*** conjugated in the present tense) followed by the past participle of the verb. Most verbs are conjugated with the auxiliary **avoir**.

J'ai écouté le dernier album de Salif Keita. J'adore !
***Nous avons marché** pendant des heures. J'ai les pieds en compote !*

All reflexive verbs are conjugated with the auxiliary ***être***.

Je me suis réveillée à 10 heures ce matin.

The following verbs are conjugated with the auxiliary ***être*** : ***naître, mourir, venir, revenir, apparaître, arriver, partir, entrer, rentrer, sortir, monter, descendre, aller, rester, passer, tomber...***
Verbs that belong to the same family as these verbs (***devenir, remonter, repartir***, etc.) also use the auxiliary ***être***.

- *Tu es allé au cinéma ce week-end ?*
- ○ *Non, je suis resté tranquillement chez moi.*

*Marilyn Monroe **est née** en 1926. Elle **est morte** très jeune, à 36 ans.*

Past participles
In writing, there are eight different endings for the past participles:

-é	J'ai rencontr**é** Paul à Londres.
-i	Je n'ai pas fin**i** mon travail.
-it	Je n'aime pas conduire la nuit. C'est Julien qui a condu**it**.
-is	Ils ont pr**is** le train de nuit.
-ert	Mes amis m'ont off**ert** un super cadeau.
-u	Vous avez l**u** le dernier roman d'Amélie Nothomb ?
-eint	Qui a p**eint** La Joconde ?
-aint	Un client s'est pl**aint** au directeur.

When speaking, you will only hear five different forms because some of the endings are pronounced the same.

[e]	-é	J'ai rencontr**é** Paul à Londres.
[i]	-i	Je n'ai pas fin**i** mon travail.
	-it	Je n'aime pas conduire la nuit. C'est Julien qui a condu**it**.
	-is	Ils ont pr**is** le train de nuit.
[ɛr]	-ert	Mes amis m'ont off**ert** un super cadeau.
[y]	-u	Vous avez l**u** le dernier roman d'Amélie Nothomb ?
[ɛ̃]	-eint	Qui a p**eint** La Joconde ?
	-aint	Un client s'est pl**aint** au directeur.

The agreement of the past participle
When the verb is conjugated with the auxiliary ***être***, the past participle agrees with the subject.

Estelle, à quelle heure tu es rentré**e** cette nuit ?	(feminine singular)
Alain, à quelle heure tu es rentré cette nuit ?	(masculine singular)
À quelle heure **Estelle et sa sœur sont-elles** rentré**es** ?	(feminine plural)
À quelle heure **vos enfants sont-ils** rentré**s** ?	(masculine plural)

The *passé composé* in the negative
In the negative, the particles **ne** and **pas** go around the auxiliary.

*Je **n'**ai **pas** compris. Vous pouvez répéter, s'il vous plaît ?*
*Je **ne** me suis **pas** réveillé ce matin. Mon réveil **n'**a **pas** sonné.*
*C'est un film horrible, nous **ne** sommes **pas** restés jusqu'à la fin.*

Note that in informal speech, the **ne** is often left out.

- *Tu as vu le dernier film de Chéreau ?*
- ○ *Non, je l'ai **pas** vu. Il est bien ?*

The *passé composé* and the placement of adverbs
In French, as a general rule, adverbs are placed after the conjugated verbs. Therefore, in the *passé composé*, adverbs are placed after the auxiliary.

Il a	toujours beaucoup assez mal bien	travaillé. dormi. bu. compris. mangé.

REFERING TO A PAST EVENT

There are different expressions you can use to locate events in the past.

▶ To refer to a century or a year:

*Elle a vécu **au dix-neuvième siècle**.*

▶ To refer to a moment of the day, of the week, or of the year :

*J'ai eu mon baccalauréat **en 1996**.*

Daniel est parti	***ce matin à** 8 heures.* ***hier** (**matin / midi / après-midi / soir**).* ***lundi, mardi...** (**matin / midi / après-midi / soir**).* ***lundi dernier / la semaine dernière / le mois dernier / l'année dernière**.*

▶ To indicate that an action has already happened, we use the adverb ***déjà***.

● *Tu n'as pas de devoirs à faire pour demain ?*
○ *Ils sont **déjà** faits.*

● *Vous avez **déjà** mangé des cuisses de grenouille ?*
○ *Oui, une fois, dans un restaurant à Pékin.*

▶ To express that something has not happened yet, but will at some point, we use ***pas encore***.

● *Tu as **déjà** préparé ton CV ?*
○ *Non, **pas encore**. Je vais le faire ce week-end.*

▶ To express the fact that something has never happened, we use ***ne... jamais***.

● *Vous êtes déjà allé à New York ?*
○ *Non, je **ne** suis **jamais** allé aux États-Unis.*

▶ To talk about when something happened in the past, you can use ***il y a*** followed by an expression of time.

● *Quand est-ce que vous vous êtes rencontrés ?*
○ ***Il y a** deux ans.*

● *Quand est-ce que vous vous êtes mariés ?*
○ *Oh, **il y a** longtemps !*

▶ To express how long something lasted in the past, ***pendant*** or ***durant*** are used.

*J'ai travaillé **pendant deux jours / une semaine / cinq ans**... comme interprète.*

Note that you could omit these words.

*J'ai travaillé (**durant**) **trois mois / longtemps**... en Allemagne.*

VOCABULAIRE

Professions:

l'agriculteur, l'agricultrice	farmworker
l'architecte (m, f)	architect
l'artisan, l'artisane	artisan
l'assistant(e) social(e)	social worker
l'avocat(e)	lawyer
le camionneur, la camionneuse	truck driver
le chauffeur de taxi	taxi driver
le/la chimiste	chemist
le coiffeur, la coiffeuse	hairdresser
le/la dentiste	dentist
l'employé(e) de bureau	office worker
l'enseignant(e)	teacher
l'infirmier, l'infirmière	nurse
l'informaticien, l'informaticienne	IT person
l'ingénieur	engineer
l'interprète (m, f)	interpreter
le/la journaliste	journalist
le juge	judge
le mécanicien, la mécanicienne	mechanic
le médecin	medical doctor
le menuisier, la menuisière	carpenter
le musicien, la musicienne	musician
l'ouvrier, l'ouvrière	factory worker
le/la photographe	photographer
le policier, la policière	police officer
le pompier	firefighter
le professeur, la professeure	teacher
le/la psychologue	psychologist
le serveur, la serveuse	waiter, waitress
le traducteur, la traductrice	translator
le vendeur, la vendeuse	store clerk
le/la secrétaire	secretary

Nouns:

l'annonce (f)	ad
l'argent (m)	money
le baccalauréat (le bac)	high school diploma
la campagne	countryside
le candidat, la candidate	candidate
le concours	competitive exam
le CV	résumé
le diplôme universitaire	university diploma
le doctorat	doctorate
l'emploi (m)	job
l'épreuve (f)	test
l'esprit d'équipe	team spirit
l'expérience professionnelle	professional experience

la force physique	physical strength
la formation	training
l'informatique (m)	computer science
les langues étrangères (f)	foreign languages
la licence	Bachelor's degree
le lycée	high school
le mastère (ou la maîtrise)	Master's degree
le métier	work, profession
l'offre d'emploi (f)	job advertisement
la patience	patience
le permis de conduire	driver's licence
les relations sociales (f)	social relations
la rémunération	pay, income, salary
le sens	the sense, meaning
le travail	work
le travail saisonnier	seasonal work

Adjectives:

aimable	nice
autonome	autonomous, independent
assis(e)	seated
courageux, courageuse	courageous
court(e)	short
créatif, créative	creative
dangereux, dangereuse	dangerous
difficile	difficult
doué(e)	gifted
dynamique	dynamic, energetic
ennuyeux, ennuyeuse	boring
facile	easy
indépendant(e)	independent
intéressant(e)	interesting
long, longue	long
motivant(e)	motivating
nombreux, nombreuse	numerous
organisé(e)	organized
ouvert(e)	open-minded
patient(e)	patient
pénible	tedious
sérieux, sérieuse	serious
stressant(e)	stressful
varié(e)	varied

Verbs:

aider	to help
chercher	to look for
commander	to order, to lead
conduire	to drive
connaître	to know
convaincre	to convince
descendre	to go down
devenir	to become
écouter	to listen
gagner	to win, to earn
se perdre	to get lost
rencontrer	to meet
rester	to stay, to remain
savoir	to know
se marier	to get married
vivre	to live
vouloir	to want
voyager	to travel

Some words and expressions:

bien	well
chercher du travail	to look for a job
chez moi (toi, soi etc)	at home
déjà	already, ever
depuis	since
être disposé(e) à	to be inclined to
être habitué à quelque chose	to be used to something
il y a	ago
jamais	never
les autres (m)	the others
loin	far
mal	not well, bad
parler couramment	to speak fluently
parler en public	to speak in front of others
passer à la télé	to be on TV
postuler pour un emploi	to apply for a job
quelqu'un	someone
toujours	always
toute la journée	all day long
travailler en équipe	to work as a team

8 SUCRÉ OU SALÉ ?

We are going to create a cookbook with our best recipes.

1. CUISINE FRANÇAISE

A. Voici la photo de quelques produits typiques de la cuisine française. Découvrez leur nom dans la liste, puis vérifiez avec un camarade ou avec votre professeur.

- Comment ça s'appelle, ça ?
- Des haricots verts.

- ▶ des haricots verts
- ▶ des oignons
- ▶ de l'ail
- ▶ du poulet
- ▶ des pommes de terre
- ▶ du chou-fleur
- ▶ du jambon
- ▶ de la viande
- ▶ des tomates
- ▶ du pain

- ▶ de la moutarde
- ▶ du poisson
- ▶ des pommes
- ▶ des carottes
- ▶ des moules
- ▶ du raisin
- ▶ du fromage
- ▶ de la salade verte
- ▶ du beurre

B. Aimez-vous ces produits ? Indiquez-le dans la liste ci-dessus à l'aide de ces signes.

++ j'adore   − je n'aime pas

+ j'aime   −− je n'aime pas du tout / je déteste

C. Comparez vos goûts avec ceux d'un ou de plusieurs camarades. Informez ensuite la classe de vos points communs et de vos différences.

- Nous aimons tous les trois le fromage, le raisin et les pommes.
- Nous n'aimons pas le chou-fleur.

2. LA LISTE DES COURSES

A. Julie et Amadou ont des invités pour le dîner. Écoutez cette conversation, dans laquelle ils décident du menu et font une liste de courses. Écrivez sous chaque produit le nom et la quantité à acheter. Enfin, complétez le post-it.

Track 32

B. À deux, choisissez un plat que vous aimez. Écrivez la liste des ingrédients nécessaires et indiquez les quantités.

Menu pour ce soir

3. CUISINE SÉNÉGALAISE

A. Amandine et Rachid vont manger dans un restaurant sénégalais. Lisez le menu, écoutez leur conversation avec le serveur et prenez la commande.

Track 33

LE DAKAR
CUISINE SÉNÉGALAISE

MENU DU JOUR

ENTRÉES	PLATS	DESSERTS
Salade exotique	Le maffé de viande	La pirogue de fruits et glace
Le melon au bissap	Poulet yassa	L'ananas frais nature ou au bissap

1 entrée + 1 plat + 1 dessert : 20 €
1 entrée + 1 plat ou 1 plat + 1 dessert : 18 €

TABLE Nº : 14   NOMBRE DE COUVERTS :

Entrées :

Plats principaux :

Desserts :

Boissons :

B. Retrouvez quelques ingrédients de ces plats.

C. Toute la classe va dans ce restaurant. Un élève joue le serveur et note les commandes. Quel est le plat le plus demandé ?

- Qu'est-ce que vous avez choisi ?
- Moi, comme entrée, une salade exotique.
- Et comme plat principal ?

4. POUR BIEN COMMENCER LA JOURNÉE

A. Lisez cet article. Prenez-vous un petit-déjeuner équilibré ?

UNBONPETIT-DÉJEUNERPOUR GARDER LA FORME

Les nutritionnistes considèrent que les Français ont de bonnes habitudes alimentaires. Les repas (déjeuner et dîner) sont en général équilibrés et répondent aux besoins essentiels : un hors-d'œuvre, un plat principal avec des légumes et de la viande, suivi de fromage et de fruits comme dessert. Par contre, seulement 8 % des Français prennent un petit-déjeuner équilibré.

Que manger au petit-déjeuner ?

D'après le docteur Chéreau, ce repas doit couvrir 15 à 20 % des apports énergétiques de la journée, et un petit-déjeuner idéal doit comporter : un laitage, un fruit frais, une boisson et des céréales ou du pain. Le petit-déjeuner est une occasion pour fournir à son organisme les protéines, glucides et lipides nécessaires.

Les protéines

Elles se trouvent dans les produits laitiers, la viande, le poisson et les œufs.

Les glucides

Il s'agit du carburant des muscles et du cerveau. Ils sont présents dans le pain, les céréales, les féculents, etc. Mais attention à ne pas abuser des glucides rapides, qui se trouvent dans les pâtisseries, les confiseries, les boissons sucrées, etc.

Les lipides

Ce sont les graisses présentes, entre autres, dans les pâtisseries, les beignets et les frites. Ils doivent être consommés avec modération.

LA PYRAMIDE DE L'ALIMENTATION
Type d'aliments à consommer chaque jour

Limiter la consommation

Limiter la consommation

À chaque repas (2 à 4 parts)

1 fois par jour (1 part)

Au moins 5 par jour (5 parts)

Au moins 5 par jour (5 parts)

À chaque repas (4 à 6 parts)

B. Complétez la composition des petits-déjeuners de vendredi, samedi et dimanche en tenant compte des recommandations des nutritionnistes.

lundi	mardi	mercredi	jeudi	vendredi	samedi	dimanche
• un jus d'orange • un petit sandwich au jambon • une tasse de lait au chocolat	• un jus de fruit • du riz au lait	• un œuf à la coque avec une tranche de pain grillé • un yaourt et un fruit	• des céréales avec du lait • une pomme			

5. MENU DU JOUR

Voici la liste des courses et le menu du jour d'un restaurant. À votre avis, qu'y a-t-il dans chaque plat ? Consultez un dictionnaire et faites des hypothèses. Ensuite, parlez-en à deux.

de la crème chantilly	des saucisses
des œufs	du riz
du concombre	des carottes
de la farine	des tomates
des oignons	du thon
des pommes de terre	des fraises
de la salade	du bœuf
des olives	des haricots blancs
du lait	du canard
des biscuits	

Entrées
Assiette de crudités
Salade niçoise

Plats principaux
Cassoulet
Bœuf bourguignon

Desserts
Charlotte aux fraises
Crêpes flambées
au Grand Marnier

- Dans les crêpes, il y a de la farine, des œufs et du lait, non ?
- Oui, et dans la salade niçoise je crois qu'il y a…

6. C'EST QUOI ?

A. Posez des questions à votre professeur sur les plats suivants (les ingrédients, le mode de cuisson, etc.). Voudriez-vous les goûter ?

▸ Salade de gésiers   ▸ Blanquette de veau   ▸ Ratatouille   ▸ Chou farci garniture aligot

- Qu'est-ce qu'il y a dans la salade de gésiers ?
- L'aligot, c'est sucré ou salé ?
- La ratatouille, c'est quoi ? Une entrée, un plat principal… ?

B. Pensez à des plats que vous connaissez, mais que vos camarades ne connaissent peut-être pas. Écrivez-les sur le tableau de la classe.

- Qu'est-ce que c'est la « feijoada » ?
- C'est des haricots noirs avec de la viande.
- C'est piquant ?

AU RESTAURANT

- *Vous avez choisi ?*
- *Oui, comme entrée je vais prendre une salade niçoise.*

- *Et ensuite, comme plat principal ?*
- *Du poulet basquaise.*

- *Et comme dessert ?*
- *Une charlotte aux fraises.*

- *Et comme boisson ?*
- *De l'eau minérale / gazeuse.*

MODES DE CUISSON ET DÉGUSTATION

grillé(e)(s)   **frit(e)(s)**
à la vapeur   **bouilli(e)(s)**

C'est cuit **au four / au barbecue / à la poêle / à la casserole.**

- *Vous la voulez comment, la viande ?*
- *Bleue / saignante / à point / bien cuite.*

- *Qu'est-ce que vous prendrez ?*
- *Un café au lait.*
- *Moi, un thé avec du lait.*

Ça se boit…
… bien frais.
… avec des glaçons.
… à température ambiante.
… (très) sucré.
… sans sucre.
… (très) chaud.
… (très) froid.
… avec du citron.
… avec un peu de miel.

7. LES ASTUCES DU CHEF

A. Les internautes demandent des conseils de cuisine. Trouvez les réponses du Chef.

La casserole en ligne

Cuisine   Pâtisserie   Cuisine végétarienne   *Questions-Réponses*

Questions des internautes

MARIE
Le réfrigérateur déshydrate les haricots verts. Comment les conserver plusieurs jours bien frais ? (1 réponse)

MICKAËL
J'adore les grenades mais c'est long à éplucher. Avez-vous une astuce ? (1 réponse)

NADIA
J'ai du mal à digérer l'ail. Avez-vous un conseil à me donner ? (1 réponse)

BERNARD
Pouvez-vous me donner une technique pour conserver la salade prête à manger pendant 3 à 4 jours ? (0 réponse)

PATRICK
Comment retirer facilement la peau des tomates ? (1 réponse)

GISÈLE
Comment faire des glaces avec des petits suisses ? (0 réponse)

Réponses du Chef

1. Laissez-le macérer quelques minutes dans un jus de citron.

2. Plongez-les environ 10 secondes dans l'eau bouillante puis, passez-les sous l'eau bien froide.

3. Ouvrez-les par la moitié puis battez-les avec un pilon, les grains tomberont d'eux-mêmes.

4. C'est très simple : enveloppez-les dans une serviette, puis mettez-les au réfrigérateur.

B. À deux, répondez aux questions des internautes restées sans réponse.

8. VIVE LE CAMPING SAUVAGE !

Les Picart –trois adultes et deux enfants– vont faire quatre jours de camping sous la tente, et ils emportent ces aliments. Qu'en pensez-vous ? À deux, discutez pour refaire cette liste.

100 grammes de beurre
10 litres de lait
3 kilos de spaghettis
une boîte de sauce tomate
24 yaourts

7 kilos de viande
50 grammes de fromage râpé
12 kilos de pommes
100 grammes de sucre
2 litres de Coca-Cola

- Ils n'ont pas pris d'œufs.
- Oui, c'est vrai. Et ils n'ont pas beaucoup de sucre.
- Oui, 100 grammes pour cinq personnes, ce n'est pas assez.

INGRÉDIENTS ET SAVEURS

- *Qu'est-ce qu'il y a dans* la ratatouille ?
- *Des légumes cuits : des poivrons, des oignons...*

*C'est **salé** / **sucré** / **amer** / **acide** / **piquant** / **épicé**.*

LA QUANTITÉ (2)

*Il n'y a **pas de** sel dans cette soupe.*
*Il faut ajouter **un peu de** beurre.*
*J'ai acheté **quelques** kiwis pour le dessert.*
*Il n'y a **pas assez de** sucre dans le café, il est amer.*

POIDS ET MESURES

100 grammes de...
un (demi) kilo de...
50 centilitres de...
un litre de...
un quart (1/4) de litre de...
un paquet de riz / sucre en poudre / pâtes
un sachet de fromage râpé / noix de coco râpée
une bouteille de vin / d'eau minérale
une boîte de sauce tomate
une cuillère à soupe de farine / d'huile
une pincée de poivre / sel

LES PRONOMS COD

	MASCULIN	FÉMININ
SINGULIER	le	la
	l'	
PLURIEL	les	

*Le café, je **le** bois très chaud.*
*La viande, je **la** mange à point.*
*La bière, je **l'**aime bien fraîche.*
*Les œufs, je **les** préfère en omelette.*

9. LA QUICHE AUX POIREAUX PAS À PAS

A. Lisez cette recette et indiquez l'ordre chronologique des photos.

La quiche aux poireaux

Temps de préparation : 25 minutes
Cuisson : 25 minutes
Ingrédients pour 4 personnes :
   1 pâte brisée prête à dérouler
   4 beaux poireaux
   50 g de gruyère râpé
   4 œufs
   50 cl de lait
   un peu de beurre
   sel et poivre

1. Tout d'abord, mélangez dans un saladier le lait, le sel et le poivre.
2. Ajoutez-y les œufs et battez le tout.
3. Préparez ensuite les poireaux : lavez-les soigneusement pour bien éliminer la terre et coupez-les en fines rondelles.
4. Faites-les revenir quinze minutes dans une poêle avec un peu de beurre.
5. Étalez la pâte brisée dans un moule à tarte et ajoutez-y le gruyère râpé.
6. Versez-y les poireaux puis la préparation aux œufs.
7. Mettez au four à 200 degrés et faites cuire 35 minutes.
8. Servez la quiche tiède avec des petites tomates.

Track 34

B. Virginie a sa propre recette de la quiche aux poireaux. Écoutez et notez les différences par rapport à la précédente.

La recette de Virginie

Elle met du lait mais aussi ....

Elle ne met pas tout le poireau ....

Elle pique la pâte avec ....

Elle dit que la cuisson est de ....

Elle recommande de servir la quiche avec ....

10. VOS RECETTES

A. Par petits groupes, choisissez un plat que vous aimez et que vous savez faire. Puis, complétez cette fiche.

Notre recette

Temps de préparation : ....

Cuisson : ....

Ingrédients pour 4 personnes : ....

....

....

....

....

....

....

....

....

....

B. Maintenant, écrivez les étapes de la recette.

Temps de préparation : ....

....

....

....

....

....

....

....

....

....

....

....

C. Chaque groupe explique à la classe sa spécialité. Ensuite, vous pouvez afficher vos recettes ou les photocopier pour en faire un recueil.

11. CULTURE GASTRONOMIQUE

A. À deux, faites ce test.

À table !

1. Quelle est la célèbre spécialité de l'Alsace ?

a. La choucroute.

b. La bouillabaisse.

c. Les andouillettes.

d. Le cassoulet.

2. Quand boit-on un pastis ?

a. Pendant le repas.

b. À l'apéritif.

c. En digestif.

d. Avec le café.

3. De quel animal provient le foie gras ?

a. Du porc.

b. Du lapin.

c. De l'oie.

d. Du poulet.

4. Que dit-on en France avant de commencer à manger ?

a. À votre santé !

b. Bon plaisir !

c. Bon appétit !

d. À vos souhaits !

5. Qu'est-ce que le roquefort ?

a. Un fromage.

b. Un fruit.

c. Un dessert.

d. Une boisson.

6. À quel moment du repas mange-t-on le fromage ?

a. Au début du repas.

b. Tout au long du repas.

c. Après le dessert.

d. Juste avant le dessert.

7. Le « blé d'Inde » est le nom québécois qui désigne...

a. le maïs.

b. le riz.

c. la pomme de terre.

d. le café.

8. Les crêpes salées à la farine de sarrasin sont typiques...

a. de la Normandie.

b. de la Bourgogne.

c. de la Bretagne.

d. de la Corse.

9. Les moules-frites sont une spécialité...

a. belge.

b. québécoise.

c. française.

d. suisse.

10. Le croissant a été inventé...

a. à Vienne en Autriche.

b. à Lausanne en Suisse.

c. à Lyon en France.

d. à Venise en Italie.

11. « Bouffer » est un mot d'argot qui signifie...

a. boire.

b. manger.

c. avoir faim.

d. prendre un dessert.

12. Le pâté chinois est une spécialité québécoise. Dans ce plat, il y a...

a. des tomates et des escargots.

b. du riz, du chou et du poulet.

c. des carottes, des oignons et du poisson.

d. du maïs, de la purée de pomme de terre et de la viande hachée.

B. À deux, cherchez des informations sur le croissant, le Roquefort ou sur d'autres aliments / plats du test. Partagez vos connaissances avec la classe.

C. En France, chaque région a sa propre spécialité. Indiquez dans chaque étiquette le nom de la région et sa spécialité.

La quiche lorraine

Le cassoulet

Les escargots

Le camembert

Le foie gras

12. LE REPAS DES FRANÇAIS

A. Lisez ce texte. Y a-t-il des informations qui vous étonnent ?

Le 16 novembre 2010, l'Unesco a inscrit le repas gastronomique des Français au « patrimoine culturel immatériel de l'humanité ». Le repas à la française est séquencé – entrées, plats, fromages, desserts –, servi à table, avec un accord entre mets et vins d'une grande diversité et une présentation soignée.

Un repas gastronomique en France est pris autour d'une table soigneusement dressée. Il respecte toujours le même ordre : un apéritif, une entrée, un plat principal avec sa garniture (des légumes, du riz…), une salade verte, un fromage et un dessert.

La salade (en général une salade verte sans autres accompagnements) est servie après le plat principal pour ses valeurs digestives. Généralement, on présente sur la table un plateau avec différents types de fromages. Le plateau passe de mains en mains et chacun se sert. Vous pouvez prendre un petit peu de chaque fromage si vous le voulez (sauf s'il y en a vraiment beaucoup !).

Par contre, si vous êtes invité, vous ne devez pas vous servir le vin vous-même : attendez qu'on vous le propose. Tout au long du repas, n'hésitez pas à parler de ce que vous êtes en train de manger et boire : faites des compliments, demandez des détails sur les plats et les vins qui vous sont servis. Vos hôtes apprécieront ces attentions, car les Français aiment parler de nourriture avant, pendant et après les repas.

strategies

When we learn a foreign language, we also learn about the culture and customs of another country. No one is going to be upset if you make a grammar mistake. It is actually more important to know the local customs.

B. Quels usages doit connaître un étranger invité à manger chez vous ?

8 SUCRÉ OU SALÉ ?

WEIGHTS AND MEASUREMENTS

cent grammes de viande	(100 g)
deux cent cinquante grammes de viande	(250 g)
un demi-kilo de viande	(1/2 kg)
un kilo de viande	(1 kg)
un kilo et demi de viande	(1,5 kg)
un quart de litre de vin	(1/4 l = 25 cl)
un tiers de litre d'eau	(1/3 l)
cinquante centilitres d'eau	(50 cl)
un demi-litre d'eau	(1/2 l = 50 cl)
un litre d'eau	(1 l)
une demi-douzaine d'œufs	(6)
une douzaine d'œufs	(12)

une cuillère à soupe d'huile
une pincée de poivre
un paquet de riz
un sachet de fromage râpé
une bouteille de vin
une boîte de sauce tomate

QUANTITIES (2)

« Pas de », « peu de », « un peu de », « beaucoup de » et « quelques »

When *pas*, *peu*, *un peu* and *beaucoup* are followed by a noun, it is necessary to add the preposition *de / d'*.

*Je n'ai **pas de** voiture.*
*Le poisson est un aliment sain qui contient **peu de** graisses.*
*Nous avons **un peu de** temps devant nous.*
*Timothée a **beaucoup d'**amis.*

€	*Je n'ai pas d'argent.*
€	*J'ai **peu d'**argent.*
€€	*J'ai **un peu d'**argent.*
€€€	*J'ai **beaucoup d'**argent.*

Un peu de cannot be used with something that can be counted.

Nous avons ~~un peu d'amis~~.

To express a small quantity of something that can be counted, we use ***quelques***.

*Nous avons **quelques** amis.*
*J'ai fait **quelques** courses au supermarché.*

« Pas assez de », « assez de » et « trop de »

Pas assez de / d', *assez de / d'* and *trop de / d'* express a subjective point of view. If you use these expressions, you are giving your opinion regarding a quantity that you consider insufficient (*pas assez de / d'*), sufficient (*assez de / d'*) or excessive (*trop de / d'*).

*Il n'y a **pas assez de** sucre dans mon café, il est amer !*

● *Est-ce que tu as **assez de** farine pour faire des crêpes ?*
○ *Oui, j'en ai **assez**.*

*Dix exercices à faire pour demain ! Le professeur de maths nous donne **trop de** devoirs.*

DIRECT OBJECT PRONOUNS

The direct object pronouns (COD) *le*, *la*, *l'* and *les* replace a noun that was previously introduced.

	MASCULINE	FEMININE
SINGULAR	le	la
	l'	
PLURAL	les	

Placement of direct object pronouns

In a sentence, these pronouns are placed:

▶ in front of the conjugated verb.

● *Comment fonctionne ce truc ?*
○ *Tu **l'**ouvres comme ça et tu **le** mets en marche en appuyant ici.*

▶ in front of the auxiliary when the verb is conjugated in the *passé composé*.

● *Tu a vu Pierre hier ?*
○ *Oui, je **l'**ai vu hier soir.*

▶ in front of the verb in the infinitive.

● *Qui fait les courses ?*
○ *Je peux **les** faire demain.*

▶ after a verb in the imperative when the sentence is in the affirmative.

● *Tu n'as pas lu ce livre ?*
○ *Non.*
● *Lis-**le**, il est passionnant !*

*Lavez une pomme et coupez-**la** en petits morceaux.*

*Mettez les lardons dans une poêle et faites-**les** cuire.*

Ta chambre est désordonnée, range-la immédiatement !

AT THE RESTAURANT

● *Vous avez choisi ?*
○ *Oui, comme / en entrée, je vais prendre une salade niçoise.*

● *Et ensuite, comme plat principal ?*
○ *Du poulet basquaise.*

● *Et comme dessert ?*
○ *Une charlotte aux fraises.*

● *Et comme boisson ?*
○ *De l'eau minérale / gazeuse / une carafe d'eau.*
  Du vin blanc / rosé / rouge.
  Une bière.
  Un jus de fruits.

● *Vous prendrez un café ?*
○ *Oui, un café noir / un crème / un noisette.*

○ *Vous pouvez nous apporter l'addition, s'il vous plaît ?*
● *Oui, tout de suite.*

COOKING METHODS

grillé(e)(s)   **mariné(e)(s)**
frit(e)(s)   **confit(e)(s)**
à la vapeur   **bouilli(e)(s)**

C'est cuit **au four / au barbecue / à la poêle / à la casserole.**

● *Vous la voulez comment, la viande ?*
○ **Bleue / saignante / à point / bien cuite.**

Ça se boit...
  ... bien frais.
  ... avec des glaçons.
  ... à température ambiante.
  ... (très) sucré.
  ... sans sucre.
  ... (très) chaud.
  ... (très) froid.
  ... avec du citron.
  ... avec un peu de miel.

INGREDIENTS AND FLAVORS

C'est de la viande ou du poisson *?*

● **Qu'est-ce que c'est** *les rillettes ?*
○ **C'est** *une sorte de pâté.*

● **Qu'est-ce qu'il y a dans** *la ratatouille ?*
○ *Des légumes : des poivrons, des oignons...*

C'est (très) **salé / sucré / amer / acide / piquant / épicé.**

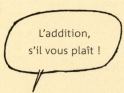

L'addition,
s'il vous plaît !

VOCABULAIRE

Nouns:

l'addition (f)	bill (at a restaurant)
l'ail (m)	garlic
l'ananas (m)	pineapple
le beignet	doughnut
le beurre	butter
le biscuit	cookie
le bœuf	beef
la boîte	can, box
la bouteille	bottle
le canard	duck
la carotte	carrot
les céréales (f)	cereals
le champignon	mushroom
le chou-fleur	cauliflower
le citron	lemon
le concombre	cucumber
la crème chantilly	whipped cream
la crème fraîche	sour cream
les crudités (f)	raw vegetables (as appetizers)
la cuillère	spoon
la cuisson	cooking time
le déjeuner	lunch
le dessert	dessert
le dîner	dinner
la douzaine	dozen
l'entrée (f)	first course, starter
les épinards (m)	spinach
l'escargot (m)	snail
la farine	flour
le féculent	starch
la fraise	strawberry
les frites (f)	French fries
le fromage	cheese
le fromage de chèvre	goat cheese
la glace	ice cream
la grenade	pomegranate
les haricots (m)	beans
le hors d'œuvre	appetizer
l'huile (f)	oil
l'huître (f)	oyster
le jambon	ham
le jus de fruit	fruit juice
le kilo	kilogram
le lait	milk
le litre	liter
l'œuf (m)	egg
le maïs	corn
le melon	cantaloupe

la moule	mussel
la moutarde	mustard
la noix de coco	coconut
l'oignon (m)	onion
l'orange (f)	orange
le pain	bread
le pain grillé	toast
le paquet	package, box
les pâtes (f)	pasta
le petit-déjeuner	breakfast
la pincée	pinch
le plat	dish
le plat principal	main dish, entrée
le poireau	leek
le poisson	fish
le poivre	pepper
la pomme	apple
la pomme de terre	potato
le pot	jar
le poulet	chicken
les produits laitiers (m)	dairy products
le quart	fourth
le raisin	grape
la recette	recipe
le riz	rice
le sachet	small bag
la salade	lettuce
la saucisse	sausage
le saucisson	dried sausage (similar to salami)
le saumon	salmon
le sel	salt
la tasse	cup
le thon	tuna
le tiers	third
la tomate	tomato
la tranche	slice
la viande	meat
le vinaigre	vinegar

Adjectives:

acide	sour
amer, amère	bitter
bouilli(e)	boiled
chaud(e)	hot
cuit(e)	cooked
épicé(e)	spicy
équilibré(e)	balanced
facile	easy

frais, fraîche	fresh
frit(e)	deep-fried
froid(e)	cold
gras, grasse	fatty
grillé(e)	grilled
piquant(e)	spicy, tangy
râpé(e)	grated
salé(e)	salted, savory
sucré(e)	sweet

Verbs:

ajouter	to add
attendre	to wait
battre	to beat
boire	to drink
choisir	to choose
consommer	to consume, to eat
couper	to cut
cuisiner	to cook
durer	to last
éplucher	to peel
faire chauffer	to heat up
faire cuire	to cook
goûter	to taste
laver	to wash
mélanger	to mix
mettre	to put
servir	to serve
tartiner	to spread
verser	to pour

Some words and expressions:

à la vapeur	steamed
après	after
cuit au four	cooked in the oven
cuit à la casserole	cooked in a pan
cuit au barbecue	barbecued
d'abord	first
de la viande à point	medium rare meat
de la viande bien cuite	well-done meat
de la viande saignante	undercooked, rare meat
un demi, une demie	a half
enfin	finally
ensuite	then
puis	then

9 BIENVENUE CHEZ MOI !

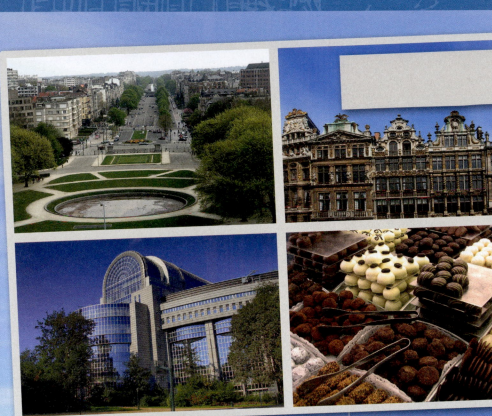

We are going to discuss problems related to urban life and we will come up with some solutions.

1. PAYSAGES DE RÊVE

A. D'où viennent ces cartes postales : de Bruxelles, Montréal, Abidjan ou Genève ?

B. À quelle ville correspond chaque information ?

Bruxelles	Montréal	Abidjan	Genève	
☐	☐	☐	☐	**a.** Avec un million d'habitants, c'est la capitale de l'Union européenne.
☐	☐	☐	☐	**b.** Elle se trouve sur la côte ouest de l'Afrique.
☐	☐	☐	☐	**c.** C'est le siège de la Croix-Rouge.
☐	☐	☐	☐	**d.** C'est une ville qui est en Amérique.
☐	☐	☐	☐	**e.** Sa population est de 5 878 609 habitants si on prend en compte toute l'agglomération.
☐	☐	☐	☐	**f.** La Commission européenne y siège.
☐	☐	☐	☐	**g.** On y trouve 190 organisations internationales, gouvernementales ou non.
☐	☐	☐	☐	**h.** Il y pleut 217 jours par an.
☐	☐	☐	☐	**i.** Le cœur de la ville est une très belle place : la Grand-Place.
☐	☐	☐	☐	**j.** C'est une grande capitale financière et un rendez-vous traditionnel pour les négociations internationales.
☐	☐	☐	☐	**k.** En hiver, tout peut se faire sous la terre : acheter, travailler, vivre !
☐	☐	☐	☐	**l.** On y parle français depuis sa fondation en 1642.
☐	☐	☐	☐	**m.** Elle a été le siège des Jeux olympiques en 1976.
☐	☐	☐	☐	**n.** Il y pleut beaucoup de mai à juillet et de septembre à novembre.
☐	☐	☐	☐	**o.** La ville est construite au bord d'une lagune.

C. Comparez vos réponses avec celles de vos camarades.

● Le a, c'est Bruxelles.
○ Bien sûr, Bruxelles est la capitale de l'Union européenne.
■ Et dans quelle ville se trouve le siège de la Croix-Rouge ?

2. QUALITÉ DE VIE

A. La mairie de votre ville réalise cette enquête. Répondez-y individuellement.

MAIRIE DE ....
Service de l'urbanisme

Enquête sur la qualité de vie

	oui	non
TAILLE		
• La ville est trop grande.	■	■
• La ville est trop petite.	■	■
TRANSPORTS ET MOYENS DE COMMUNICATION		
• On peut se déplacer facilement dans toute la ville en transports publics.	■	■
• Il y a souvent des embouteillages.	■	■
• Les transports publics fonctionnent bien.	■	■
• Il y a suffisamment de Tracks cyclables.	■	■
ÉDUCATION ET SANTÉ		
• Il y a assez d'écoles et de lycées.	■	■
• Il y a trop peu de crèches.	■	■
• Il existe suffisamment de services sanitaires (hôpitaux, services d'urgence…).	■	■
ÉCOLOGIE ET CADRE DE VIE		
• Il y a trop de pollution.	■	■
• Les espaces verts (jardins et parcs) sont assez nombreux.	■	■
• Dans certains quartiers, il y a trop de bruit.	■	■

	oui	non
CLIMAT		
• Le climat est plutôt agréable.	■	■
• Il fait trop froid en hiver.	■	■
• Il fait trop chaud en été.	■	■
• Il pleut trop.	■	■
COMMERCE		
• Il y a trop de grandes surfaces.	■	■
• Il y a suffisamment de magasins.	■	■
• Les horaires d'ouverture sont pratiques.	■	■
• Les commerces sont trop chers.	■	■
SOCIÉTÉ		
• Il y a des problèmes de drogue.	■	■
• Il y a peu de délinquance.	■	■
• On sent que la ville est dangereuse.	■	■
• Il y a des problèmes d'exclusion sociale.	■	■
CARACTÈRE DES HABITANTS		
• Les habitants sont accueillants.	■	■
• Les habitants s'impliquent dans la vie de la cité.	■	■

	oui	non
LOGEMENT		
• Il y a suffisamment de logements sociaux.	■	■
• Les loyers ne sont pas chers.	■	■
• Il est difficile de trouver à se loger.	■	■
EMPLOI		
• On crée suffisamment de nouvelles entreprises.	■	■
• Il est difficile de trouver un emploi.	■	■
CULTURE ET LOISIRS		
• Il y a suffisamment d'installations sportives.	■	■
• La ville a des monuments et des musées intéressants.	■	■
• Il y a une vie culturelle dynamique et complète (concerts, théâtres, cinémas…).	■	■
• Il n'y a pas de vie nocturne.	■	■
• Les alentours de la ville sont agréables.	■	■

Ce que je préfère, c'est ....

Le pire, c'est ....

La ville manque de ....

Il y a trop de ....

B. En fonction de vos réponses, attribuez à votre ville une note de 0 à 10.

C. Par groupes, donnez votre opinion en parlant des aspects qui vous semblent les plus importants.

● Moi, je lui ai mis 4. À mon avis, il n'y a pas suffisamment d'installations sportives. En plus, il y a trop de circulation…

3. NANTES OU LYON ?

A. Un forum oppose deux villes et fait appel aux témoignages d'internautes. Imaginez que vous devez aller étudier ou travailler en France : laquelle de ces deux villes choisiriez-vous, et pourquoi ?

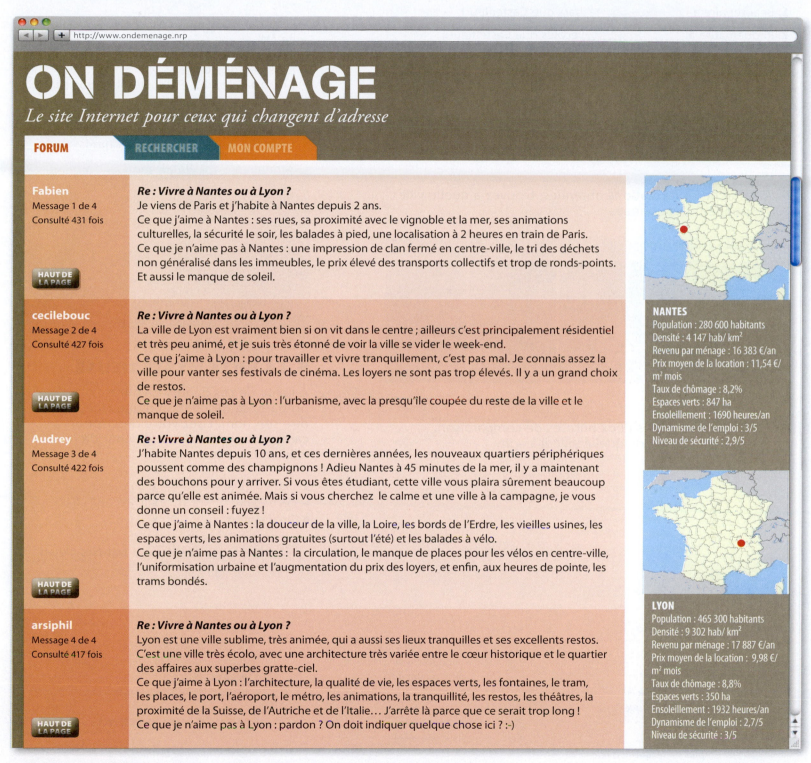

http://www.ondemenage.nrp

ON DÉMÉNAGE
Le site Internet pour ceux qui changent d'adresse

FORUM RECHERCHER MON COMPTE

Fabien
Message 1 de 4
Consulté 431 fois

Re : Vivre à Nantes ou à Lyon ?
Je viens de Paris et j'habite à Nantes depuis 2 ans.
Ce que j'aime à Nantes : ses rues, sa proximité avec le vignoble et la mer, ses animations culturelles, la sécurité le soir, les balades à pied, une localisation à 2 heures en train de Paris.
Ce que je n'aime pas à Nantes : une impression de clan fermé en centre-ville, le tri des déchets non généralisé dans les immeubles, le prix élevé des transports collectifs et trop de ronds-points. Et aussi le manque de soleil.

HAUT DE LA PAGE

cecilebouc
Message 2 de 4
Consulté 427 fois

Re : Vivre à Nantes ou à Lyon ?
La ville de Lyon est vraiment bien si on vit dans le centre ; ailleurs c'est principalement résidentiel et très peu animé, et je suis très étonné de voir la ville se vider le week-end.
Ce que j'aime à Lyon : pour travailler et vivre tranquillement, c'est pas mal. Je connais assez la ville pour vanter ses festivals de cinéma. Les loyers ne sont pas trop élevés. Il y a un grand choix de restos.
Ce que je n'aime pas à Lyon : l'urbanisme, avec la presqu'île coupée du reste de la ville et le manque de soleil.

HAUT DE LA PAGE

Audrey
Message 3 de 4
Consulté 422 fois

Re : Vivre à Nantes ou à Lyon ?
J'habite Nantes depuis 10 ans, et ces dernières années, les nouveaux quartiers périphériques poussent comme des champignons ! Adieu Nantes à 45 minutes de la mer, il y a maintenant des bouchons pour y arriver. Si vous êtes étudiant, cette ville vous plaira sûrement beaucoup parce qu'elle est animée. Mais si vous cherchez le calme et une ville à la campagne, je vous donne un conseil : fuyez !
Ce que j'aime à Nantes : la douceur de la ville, la Loire, les bords de l'Erdre, les vieilles usines, les espaces verts, les animations gratuites (surtout l'été) et les balades à vélo.
Ce que je n'aime pas à Nantes : la circulation, le manque de places pour les vélos en centre-ville, l'uniformisation urbaine et l'augmentation du prix des loyers, et enfin, aux heures de pointe, les trams bondés.

HAUT DE LA PAGE

arsiphil
Message 4 de 4
Consulté 417 fois

Re : Vivre à Nantes ou à Lyon ?
Lyon est une ville sublime, très animée, qui a aussi ses lieux tranquilles et ses excellents restos. C'est une ville très écolo, avec une architecture très variée entre le cœur historique et le quartier des affaires aux superbes gratte-ciel.
Ce que j'aime à Lyon : l'architecture, la qualité de vie, les espaces verts, les fontaines, le tram, les places, le port, l'aéroport, le métro, les animations, la tranquillité, les restos, les théâtres, la proximité de la Suisse, de l'Autriche et de l'Italie… J'arrête là parce que ce serait trop long !
Ce que je n'aime pas à Lyon : pardon ? On doit indiquer quelque chose ici ? :-)

HAUT DE LA PAGE

NANTES
Population : 280 600 habitants
Densité : 4 147 hab/ km²
Revenu par ménage : 16 383 €/an
Prix moyen de la location : 11,54 €/ m² mois
Taux de chômage : 8,2%
Espaces verts : 847 ha
Ensoleillement : 1690 heures/an
Dynamisme de l'emploi : 3/5
Niveau de sécurité : 2,9/5

LYON
Population : 465 300 habitants
Densité : 9 302 hab/ km²
Revenu par ménage : 17 887 €/an
Prix moyen de la location : 9,98 €/ m² mois
Taux de chômage : 8,8%
Espaces verts : 350 ha
Ensoleillement : 1932 heures/an
Dynamisme de l'emploi : 2,7/5
Niveau de sécurité : 3/5

B. Comparez votre choix avec celui d'une autre personne de la classe. Partiriez-vous dans la même ville ? Pour les mêmes raisons ?

● Moi, je préfère Lyon : c'est une ville plus animée que Nantes.

Track 35

4. PLUS OU MOINS

A. Écoutez les extraits de conversation et complétez les phrases.

1. Beaurepaire a .... bars que Castelfleuri.

2. Roquemaure a .... écoles que Castelfleuri.

3. Beaurepaire a .... écoles que Castelfleuri.

4. Castelfleuri a .... habitants que Roquemaure.

5. Roquemaure et Beaurepaire ont le même nombre de / d' ....

6. Roquemaure a deux fois plus de / d' .... que Castelfleuri.

7. Roquemaure et Beaurepaire ont le même nombre de / d' ....

B. À l'aide des informations obtenues, trouvez à quelle ville correspondent ces données.

NOM DE LA MUNICIPALITÉ	....	....	....
habitants	25 312	21 004	18 247
écoles	8	6	7
musées	3	1	3
terrains de sport	6	3	4
bars	21	15	12
hôpitaux	2	1	2

C. À tour de rôle, faites deux phrases de comparaison. La classe doit deviner de quelle ville il s'agit.

● *Elle a deux écoles de moins que Roquemaure.*
○ *…*

5. ÇA, C'EST MA VILLE !

Expliquez comment vous voyez votre ville ou votre quartier. Complétez les phrases suivantes à l'aide du lexique proposé.

▶ Dans ma ville / mon quartier, il y a beaucoup de / d'…
▶ Il n'y a pas assez de / d'…
▶ Il y a peu de / d'…
▶ Il n'y a pas de / d'… Par contre, il y a trop de / d'…
▶ La ville manque de / d'…

usine	aéroport	commissariat
commerce	salle de sport	jeunes
pollution	hôpital	salle de cinéma
pont	métro	maison de retraite
université	vie culturelle	monument
Track cyclable		terrain de football
rue piétonne	immeuble	…

6. LA VILLE MYSTÉRIEUSE

À l'aide de ces débuts de phrases, préparez la description d'une ville sans dire son nom. Lisez votre description à vos camarades, qui doivent deviner de quelle ville vous parlez.

▶ Cette ville est…   ▶ Elle se trouve…
▶ On y parle…   ▶ C'est une ville où…
▶ On y mange…   ▶ Il y a…

C'est une grande ville où il fait très chaud en été. On y parle italien…

COMPARER (2)

....

▶ Comparer des quantités
  *Paris a **plus d'**habitants **que** Lyon.*
  *Lyon a **moins d'**habitants **que** Paris.*
  *Lyon a **autant de** problèmes **que** Paris.*

▶ Comparer des qualités
  *Ce quartier est **plus** calme **que** le centre-ville.*
  *Le tram est **moins** rapide **que** le métro.*
  *Lyon est **aussi** agréable **que** Paris pour vivre.*

▶ Comparer des actions
  *À Paris, il pleut **plus qu'**à Rome.*
  *À Rome, il pleut **moins qu'**à Lisbonne.*
  *À Paris, il pleut **autant qu'**à Londres.*

Attention !
Bien → mieux (plus bien)
Bon → meilleur (plus bon)

Autres ressources pour comparer
  *Marseille a **deux fois plus de** jours ensoleillés qu'Oslo.*

Le superlatif
  *Paris est **la plus grande** ville de France.*
  *Rochefourchat est **la commune la moins peuplée** de France.*
  *Paris est la ville française avec **le plus de** musées.*

EXPRIMER LE MANQUE ET L'EXCÈS

  *La ville **manque de** transports.*
  *Il n'y a **pas assez de** / **suffisamment de** vie culturelle.*
  *Il y a **peu d'**espaces verts.*
  *Il y a **trop de** bruit.*

7. VILLE OU CAMPAGNE ?

À deux, décidez si ces affirmations sont vraies pour la vie en ville V ou pour la vie à la campagne C.

a. La vie y est plus dure.

b. Il y a du bruit.

c. Il faut une voiture.

d. On y est anonyme.

e. On s'y ennuie vite.

f. On y a plus de relations avec les autres.

g. La vie y est plus chère.

h. On y prend le temps de vivre.

i. On y a une meilleure qualité de vie.

j. On s'y sent seul.

k. On y mange mieux.

l. L'hiver y semble plus long.

....

● *Je pense qu'à la campagne on s'ennuie vite.*
○ *Je ne suis pas d'accord avec toi…*

8. LES VILLES CHANGENT

Observez ce dessin. Qu'est-ce qui vient de se passer ? Qu'est-ce qui est en train de changer dans cette ville ?

SITUER DANS L'ESPACE : Y

*Bruxelles est une ville bilingue : on **y** parle français et néerlandais.* (**y** = à Bruxelles)

*Cette ville est un paradis pour les gourmets : on **y** trouve des restaurants excellents.* (**y** = dans cette ville)

LE PRONOM RELATIF OÙ

*Bruxelles est une ville **où** il pleut beaucoup.*
(= À Bruxelles, il pleut beaucoup.)

ÊTRE EN TRAIN DE + INFINITIF

*Les ouvriers **sont en train de travailler**.*
(= l'action est en cours)

VENIR DE + INFINITIF

*La mairie **vient de construire** une nouvelle piscine.* (= l'action a eu lieu très récemment)

EXPRIMER DES OPINIONS

À mon avis…	
Je pense que…	le problème fondamental, c'est…
Pour moi…	

Pour réagir aux opinions des autres, on peut montrer son accord ou son désaccord.

C'est vrai, mais…	
Vous avez raison, mais…	
Je (ne) suis (pas) d'accord…	avec toi / vous. avec ce projet. avec Pierre.

9. MONSIEUR LE MAIRE...

A. Voici une lettre adressée au maire de Villefranche et publiée dans la revue municipale. Lisez-la, puis dressez la liste des problèmes évoqués.

Courrier des lecteurs n° 88

La rédaction de notre magazine a reçu cette lettre ouverte de l'Association des Amis de Villefranche concernant, entre autres, la construction d'un incinérateur tout près de la ville.

Association des Amis de Villefranche

Lettre ouverte au maire de Villefranche

Monsieur le Maire,

Vous vous êtes engagé à développer la ville et ses ressources, à combattre le chômage et la marginalisation des jeunes Villefranchois, à améliorer la qualité de vie dans les quartiers ! Mais où sont vos actions ?

En ce qui concerne l'environnement, nous avons appris avec regret que vous autorisiez la construction d'un incinérateur. Nous avons été très déçus par cette décision : cette usine se situera à moins de 400 mètres de l'école primaire du quartier des Myrtilles et défigurera les abords de notre jolie commune.

À propos du quartier des Myrtilles, nous vous rappelons qu'il s'agit d'un groupe de logements sociaux totalement abandonnés par les autorités locales. Dans ce quartier, il n'y a pas de transports publics et pas d'équipements sportifs pour les jeunes. Par ailleurs, nous constatons avec inquiétude une augmentation générale de la violence ainsi qu'une absence de réponse policière. Où sont les agents de police quand nous avons besoin d'eux ?

Sur le plan de l'éducation et de la vie sociale, vous avez aussi oublié vos promesses ! Il n'y a que trois collèges et un seul lycée à Villefranche pour une population de 45 000 habitants ! D'autre part, les personnes âgées ne bénéficient d'aucun programme social. Elles n'ont aucun endroit où se réunir pour y faire des activités.

Enfin, Villefranche n'a pas d'hôpital. En cas d'hospitalisation, il faut aller à Castelfleuri, à 80 kilomètres d'ici.

C'est pourquoi nous nous adressons à vous pour savoir ce que devient notre argent et que nous joignons une première pétition qui a déjà été signée par 650 de nos concitoyens.

Dans l'attente de vos explications, nous vous prions de croire, Monsieur le Maire, en l'expression de nos salutations les plus respectueuses.

Association des Amis de Villefranche

Track 36

B. Une radio locale fait une enquête auprès des Villefranchois. Notez par écrit les problèmes évoqués et mettez-les en rapport avec ces images.

C. Vous allez participer à un conseil municipal de Villefranche pour discuter des problèmes et prendre des décisions. Suivez le plan suivant.

PLAN DE TRAVAIL

PRÉPARATION

▸ Mettez-vous par groupes de trois.
▸ Relisez la lettre au maire et vos notes prises sur l'enquête radiophonique.
▸ Discutez de l'importance et de l'urgence des différents problèmes. Pensez à des solutions.
▸ La mairie dispose de 100 millions d'euros pour de nouvelles infrastructures : décidez comment répartir ce budget.
▸ Nommez un porte-parole.

RÉALISATION DU CONSEIL

▸ Le porte-parole défend le budget proposé par son groupe.
▸ Les autres groupes peuvent poser des questions, formuler des critiques, etc.
▸ Essayez d'arriver à un accord global et à un budget unique.

● Nous pensons qu'il faut investir de 5 à 10 millions d'euros dans la construction d'une nouvelle école, loin de l'incinérateur.
○ Alors vous êtes d'accord pour construire l'incinérateur à l'endroit prévu ?

10. LETTRE OUVERTE

Pensez à votre ville. Rédigez une lettre ouverte à votre maire : exposez-lui vos points de vue et présentez-lui vos suggestions pour améliorer la qualité de vie des habitants.

Paris au fil du temps

À travers l'histoire, la structure des villes évolue selon les besoins, les tendances architectoniques de chaque moment et la volonté des gouvernants. Voici un bref parcours de l'histoire urbanistique de Paris.

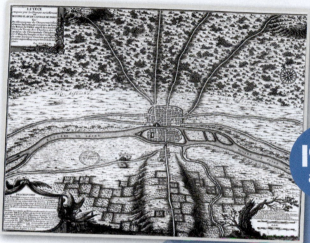

LE PREMIER PARIS

Ier siècle av. J.-C.

Au Ier siècle avant Jésus-Christ, Paris s'appelle Lutèce. C'est une ville gallo-romaine dont le centre est la montagne Sainte-Geneviève, où se dresse aujourd'hui le Panthéon. À son apogée, Lutèce reste une cité modeste de l'Empire romain, avec probablement une population de cinq à six mille habitants. Les routes gallo-romaines existent encore de nos jours. Elles correspondent à la rue Saint-Jacques, qui était la rue principale de Lutèce, le boulevard Saint-Germain et la rue des Écoles.

← Le plan de Lutèce (Paris) en l'an 508.

Le Paris médiéval

XIIe siècle

Au XIIe siècle, sous le règne de Philippe II, Paris change.
- Le roi, choqué par la puanteur de la ville, ordonne de paver les rues principales.
- Il crée l'Université de Paris (la Sorbonne).
- C'est aussi l'époque de la construction de l'emblématique cathédrale Notre-Dame.
- Vers l'an 1200, la ville voit une augmentation rapide de sa population : en quelques années, Paris passe de 25 000 à 50 000 habitants.

Le parvis et la façade de Notre-Dame de Paris au XVIIIe siècle. →

LE PORTAIL DE NÔTRE DAME.

Le nouveau Paris

XIXe siècle

Au milieu du XIXe siècle, les rues de Paris sont encore sombres, étroites et insalubres. Lors de son séjour en Angleterre, Napoléon III avait été fortement impressionné par les quartiers ouest de Londres et l'empereur a voulu faire de Paris une ville aussi prestigieuse : ce sera le nouveau préfet, Georges Eugène Haussmann, qui réalisera ce projet. Les objectifs des travaux sont une meilleure circulation de l'air et des hommes, et la maîtrise d'éventuels soulèvements populaires. Ainsi, de nombreux immeubles sont démolis pour percer des rues plus larges et des grands boulevards. Malgré la réussite des travaux, l'œuvre de M. Haussmann n'en reste pas moins contestée : il fut surnommé « Attila » par les Parisiens, à cause de ses démolitions massives d'immeubles.

← Boulevard du Temple, 1839.

LE PARIS MODERNISTE

Deux expositions universelles laissent une grande empreinte dans la ville. La plus visible, la tour Eiffel, a été construite pour l'exposition de 1889. Alors qu'elle a été décriée pendant sa construction par certains des artistes les plus célèbres de l'époque, elle connaît un succès populaire et remporte l'adhésion des visiteurs.

XIXᵉ siècle

Vue aérienne de l'Exposition universelle de Paris de 1889 pour laquelle la tour Eiffel fut construite. →

XXIᵉ siècle

LE PARIS ACTUEL

On associe souvent Paris à l'alignement d'immeubles de hauteur égale le long d'avenues bordées d'arbres. Effectivement, il existe depuis longtemps des règles strictes d'urbanisme, en particulier des limites à la hauteur des immeubles. Mais de nouvelles tours continuent à sortir de terre dans le quartier d'affaires de La Défense.

← Vue de La Défense, le quartier d'affaires de Paris.

En résumé, Paris a su moderniser ses infrastructures tout en conservant l'empreinte de son passé.

11. TOUT SUR PARIS

A. Quelles informations connaissiez-vous déjà ? Quelles informations nouvelles vous ont étonné ?

B. À deux, choisissez une période décrite dans cette double page, cherchez des informations complémentaires et présentez-les à vos camarades.

C. Choisissez quatre époques différentes et élaborez le parcours historique de votre ville ou d'une ville que vous aimez.

9 BIENVENUE CHEZ MOI !

COMPARING (2)

Comparing quantities

You can compare two quantities to indicate superiority (*plus de*), equality (*autant de*) or inferiority (*moins de*).

> Paris : 2 125 851 habitants
> Lyon : 445 274 habitants
> Nîmes : 133 406 habitants
> Tours : 132 677 habitants

*Paris a **plus d'habitants que** Lyon.*
*Il y a presque **autant d'habitants** à Tours **qu'**à Nîmes.*
*Tours et Nîmes ont **moins d'habitants que** Paris.*

With *plus* and *moins* you can nuance a comparison by adding *un peu, beaucoup, bien, deux / trois... fois*, etc.

*Tours et Nîmes ont **beaucoup moins d'habitants que** Paris.*
*Il y a **un peu moins d'habitants** à Tours **qu'**à Nîmes.*
*Il y a **cinq fois plus d'habitants** à Paris **qu'**à Lyon.*

Comparing qualities

Adjectives are placed between the comparative word and *que*. Superiority is indicated by *plus*, equality by *aussi*, and inferiority by *moins*. Note that you do not add *de* when comparing qualities.

*La ville de Paris est **plus grande que** la ville de Lyon.*
*La ville de Tours est **aussi grande que** la ville de Nîmes.*
*La ville de Lyon est **moins grande que** la ville de Paris.*

Bien, bon and *mauvais* have irregular forms:

▶ *bien → mieux*
*Pour moi, vivre en ville est **mieux** que vivre à la campagne.*

▶ *bon(ne)(s) → meilleur(e)(s)*
*La qualité de vie est **meilleure** à Tours qu'à Paris.*

▶ *mauvais(e)(s) → pire(s)*
*Les conditions de vie sont **pires** dans une grande ville que dans une petite ville.*

> **Note** that it is acceptable to say *plus mauvais(e)(s)*.

Bien and *mieux* are adverbs and, as such, are used with verbs, whereas *bon* and *meilleur* are adjectives and, as such, are used to qualify nouns.

Comparisons of qualities can be nuanced with *un peu, beaucoup, bien*, etc.

*Lyon est **beaucoup moins grande que** Paris mais les conditions de vie y sont **bien meilleures**.*

Je suis plus belle que Blanche-Neige !

Comparing actions

To compare actions, *plus, autant* and *moins* are placed after the verb. Note that you do not add *de* when comparing actions.

*Dans une grande ville, on sort **plus que** dans une petite ville.*

Dans une grande ville, on travaille... | *plus* / ***autant que*** *dans une / petite ville.* / *moins*

« Le même », « la même », « les mêmes »

Le même, la même, les mêmes express sameness. They agree in gender and number with the noun they refer to.

	MASCULINE SINGULAR	FEMININE SINGULAR	PLURAL
Cannes et Nice ont...	... **le même** climat.	... **la même** histoire.	**les mêmes** ressources économiques.

The superlative

The superlative expresses absolute superiority or inferiority.

*Paris est **la plus grande ville de** France.*
*Rochefourchat est **la** commune **la moins peuplée** de France.*

MASCULINE SINGULAR	FEMININE SINGULAR	PLURAL
le plus, le moins	la plus, la moins	les plus, les moins

The adjective *bon* becomes *le meilleur, la meilleure, les meilleurs, les meilleures*.
The adjective *mauvais* becomes *le pire, la pire, les pires*.

*Gérard Depardieu est **le meilleur acteur français de** sa génération.*
*Christine et Aïcha sont **les meilleures amies de** Sophie.*
*C'est **le pire*** film de l'année !*

* Note that it is acceptable to say: *le plus mauvais*, *la plus mauvaise*, *les plus mauvais(e)(s)*.

*C'est **le plus mauvais film de** l'année !*

Miroir, miroir, qui est la plus belle ?

THE RELATIVE PRONOUN OÙ

The relative pronoun **où** allows you to give additional information about a place in the same sentence.

*Bruxelles est une ville **où** il pleut beaucoup.
(Bruxelles a un climat pluvieux)*

*J'habite dans un quartier **où** il y a beaucoup de commerces.
(J'habite dans un quartier très commerçant)*

LOCATING IN SPACE: THE PRONOUN Y

Y is a pronoun that refers to a place that was already mentioned. Thanks to the pronoun **y**, you can avoid redundancy.

● *Vous habitez à Lyon ?*
○ *Non, j'**y** travaille, je n'**y** habite pas. (à Lyon)*

Y is usually placed between the subject and the conjugated verb.

● *C'est joli Strasbourg ?*
○ *Oui, j'**y** habite depuis dix ans et j'adore ! (à Strasbourg)*

EXPRESSING OPINIONS

▶ To express your opinion, you can use various expressions such as:

*À mon avis,
Pour moi,
Je pense que/qu'* | *il faut construire un parking au centre-ville.*

▶ When other people express their opinion, you can show agreement or disagreement and you can state your case with the following expressions.

Je (ne) suis (pas) d'accord avec | *ce que dit Marc.
toi / lui / elle / vous / eux / elles.
cela (ça).*

*Oui, vous avez raison.
Oui, tu as raison.*

*Oui, bien sûr, mais
C'est vrai, mais
Bon, mais* | *il faut aussi construire...*

▶ To sum up and highlight what was just said, use **ça**.

Ça, | *c'est une bonne idée !
ce n'est pas vrai !
c'est bien !*

ÊTRE EN TRAIN DE + INFINITIVE

The expression **être en train de** + infinitive indicates that an action is happening at that very moment. It corresponds to the **-ing** form of the present in English.

● *Où sont les enfants ?*
○ **Ils sont en train de jouer** *dans leur chambre.*

In the negative :

*Je ne suis pas **en train de** m'amuser.*

VENIR DE + INFINITIVE

Venir de + infinitive indicates that something has just taken place (very recent past).

● *Vite ! Le train est sur le point de partir.*
○ *Trop tard ! **Il vient de partir**.*

Je ne suis pas du tout d'accord avec toi !

Ça y est ! Je viens de finir !

VOCABULAIRE

Nouns:

les alentours (m)	surroundings
l'amitié (f)	friendship
la banlieue	suburbs
la banque	bank
le bouchon	(literally) cork, traffic jam
le bruit	noise
la campagne	countryside
la capitale	capital
le centre commercial	shopping mall
le centre-ville	downtown
la circulation	traffic
le climat	weather, climate
le commissariat	police station
la crèche	daycare
la Croix-Rouge	Red Cross
la délinquance	crime, deliquency
la distraction	leisure, entertainment
la drogue	drugs
l'école (f)	school
l'église (f)	church
l'embouteillage (m)	traffic jam
l'emploi (m)	employment, job
l'enquête (f)	survey
l'ensoleillement (m)	sunshine
l'entreprise (f)	company
l'espace vert (m)	park
l'espérance de vie (f)	life expectancy
l'exclusion sociale (f)	social exclusion
le fleuve	river
la forêt	forest
la gare	train station
la grande surface	supermarket
le gratte-ciel	skyscraper
l'habitant, l'habitante	inhabitant
l'hôpital	hospital
les horaires d'ouverture (m)	hours of operation, store hours
l'immobilier (m)	real estate
le jardin	garden
les jeunes	young people
les Jeux Olympiques (m)	Olympic Games
le lac	lake
la lagune	lagoon
le lieu	place
la ligne de bus	bus line
la location	rental
le logement	lodging
le loyer	rent
le lycée	high school

le maire	mayor
la maison de retraite	retirement home
le manque	lack
le niveau	level
l'océan (m)	ocean
la piste cyclable	bicycle path
la pollution	pollution
le pont	bridge
le quartier	neighborhood
le rond-point	roundabout
la sécurité	safety
le service d'urgence	emergency room
le siècle	century
le siège	headquarters (in government, official context)
la taille	size
le taux de chômage	unemployment rate
le terrain	field
le toxicomane	drug addict
le trafic	traffic
les transports publics (m)	public transportation
le trottoir	sidewalk
l'Union européenne (f)	European Union
l'usine (f)	factory
la vie	life
la vie nocturne	night life
la ville	city

Adjectives:

accueillant(e)	welcoming
agréable	pleasant
anonyme	anonymous
autre	other
bondé(e)	overcrowded, packed
chaud(e)	hot
dangereux, dangereuse	dangerous
dur(e)	hard
écolo	environmentally friendly
élevé(e)	high
ennuyeux, ennuyeuse	boring
entretenu(e)	kept
exclu(e)	excluded
faux, fausse	false
fluide	flowing
froid(e)	cold
grave	serious, grave
interdit(e)	forbidden
long, longue	long
mondial(e)	worldwide
moyen, moyenne	average

neuf, neuve	new
nombreux, nombreuse	numerous
oublié(e)	forgotten
pollué(e)	polluted
pratique	practical
public, publique	public
sale	dirty
seul(e)	alone
situé(e)	located
utile	useful
vrai(e)	true

Verbs:

améliorer	to improve
attirer	to attract
avoir raison	to be right
avoir tort	to be wrong
construire	to build
durer	to last
enseigner	to teach
fonctionner	to function
manquer de	to lack
pleuvoir	to rain
publier	to publish
se déplacer	to get around
se loger	to find a place to live
s'impliquer	to get involved
se trouver	to be located
trouver	to find
venir de + infinitive	to have just done something

Some words and expressions:

à mon avis	in my opinion
en ce qui concerne	regarding
en effet	actually
en particulier	particularly
en tout cas	in any case
être d'accord avec	to agree with
être en train de + infinitive	to be doing something
facilement	easily
longtemps	for a long time
partout	everywhere
sous terre	underground
spécialement	especially
suffisamment	enough

10 À QUOI ÇA SERT ?

We are going to invent an object that could solve a daily problem, and we will present it to the class.

1. ÇA SERT À...

A. Regardez ces photos d'objets. Connaissez-vous leur nom ?

> un lave-vaisselle   une brosse à dents
>
> un sac à dos   un sèche-cheveux   un antivol
>
> un grille-pain   un ouvre-boîtes
>
>   un casque de vélo
>
>   un gant de toilette

B. À quoi servent ces objets ?

▶ Ça sert à ouvrir une boîte de conserve.
▶ Ça lave la vaisselle.
▶ Ça sert à se brosser les dents.
▶ C'est pratique pour griller le pain.
▶ C'est utile pour éviter de se faire voler son vélo.
▶ C'est indispensable pour se protéger la tête quand on roule à vélo.
▶ Ça permet de se sécher les cheveux.
▶ Ça sert à se laver le corps.
▶ C'est utile pour transporter ses affaires.

C. Parmi ces objets, quels sont ceux que vous n'utilisez jamais et ceux que vous utilisez souvent ?

● Moi, j'utilise tous les jours un sèche-cheveux.
○ Moi jamais, je préfère que mes cheveux sèchent tout seuls !

D. Observez la construction des mots ou expressions de l'activité A. Classez-les ci-dessous selon leur structure.

antivol ...	ouvre-boîtes ...
sac à dos ...	casque de vélo ...

E. Trouvez d'autres mots ou expressions construits selon ces mêmes structures. Cherchez dans le dictionnaire ou demandez à votre professeur.

2. DE BONNES IDÉES

A. Lisez cet article. De quelle année datent ces inventions ?

| 1760 | | 1829 | | 1904 | | 1974 | |

Inventer, c'est facile !

Selon Roland Moreno, l'inventeur de la carte à puce, on ne peut pas créer à partir de rien. Toute nouveauté naît de la capacité à associer des éléments qui existent déjà. Un exemple : c'est en observant des enfants en train de jouer aux billes que l'ingénieur Ladislas Biro a eu l'idée de mettre une bille à la pointe d'une plume. C'est comme ça que le stylo moderne est né !

La carte à puce

C'est l'ingénieur français Roland Moreno qui a inventé la carte à puce. Cette invention a permis le développement de la monnaie électronique : cartes de téléphone, cartes bancaires, porte-monnaie électronique, etc. Aujourd'hui, qui n'a pas deux ou trois cartes à puce dans son portefeuille ?

La montre-bracelet

C'est le bijoutier français Louis Cartier qui a créé la première montre à bracelet pour son ami l'aviateur brésilien Santos-Dumont. Santos-Dumont a expliqué à Cartier ses difficultés pour sortir sa montre quand il était en plein vol. Le bijoutier a alors trouvé la solution : une montre attachée au poignet, qui a reçu le nom de « Santos ».

Le braille

C'est le français Louis Braille qui a mis au point le système d'écriture qui porte son nom. Le braille est un alphabet en relief qui permet aux personnes aveugles ou malvoyantes de lire et d'écrire. Chaque lettre de l'alphabet est représentée par des points disposés d'une certaine manière dans l'espace d'un rectangle.

Les patins à roulettes

L'inventeur belge Jean-Joseph Merlin a eu l'idée de mettre des roues sur une plaque de bois pour remplacer les lames des patins à glace. Il invente ainsi les premiers patins à roulettes.
Par la suite, les matériaux évoluent. À la fin des années 80, les patins à roues alignées, ou rollers, sont introduits sur le marché et remportent un énorme succès.

B. Discutez par groupes de deux : lesquelles de ces inventions sont les plus utiles ? Quelles autres inventions ont changé la vie des gens, à votre avis ?

C. À deux, rédigez les présentations correspondant à ces deux autres inventions françaises. Vous pouvez chercher des informations sur Internet.

| Le projecteur de cinéma | Le réveille-matin |

3. OBJETS UTILES OU GADGETS ?

A. Voici un extrait du catalogue des magasins Trouvetout. Avez-vous déjà utilisé ces objets ? Peuvent-ils vous être utiles ? Parlez-en à deux.

● *Tu as déjà utilisé un rasoir à peluches ?*
○ *Non, jamais, et toi ?*
● *Oui, ça marche vraiment bien !*

LE RASOIR À PELUCHES

INDISPENSABLE !

Le rasoir à peluches élimine les bouloches des tissus en laine. Vos pull-overs retrouveront un aspect neuf. Grâce à sa petite taille, il est très maniable et vous pourrez l'emporter en voyage.

AVANT

14 € 00

avec réservoir

APRÈS

• **Fonctionne avec 2 piles LR6**
• **Livré avec brosse de nettoyage**

BOMBE LACRYMOGÈNE

TRÈS UTILE !

Aérosol de défense très efficace. Son jet puissant neutralise tout agresseur. Sans risque pour l'environnement.

Neutralisant

6 €

• **Cont. : 75 ml**

LA TENTE RANDONNÉE

OFFRE SPÉCIALE : 30,34 € !

Grâce à cette tente très confortable, vous apprécierez les joies du camping. Entièrement doublée en polyester imperméable, son armature est en fibre de verre légère. Livrée avec sac de rangement.

30,34 €

NOUVEAU

• **Environ 3 kg**
• **Convient pour 3 personnes**

LA BROSSE ANTI-PELUCHES

GÉNIALE !

Pratique et efficace pour enlever les peluches, poils d'animaux, cheveux... Grâce à ses feuilles autocollantes, vos vêtements, canapés, fauteuils et tapis seront toujours propres !

10 m

• **Facile à transporter**

B. Emma se rend au magasin Trouvetout pour acheter l'un de ces quatre objets. Lequel ?

Track 37

4. L'INVENTION MYSTÉRIEUSE

A. Lisez le texte suivant. De quelle invention s'agit-il ?

M. Bell est né en 1847 en Écosse. Spécialiste en physiologie vocale, il a imaginé un appareil qui transmet le son par l'électricité. C'est un appareil qui vous permet de parler avec vos amis, votre famille… Il a beaucoup évolué depuis son invention. Cet objet, que vous pouvez maintenant transporter facilement dans votre poche, intègre désormais de nombreuses autres fonctions.

B. Observez les phrases avec **qui** et **que** : quand les utilise-t-on ?

5. LE LOTO DES OBJETS

A. Par groupes, vous allez jouer au loto. Préparez votre grille en mettant le nom de six objets choisis dans cette liste. Attention aux couleurs !

B. Un membre de votre groupe décrit dans le désordre et sans les nommer les objets reproduits ci-dessus. Le premier qui coche toutes ses cases gagne.

● *C'est en métal et c'est jaune. C'est assez petit et ça sert à...*

DÉCRIRE UN OBJET

▶ La matière
un sac en papier / tissu / cuir / plastique
une boîte en carton / bois / porcelaine

▶ Les qualités
Ça se lave facilement.
C'est incassable.

▶ L'usage
Ça sert à écrire.

▶ Le fonctionnement
Ça marche avec des piles / à l'électricité.

LES COULEURS

	MASC. SING.	FÉM. SING.	MASC. PLURIEL	FÉM. PLURIEL
	noir	noire	noirs	noires
	blanc	blanche	blancs	blanches
	vert	verte	verts	vertes
	gris	grise	gris	grises
	bleu	bleue	bleus	bleues
	rouge		rouges	
	jaune		jaunes	
	rose		roses	
	marron			
	orange			

LES PRONOMS RELATIFS QUE ET QUI

▶ **Que** représente le <u>complément d'objet direct</u> du deuxième verbe de la phrase.

*C'est un objet **que** vous portez dans votre sac.*
(= vous portez l'objet...)

▶ **Qui** représente le <u>sujet</u> du deuxième verbe de la phrase.

*C'est une chose **qui** sert à griller le pain.*
(= la chose sert à...)

6. C'EST UN OBJET QUI COUPE...

A. Connaissez-vous ces objets ? Sinon, cherchez-les dans un dictionnaire.

- une ampoule
- une écharpe
- une feuille de papier
- une casquette
- une gomme
- un rasoir

B. Écoutez ces personnes qui jouent à deviner les objets de la liste ci-dessus. Dans quel ordre les décrivent-ils ?

Track 38

- ☐ une ampoule
- ☐ une écharpe
- ☐ une feuille de papier
- ☐ une casquette
- ☐ une gomme
- ☐ un rasoir

C. Imaginez individuellement d'autres objets, puis faites deviner en petits groupes de quoi il s'agit.

strategies

If you don't know the name of an object, you can always describe its shape, its appearance and its uses. This way, you will always make yourself understood.

7. L'AVENIR NOUS LE DIRA !

A. Comment imaginez-vous l'avenir ? Décidez si ces affirmations sont vraies ou fausses.

	Vrai	Faux
En 2050, on partira en vacances sur Mars.		
Dans 30 ans, on traversera l'Atlantique par un tunnel.		
En 2040, les enfants n'iront plus à l'école.		
Au siècle prochain, grâce aux progrès médicaux, nous vivrons tous plus de 120 ans.		
À cause de l'Homme, il n'y aura bientôt plus d'animaux sauvages en Afrique.		
Un jour, les voitures voleront.		
Dans 15 ans, l'eau sera aussi chère que l'essence.		
Dans 100 ans, il y aura des humains mutants.		
Dans quelques années, nous mangerons des comprimés au lieu de produits frais.		
En 2090, les professeurs de français n'existeront plus.		

B. Comparez vos réponses avec celles de deux camarades. Êtes-vous d'accord entre vous ?

- Je crois que dans quelques années les animaux sauvages n'existeront plus à cause de...

C. Et vous, comment voyez-vous votre avenir ?

- Moi, dans 20 ans, j'aurai une grande maison hyper-moderne, totalement automatisée.
- Eh bien moi, dans 5 ans, je parlerai parfaitement le français !

LE FUTUR SIMPLE

Le futur simple sert à annoncer des prévisions ou à faire des prédictions.

*Demain, **il fera** beau sur tout le pays.*

Il sert aussi à faire des promesses.

Demain, Le mois prochain, Dans 10 ans,	**nous serons** plus tranquilles.

VERBES RÉGULIERS	
je	manger**ai**
tu	étudier**as**
il / elle / on	finir**a**
nous	sortir**ons**
vous	écrir**ez**
ils / elles	prendr**ont**

Les verbes irréguliers au futur ont un radical différent de celui de leur infinitif.

être → ***je serai***
avoir → ***j'aurai***

LA CAUSE

- **Grâce à**
  ***Grâce à** Internet, je peux travailler chez moi.*
- **À cause de**
  *Je n'ai pas pu dormir **à cause du** bruit.*

LE BUT

- **Pour** (**ne pas**) + infinitif
  ***Pour aller** plus vite, utilisez l'ascenseur !*
- **Pour ne plus** + infinitif
  *Je déménage **pour ne plus entendre** mes voisins.*

8. UN CONCOURS D'INVENTIONS

A. Le magazine *Vivre mieux* a mené une enquête sur les problèmes quotidiens de ses lecteurs. Reliez chaque image avec le témoignage correspondant.

« J'adore lire et mon mari aussi, alors nous sommes envahis par les livres ; nous n'avons toujours pas trouvé de système efficace pour les ranger. »	« Je porte des lunettes depuis l'enfance, ça ne me dérange pas. Mais quand je cuisine, la buée sur les verres me gêne : je dois les enlever pour les nettoyer sans cesse. C'est très agaçant. »	« Devant ma maison, il y a un terrain plein de boue et, comme je dois entrer et sortir de chez moi plus de vingt fois par jour, je n'enlève pas mes chaussures. Du coup, je salis le sol. »	« J'adore lire au lit, mais c'est fatigant de tenir le livre et surtout de tourner les pages ! »	« Pour aller à la fac, je dois toujours transporter des kilos de livres et mon cartable est terriblement lourd à porter. Je peux bien sûr prendre une valise à roulettes, mais je me sens ridicule avec ça ! »

B. Par groupes, vous allez participer à un concours d'inventions.
Suivez ce plan de travail.

PLAN DE TRAVAIL

▷ Parmi les problèmes évoqués dans la page précédente, choisissez celui que vous aimeriez résoudre. Vous pouvez également décider de résoudre un de vos problèmes quotidiens.

▷ Cherchez des camarades qui ont fait le même choix.

▷ Par groupes, mettez au point une invention qui apporte une solution au problème : donnez-lui un nom, décrivez-la, précisez les utilisateurs potentiels, etc.

▷ Toute la classe définit une série de critères (utilité, originalité, présentation, etc.) pour évaluer les inventions et les présentations.
▷ Rédigez votre présentation. N'oubliez pas d'ajouter des illustrations, des dessins, des schémas.

▷ Chaque groupe présente son invention.

▷ Toute la classe vote pour la meilleure invention et la meilleure présentation en fonction des critères choisis.

Les bons plans pour

Patricia Josselin, rédactrice en chef du magazine

Le chineur, nous donne ses astuces pour chiner malin.

Est-ce que c'est propre aux Français, ce goût pour la brocante, les objets anciens, chiner et espérer découvrir un trésor ?

Oui, les Français aiment chiner. La France, c'est un grenier rempli de tas de très beaux objets, et nous sommes reconnus dans le monde pour cela. Je dirais qu'il y a deux types de chineurs. La personne qui est un collectionneur averti sur l'histoire des styles, qui se documente énormément, se cultive, fréquente les salons d'antiquaire et qui s'intéresse aux objets pour leur beauté. Et puis, il y a le chineur qui se laisse happer par la nostalgie, s'intéresse à l'objet parce qu'il lui rappelle son enfance, parce qu'il est le symbole d'une période, d'une époque… Surtout, c'est le seul loisir qui touche toutes les générations et qui est gratuit.
[…]

Est-ce que tout le monde peut organiser et participer à une brocante, un vide-grenier ?

Il faut bien faire la distinction entre brocante et vide-grenier. Oui, tout le monde peut participer à l'un ou à l'autre, à condition, en ce qui concerne les brocantes, d'être enregistré comme marchand. Une brocante, c'est une manifestation qui accueille des exposants professionnels. Les vide-greniers, c'est vraiment autre chose, ce sont des particuliers qui exposent de façon occasionnelle. […]

Quelles sont les nouvelles tendances ?

Le marché de l'objet ne déroge pas aux phénomènes de mode. Ce qui est tendance, c'est de ne pas se couler dans l'uniformité. En ce qui concerne les fripes, le vintage est très à la mode par exemple. En mobilier, c'est le mobilier industriel qui est très recherché – la pendule d'un atelier, des vestiaires d'usines […] sont très à la mode. L'idée, c'est de pouvoir l'intégrer dans un ensemble contemporain, de donner une touche, de mélanger les genres et les époques.

Quels conseils très pratiques donneriez-vous à un amateur qui chercherait à faire de bonnes affaires ?

La première chose, c'est d'être très bien informé. Prendre le temps de téléphoner avant de se déplacer, car certaines manifestations sont annulées à la dernière minute. Bien sûr, les premiers arrivés sont les premiers servis, les plus belles pièces partent souvent très tôt. Il est important de se munir d'espèces, de petite monnaie, d'un sac à dos vide, et d'une petite lampe si l'on vient chiner très tôt en hiver. Il arrive qu'il fasse encore nuit.

chiner

Le risque lorsqu'on est amateur, c'est aussi de se faire avoir. Existe-t-il des astuces simples pour éviter les pièges, connaître la valeur d'un objet sans être expert ?

Le meilleur conseil que l'on peut donner, c'est de se documenter sur l'objet en question, s'informer sur les bonnes adresses. Un bon chineur doit s'informer, avoir un certain nombre de connaissances sur les époques, les styles... L'œil se travaille avec l'expérience. Se rendre sur les brocantes, toucher, échanger, pouvoir comparer, c'est de la pratique. Après, il s'agit de faire confiance aux marchands. Attention, car parfois les bonnes affaires peuvent cacher quelque chose qui ne va pas. Le fait de marchander fait vraisemblablement partie du jeu de la brocante, c'est dans l'esprit, mais un bel objet a forcément une valeur, un prix.

Source : le magazine Le chineur.

9. AVEZ-VOUS BIEN COMPRIS ?

Répondez aux questions.

1. Selon Patricia Josselin, pourquoi les Français aiment-ils les brocantes et les vide-greniers ?
▶ Parce que c'est économique.
▶ Parce que c'est amusant.
▶ Parce qu'ils adorent les vieux objets.

2. Quel est le meilleur moment d'une brocante pour trouver un objet exceptionnel ?
▶ À la fermeture.
▶ Très tôt le matin.
▶ À l'heure du déjeuner.

3. La vente dans les brocantes est réservée...
▶ aux particuliers.
▶ aux professionnels.
▶ aux particuliers et aux professionnels.

4. Actuellement, quel type de mobilier est très à la mode ?
▶ Les meubles rustiques en bois.
▶ Le mobilier industriel.
▶ Le mobilier des années 80.

10. UN PEU DE LEXIQUE

Associez ces mots et expressions à leur définition.

Faire une bonne affaire ● ● Mot populaire qui signifie vêtement, habit.

Un vide-grenier ● ● Personne qui aime les vieux objets et aime faire les brocantes, les vide-greniers.

Un chineur ● ● Acheter un objet au-dessous de sa valeur.

Une fripe ● ● Marché où on vend des objets personnels que l'on n'utilise plus.

10 À QUOI ÇA SERT ?

DESCRIBING OBJECTS

To describe an object, we talk about its size and shape, what it's made of, what it's used for, and how it functions.

▶ what things are made of:

The preposition **en** is used to express what things are made of.

- *C'est quoi ?*
- *C'est un sac en plastique.*
  papier.
  tissu.
  cuir.

- *C'est une boîte en carton.*
  bois.
  porcelaine.
  fer.

▶ size and shape:

C'est + adjective.

C'est   petit.
grand.
plat.
long.
rond.
carré.
rectangulaire.
triangulaire.

▶ features:

Ça se lave facilement.
C'est incassable.

▶ usage:

To ask what something is used for, we ask:
À quoi ça sert ?

- *À quoi ça sert ?*
- *Ça sert à*
  C'est utile pour   *ouvrir une bouteille.*
  Ça permet d'

▶ how things work:

The verb **marcher** is used to indicate how objects work.

Ça marche avec   de l'essence.
de la vapeur.
du gaz.
des piles.

Ça marche   à l'essence.
au gaz.
à la vapeur.

PASSIVE PRONOMINAL STRUCTURES

If you don't want to state who is performing an action, you can use a pronominal form.

Ça se lave *facilement / en machine.*
(= it can be washed easily / in the washer)
Ça se mange.   (= it can be eaten)

Passive pronominal structures are also used to describe a process that does not require someone's intervention.

- *C'est difficile à mettre en marche ?*
- *Non,* **ça se met** *en marche tout seul. Tu appuies sur ce bouton, c'est tout.*

- *Comment on appelle une porte qui* **s'ouvre** *toute seule ?*
- *Une porte automatique.*

RELATIVE PRONOUNS : QUE AND QUI

Que and **qui** are relative pronouns. They give additional information about the thing or the person they refer to, stated previously in the sentence.

- *C'est quoi un baladeur ?*
- *C'est un petit appareil* **qu'**on porte sur soi pour écouter de la musique.*

- *Qu'est-ce que tu veux pour ton anniversaire ?*
- *Je veux une voiture* **qui** *se transforme en robot intergalactique.*

▶ *Que*

The pronoun **que** can represent a person, an object or an idea. **Que** functions as a direct object. It is placed after the noun that it refers to.

C'est un objet **que** *vous portez dans votre sac ou dans votre poche et* **que** *vous devez éteindre en classe, au cinéma ou dans un avion.*

▶ *Qui*

The pronoun **qui** also represents a person, an object or an idea. **Qui** functions as a subject. It is placed after the noun that it refers to.

C'est un objet **qui** *est rectangulaire,* **qui** *marche à l'électricité et* **qui** *sert à griller le pain.*

Note that unlike **que**, **qui** never changes to **qu'** in front of a vowel.

C'est un petit objet **qui** *est bleu ou noir et* **qu'**on peut mettre dans sac pour écrire.*

EXPRESSING CAUSE

▶ *Grâce à* + noun expresses a cause that is considered positive.

Grâce	à Internet, à la télévision, à l'ordinateur personnel, au téléphone, aux satellites	nous ne nous sentons jamais seuls !

▶ *À cause de* + noun expresses a cause that is considered negative.

À cause	d'elle, de lui, du bruit, de la voisine, des travaux,	je n'ai pas réussi à dormir !

EXPRESSING A GOAL

▶ *Pour / pour (ne pas)* + INFINITIVE
Pour / pour aller plus vite, utilisez l'ascenseur !

▶ *Pour ne plus* + INFINITIVE
Pour ne plus penser à vos problèmes, partez en vacances à la Réunion !

THE FUTURE TENSE

The future tense is used to formulate predictions.

*Demain, **il fera** beau sur tout le pays.*
*Dans 30 ans, **nous marcherons** sur Mars.*
*Au siècle prochain, **tout le monde parlera** chinois.*
*Bientôt, **nous habiterons** sous la mer.*

It is also used to make a promise, to make plans, or to guarantee something.

*Demain, **je viendrai** te chercher à 16 heures 30.*
*Cet appareil **vous facilitera** la vie.*

The future tense can be used to ask a favor.

Tu pourras acheter du pain, s'il te plaît ?

Finally, the future tense can be used to give an order.

Vous prendrez un cachet trois fois par jour après chaque repas.

How to form the future
To form the simple future, the infinitive of the verb is used as the stem, and the following endings are added:

MANGER	manger-	
ÉTUDIER	étudier-	-ai
VOYAGER	voyager-	-as
		-a
SORTIR	sortir-	-ons
DORMIR	dormir-	-ez
		-ont
FINIR	finir-	

▶ Verbs ending in *-re*.

When the infinitive ends with an *-e*, the *–e* is dropped from the future stem.

BOIRE	boir-	-ai
ÉCRIRE	écrir-	-as
		-a
PRENDRE	prendr-	-ons
		-ez
ENTENDRE	entendr-	-ont

▶ Verbs ending in *-eter* et *-eler*, double their consonant.

je / j'		-ai
tu		-as
il / elle / on	je**tt**er-	-a
	appe**ll**er-	
nous		-ons
vous		-ez
ils / elles		-ont

▶ Verbs ending in *-ever, -ener* or *-eser*, and verbs that have a silent *-e* in the second to last syllable of the infinitive, change their silent *-e* to *-è* in front of the silent syllable.

je / j'		-ai
tu		-as
il / elle / on	ach**è**ter-	-a
	p**è**ser-	
nous	l**è**ver-	-ons
vous	m**è**ner-	-ez
ils / elles		-ont

▶ Verbs ending in *-oyer, -uyer*: the *-y* changes to *-i*.

je / j'		-ai
tu		-as
il / elle / on	netto**i**er-	-a
	essu**i**er-	
nous		-ons
vous		-ez
ils / elles		-ont

▶ Irregular verbs have a future stem that is quite different from their infinitive form.

IRREGULAR VERBS		
	(être)	ser-
	(avoir)	aur-
	(faire)	fer-
	(savoir)	saur-
je / j'	(aller)	ir-
tu	(devoir)	devr-
il / elle / on	(pouvoir)	pourr-
nous	(voir)	verr-
vous	(envoyer)	enverr-
ils / elles	(mourir)	mourr-
	(vouloir)	voudr-
	(venir)	viendr-
	(valoir)	vaudr-

(endings: -ai, -as, -a, -ons, -ez, -ont)

IMPERSONAL IRREGULAR VERBS		
il	(falloir)	faudr-
	(pleuvoir)	pleuvr-

(ending: -a)

LOCATING A FACT IN THE FUTURE

Several expressions can be used to locate a fact, an event or an action in the future.

▶ to talk about a time period, a date or to give a specific time:

J'irai te voir
ce soir à 8 heures.
demain (matin / midi / après-midi / soir).
après-demain.
lundi prochain / la semaine prochaine / le mois prochain / l'année prochaine.
dans deux jours / une semaine / quelques mois.
le 24 juin.

▶ to give a general sense of time, we use **bientôt**, **prochainement** or **un jour**.

Bientôt, il y aura des villes sous la mer.
En vente, prochainement, dans votre supermarché, « l'essuie-tout magique » !

● *J'aimerais bien aller en vacances aux Antilles.*
○ *On ira **un jour**. Je te le promets.*

VOCABULAIRE

Nouns:

les affaires (f)	here: things, belongings
l'antivol (m)	bike lock
l'armature (f)	frame
le bois	wood
la boîte de conserve	canned food
la boue	mud
le braille	Braille
la brocante	second-hand shop
la brosse	brush
la brosse à dents	toothbrush
le cahier	notebook
le canapé	couch
le cartable	school bag
la carte à puce	debit/credit card
le carton	cardboard
le casque de vélo	bike helmet
la casquette	cap
la chaise	chair
les ciseaux (m)	scissors
le comprimé	pill (medication)
le cuir	leather
l'environnement (m)	environment
l'essence (f)	gasoline
le fauteuil	armchair
le fer	iron
le fibre de verre	fiberglass
le gant de toilette	washcloth
le goût	taste
le grenier	attic
le grille-pain	toaster
l'invention, (f)	invention
la joie	joy
la laine	wool
le lave-vaisselle	dishwasher
les lunettes de soleil (f)	sunglasses
le mobilier	furniture
la montre	watch
l'ordinateur (m)	computer
l'ouvre-boîtes (m)	can opener
le papier	paper
le parapluie	umbrella
les patins à roulettes (m)	roller skates
les peluches (f)	lint
le plastique	plastic
la porcelaine	china, porcelain
le porte-feuille	wallet
le produit	product
le rasoir	razor (to shave)
le réveille-matin	alarm clock
le sac	bag
le sac à dos	backpack
le sac de rangement	storage bag
le scotch	tape
le sèche-cheveux	hair dryer
le siècle	century
le sol	ground
le tapis	rug
le terrain	lot, field
le tissu	fabric
le trombone	paperclip
la vaisselle	dishes
la valise	suitcase
le vélo	bike
le verre	glass
le vide-grenier	garage sale

Adjectives:

annulé(e)	cancelled
autocollant(e)	self-adhesive
aveugle	blind
carré(e)	square
compliqué(e)	complicated
confortable	comfortable
durable	lasting
efficace	efficient
facile	easy
génial(e)	great, brilliant
gratuit(e)	free
imperméable	waterproof
incassable	unbreakable
jetable	disposable
lavable	washable
léger, légère	light
lourd(e)	heavy
malvoyant(e)	visually impaired
maniable	easy to handle
neuf, neuve	new
plat(e)	flat
pratique	convenient
propre	clean
puissant(e)	powerful
rond(e)	round
utile	useful
vide	empty

Adjectives for colors:

blanc, blanche	white
bleu(e)	blue
gris(e)	grey
jaune	yellow
marron	brown
noir(e)	black
orange	orange
rose	pink
rouge	red
vert(e)	green

Verbs:

améliorer	to improve
chercher	to look for
chiner	to shop at second-hand stores
couper	to cut
couvrir	to cover
cuisiner	to cook
déranger	to bother, to annoy
enlever	to take out
éviter	to avoid
fermer	to close
garder	to keep
griller	to grill
laver	to wash
marchander	to bargain, to haggle
nettoyer	to clean
ouvrir	to open
permettre	to allow
porter	to carry
protéger	to protect
ranger	to clean up, to tidy up
salir	to soil
se sentir	to feel
se servir de	to use
sécher	to dry
server à	to be used for something
tenir	to hold
voler	to steal or to fly (2 meanings)

Some words and expressions:

à cause de	because of
à quoi ça sert ?	what is it used for ?
bon marché	cheap
ça marche	it works
ça se lave	it can be washed
extrêmement	extremely
grâce à	thanks to
pratiquement	practically
quelque chose	something
sans cesse	incessantly, constantly

11 VACANCES EN FRANÇAIS

> **We will set some goals for improving our French through various activities.**

1. EN FRANÇAIS !

A. Cette femme a décidé de faire un voyage pour découvrir Paris et pour mettre en pratique ce qu'elle a appris en cours de français.

▶ À votre avis, est-il indispensable de voyager dans un pays francophone pour améliorer son français ?

▶ En avez-vous déjà fait l'expérience ?

▶ Selon vous, la culture et la langue sont-elles forcément liées ?

B. Existe-t-il d'autres stratégies pour pratiquer le français en dehors de la classe ? Complétez cette liste.

- Lire des BD en français : « Les aventures de Tintin », par exemple.

- Organiser un échange linguistique avec un francophone.

- Consulter des pages Internet en français.

...

C. Par petits groupes, demandez-vous quelles activités vous avez déjà faites.

● Est-ce que vous avez déjà écouté des chansons françaises ?
○ Moi, jamais !
■ Moi, oui.
● Ah oui ? Quelles chansons ?

2. APPRENDRE AUTREMENT

A. Observez ce site Internet et, par petits groupes, choisissez votre proposition préférée et décidez laquelle vous paraît...

▶ ... la plus étonnante.
▶ ... la plus efficace pour progresser en français.
▶ ... la plus agréable.
▶ ... la plus difficile.
▶ ... la meilleure.

TOUJOURS EN FRANÇAIS

Apprenez le français efficacement ! Nous vous proposons une grande variété de séjours linguistiques pour faire des progrès en français : cours de langue standards, intensifs ou spécialisés.

FRANÇAIS + VACANCES EN FAMILLE

Le matin, vous pourrez suivre des cours de français adaptés à vos besoins. La méthode d'enseignement est ludique et interactive. Tous les après-midi seront libres. Vous pourrez vous détendre en famille ou participer à des activités proposées par l'école.

+ D'INFOS

FRANÇAIS + TRAVAIL

Idéal pour améliorer votre niveau de français et pour acquérir en même temps une expérience professionnelle internationale dans les secteurs de l'hôtellerie, du tourisme et des métiers de l'accueil.

+ D'INFOS

FRANÇAIS + THÉÂTRE

Programme spécial du mois de juillet en immersion totale au sein d'une troupe de théâtre amateur. Vous vivrez 24 heures sur 24 avec les membres de la troupe. Vous ferez un travail sur le corps et la voix, sur la mémoire et l'improvisation. À la fin du séjour, votre troupe présentera son travail en public.

+ D'INFOS

AUTRES FORMULES
Français + yoga
Français + pêche
Séjours à la carte : vous avez un besoin, un désir particulier ? Nous vous proposons la formule la mieux adaptée à vos désirs. N'hésitez pas à nous contacter.

B. À deux, imaginez d'autres formules puis présentez-les à la classe. Lesquelles sont les plus originales ?

C. Quelles formules ont choisi ces personnes ? Écoutez et complétez le tableau.

Track 39

	Formule	Quand	Où	Opinion
1er témoignage				
2e témoignage				
3e témoignage				

3. À CHACUN SA TECHNIQUE !

A. Répondez spontanément à ce questionnaire. Trouvez ensuite votre profil d'apprenant au moyen de la grille proposée au-dessous.

Vous connaissez-vous ?

1. Le professeur prononce un mot nouveau.

a. Je demande au professeur de répéter le mot puis je le répète à voix basse pour le retenir.

b. Je demande au professeur d'écrire le mot au tableau.

c. Je demande au professeur d'utiliser ce mot dans une phrase.

2. J'écoute une conférence.

a. Je préfère écouter sans prendre de notes, j'ai une bonne mémoire !

b. Je prends beaucoup de notes.

c. Je n'aime pas les conférences, je trouve souvent le temps long !

3. Quand j'utilise un nouvel appareil (un ordinateur, un appareil photo, un téléphone portable, etc.)...

a. je demande à quelqu'un de m'expliquer son fonctionnement.

b. je lis attentivement le mode d'emploi et j'essaie de bien comprendre son fonctionnement.

c. j'appuie sur tous les boutons pour voir comment il fonctionne.

4. Je n'arrive pas à bien comprendre l'usage du passé composé.

a. J'ai besoin d'écouter de nombreux récits au passé composé.

b. J'ai besoin d'un bon résumé de grammaire.

c. On ne peut pas faire un jeu pour mieux comprendre ?

5. Quelqu'un me demande où se trouve la gare.

a. Je lui explique le chemin en détails.

b. Je dessine le trajet sur un bout de papier, comme ça la personne ne se perdra pas.

c. Si ce n'est pas loin, j'accompagne la personne.

6. J'ai du mal à prononcer un mot.

a. Je le prononce plusieurs fois en m'écoutant le prononcer.

b. Je regarde bien comment il s'écrit et j'essaie de le prononcer.

c. J'ai compris son sens et je sais comment l'utiliser, c'est le plus important !

7. Je dois faire un exposé oral.

a. Pas de problème, j'ai le plan dans ma tête.

b. Mon texte est écrit sur un papier, c'est plus sûr !

c. Je tiens un objet (stylo, crayon, trombone...) dans mes mains. Ça me calme !

8. Un nouvel élève / nouveau collègue arrive, il a l'air sympa.

a. Je lui demande comment il s'appelle.

b. Je lui souris et je l'observe attentivement.

c. Je vais vers lui et je lui serre la main.

9. Je regarde une série française sur Internet.

a. J'écoute plusieurs fois les scènes difficiles à comprendre.

b. Si c'est très difficile, j'affiche les sous-titres en français.

c. J'ai choisi une série policière parce qu'il y a une intrigue à résoudre.

10. Je crois que j'apprends mieux une langue...

a. si j'écoute des chansons, si je vois des reportages, si je participe à des conversations.

b. si je lis et j'écris beaucoup.

c. si je fais des jeux, si je change souvent d'activité et si j'applique mes connaissances.

Vous avez une majorité de a.
Vous traitez l'information principalement par l'écoute. Vous préférez les activités pédagogiques où vous pouvez faire de l'écoute active, communiquer, écouter de la musique ou des narrations.

Vous avez une majorité de b.
Vous traitez l'information principalement par la vue. Vous préférez les activités pédagogiques où vous pouvez prendre des notes, lire ou visionner des vidéos.

Vous avez une majorité de c.
Vous traitez l'information principalement par l'action. Vous préférez les activités pédagogiques où vous pouvez construire, manipuler ou vivre des expériences personnelles.

B. Commentez vos résultats avec des camarades. Apprenez-vous de la même manière ?

● Moi, j'ai une grande majorité de a, j'apprends surtout par l'écoute.

○ Eh bien, moi, j'apprends plutôt par l'action, j'ai besoin de bouger.

4. QUAND TOUT À COUP...

Track 40

A. Trois personnes racontent des anecdotes à propos de leur apprentissage du français. Écoutez et prenez des notes.

	Expérience	Problème	Solution
1er témoignage			
2e témoignage			
3e témoignage			

B. Et vous, avez-vous vécu une expérience semblable ? Comment avez-vous fait ?

5. QUI SUIS-JE ?

A. Complétez ces phrases sur une feuille de papier que vous donnerez ensuite à votre professeur.

> En classe de français :
> J'ai besoin de... et... et... pour me sentir à l'aise.
> J'ai parfois envie de... et de...
> J'ai du mal à... et je n'arrive pas encore bien à...
> J'essaie de... pour améliorer...

B. Le professeur va lire les phrases de vos camarades. Pouvez-vous deviner qui les a écrites ?

C. Y a-t-il un camarade avec les mêmes besoins ou envies que vous ?

6. PRÉDICTIONS POUR RIRE !

A. Vous allez « lire » la main d'un camarade et improviser quelques prédictions sur la place du français dans sa vie.

- Tu rencontreras un Français dans quelques années et tu partiras vivre à Paris. Tu écriras un roman policier en français...

B. Quelles prédictions aimeriez-vous voir se réaliser et lesquelles non ?

- J'aimerais bien écrire un roman en français, mais je n'aimerais pas du tout partir vivre à Paris.

LE PRÉSENT, LE PASSÉ COMPOSÉ ET LE FUTUR

Le présent de l'indicatif peut indiquer :

▶ une situation présente.
- **Il fait** froid ce matin !
- Brrrrr, oui, drôlement froid !

▶ une action en cours de réalisation.
- **Tu fais** quoi ?
- **Je fais** mes devoirs.

▶ une action habituelle dans le présent.
Je sors avec mes amis tous les vendredis.

Le passé composé indique une action qui s'est produite avant le moment où l'on parle.

- Dimanche dernier, **j'ai fait** 50 kilomètres en VTT.
- Ouah ! Tu es en forme !

Le futur indique une action qui se passera après le moment où l'on parle.

- L'été prochain, **nous irons** sur la Côte d'Azur.
- La Côte d'Azur ? Super !

EXPRESSIONS TEMPORELLES

PASSÉ	PRÉSENT	FUTUR
hier	aujourd'hui	demain
hier matin	ce matin	demain matin
avant-hier	–	après-demain
il y a deux jours	–	dans deux jours
la semaine dernière	cette semaine	la semaine prochaine
le mois dernier	ce mois-ci	le mois prochain
il y a 50 ans	cette année	dans 50 ans

7. COMMENT TU RÉAGIS... ?

Track 41

A. Fred et Camille répondent au test d'un magazine. Trouvez leurs réponses.

Êtes-vous trop complaisant(e) ?

1. Vous êtes dans le train et vous lisez le journal. Un homme s'assoit à côté de vous et se met à lire votre journal par-dessus votre épaule. Comment réagissez-vous ?
a. Vous **lui** offrez votre journal.
b. Vous ne **lui** dites rien, mais vous **lui** lancez un regard méchant.
c. Cela ne vous gêne pas : vous **lui** permettez de lire avec vous.
d. Autres réactions : ...

2. Vous faites la queue à la caisse. Juste au moment où vous allez poser vos achats, une dame **vous** passe devant. Comment réagissez-vous ?
a. Vous protestez énergiquement et vous **lui** dites de se remettre derrière vous.
b. Vous ne **lui** dites rien.
c. Vous **lui** dites que vous aussi vous êtes très pressé(e).
d. Autres réactions : ...

3. Le matin, vous prenez l'ascenseur en même temps que vos voisins.
a. Vous **leur** dites bonjour et vous **leur** parlez du temps qu'il fait.
b. Vous **leur** demandez s'ils ont bien dormi.
c. Vous **leur** souriez mais vous ne **leur** parlez pas.
d. Autres réactions : ...

4. Vous êtes très bon(ne) en mathématiques : deux camarades de classe vous demandent s'ils peuvent copier votre devoir.
a. Vous êtes indigné(e) et vous **leur** conseillez d'étudier plus.
b. Vous savez qu'ils ont des difficultés en classe, alors vous **leur** proposez de les aider pour leurs devoirs.
c. Vous **leur** permettez de copier votre devoir.
d. Autres réactions : ...

	1	2	3	4
Fred				
Camille				

B. Que pensez-vous de ces comportements ? Ces étudiants vous semblent-ils mal élevés ? Discutez-en entre vous.

C. Observez les mots en gras dans le test du magazine. Il s'agit de pronoms personnels compléments d'objet indirect (COI). Comment s'utilisent-ils ?

EXPRIMER UN BESOIN

▶ **Avoir besoin de** + nom / infinitif
*Les maths sont difficiles et **j'ai besoin de temps** pour assimiler.*
*Pour progresser en français, **j'ai besoin de faire** beaucoup d'exercices d'expression orale.*

EXPRIMER UNE ENVIE

▶ **Avoir envie de** + infinitif / nom
● *J'ai envie de visiter Paris : la tour Eiffel...*
○ *Oui, moi aussi, **j'ai envie de vacances** en France.*

EXPRIMER UNE DIFFICULTÉ

▶ **Avoir du mal à** + infinitif
*J'ai du mal à **comprendre** les films en version originale.*
▶ **Ne pas arriver à** + infinitif
*Je **n'arrive pas à faire** cette activité.*

DÉCRIRE DES EFFORTS

▶ **Essayer de** + infinitif
● *Vous faites quoi pour progresser en français ?*
○ *Moi, **j'essaie de** lire régulièrement en français, mais c'est difficile !*

LES PRONOMS COI

à moi	me / m'	à nous	nous
à toi	te / t'	à vous	vous
à lui	lui	à eux	leur
à elle	lui	à elles	leur

● *Il faudrait téléphoner à Nadia pour la prévenir de notre arrivée.*
○ *D'accord, je **lui** téléphone ce soir.*

● *Eh, tu **m'**écoutes quand je **te** parle !*
○ *Oui oui, bien sûr ! Qu'est-ce que tu as dit ?*

8. L'HEURE DU BILAN A SONNÉ !

A. Sur une feuille de papier, recopiez et complétez le tableau avec quatre activités pour utiliser le français en dehors de la classe et les difficultés que vous avez rencontrées.

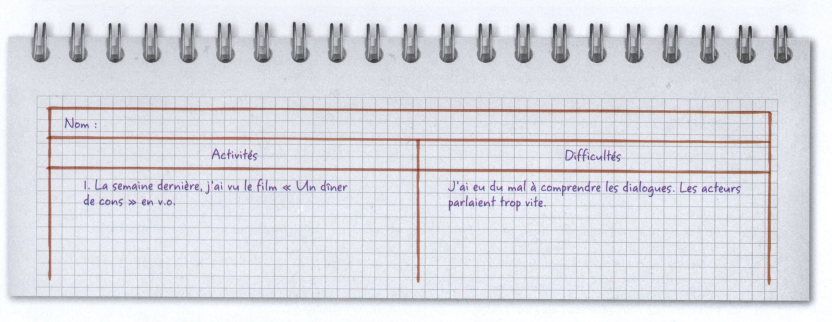

Nom :	
Activités	**Difficultés**
1. La semaine dernière, j'ai vu le film « Un dîner de cons » en v.o.	J'ai eu du mal à comprendre les dialogues. Les acteurs parlaient trop vite.

B. Formez des petits groupes et échangez vos feuilles. Vous allez donner des conseils aux camarades qui ne sont pas dans votre groupe.

- Daniela a des difficultés à comprendre les films en v.o.
- On peut lui recommander de voir les films sous-titrés en francais.
- Ou bien d'écouter souvent la radio française pour...

C. Présentez vos conseils à la classe, puis établissez une liste résumant les difficultés les plus fréquentes de la classe et les solutions que vous proposez. Affichez cette liste dans la classe.

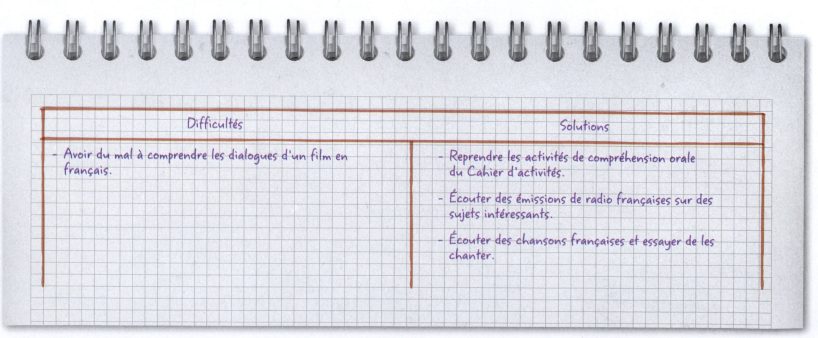

Difficultés	Solutions
- Avoir du mal à comprendre les dialogues d'un film en français.	- Reprendre les activités de compréhension orale du Cahier d'activités. - Écouter des émissions de radio françaises sur des sujets intéressants. - Écouter des chansons françaises et essayer de les chanter.

D. Reprenez le tableau de l'activité A que vous avez complété et trouvez les solutions à vos difficultés dans la liste affichée. Établissez ensuite un planning mensuel d'activités visant à améliorer votre niveau de français.

LUNDI	MARDI	MERCREDI	JEUDI	VENDREDI	SAMEDI	DIMANCHE
1	**2** me connecter à www. rond-point.emdl.fr	**3**	**4** échange linguistique avec Pierre	**5** aller à la bibliothèque pour lire quelques BD en français	**6**	
7 écouter la radio en français	**8**	**9** me connecter à www. rond-point.emdl.fr	**10** reprendre les activités de compréhension orale du Cahier	**11** voir un film en français	**12**	**13**
14 écouter la radio en français	**15**	**16** me connecter à www. rond-point.emdl.fr	**17**	**18** échange linguistique avec Pierre	**19** aller à la bibliothèque pour lire quelques BD en français	**20**
21	**22**	**23** me connecter à www. rond-point.emdl.fr	**24** reprendre les activités de compréhension orale du Cahier	**25** voir un film en français	**26**	**27**
28	**29**	**30** me connecter à www. rond-point.emdl.fr	**31**			

strategies ✖

Doing something you enjoy on a regular basis, and doing it in French, is a good way to learn and sustain your motivation to learn.

E. Présentez votre planning d'activités à vos camarades. Peut-être trouverez-vous des compagnons pour réaliser ces activités.

Une France pour tous

Plus de 100 000 personnes viennent chaque année en France suivre « en immersion » des cours de français. Le choix est vaste, il y en a pour tous les goûts : formules sportives, culturelles ou gastronomiques. Voici quelques exemples pour vous aider à vous décider.

Pour les fans de sports : le Tour de France.

Depuis plus de 100 ans, chaque année au mois de juillet, des centaines de cyclistes parcourent la France en une vingtaine d'étapes physiquement très éprouvantes. Le Tour se termine sur la célèbre Avenue des Champs- Élysées à Paris. Cet événement est très populaire et l'on vient, entre amis ou en famille, sur les bords des routes pour encourager les coureurs.

Pour les fans de culture : le musée du Louvre.

Ce musée est un ancien palais royal devenu musée en 1793. Il renferme des œuvres d'art d'époques et de cultures très diverses : des antiquités orientales, égyptiennes, grecques et romaines, des peintures du Moyen Âge et de la Renaissance, etc. Le tableau le plus célèbre est, sans aucun doute, *La Joconde* de Léonard de Vinci. Mais c'est aussi au Louvre que vous pourrez admirer *La Vénus de Milo*, *Les Noces de Cana* ou *Le Radeau de la Méduse.* Le musée du Louvre organise également des ateliers, des concerts, des projections de films et des conférences autour des collections et des expositions du musée.

Pour les fans de théâtre : le festival d'Avignon.

Il s'agit d'une des plus importantes manifestations internationales du spectacle vivant contemporain. Chaque année, en juillet, Avignon devient une ville-théâtre. De nombreux spectateurs, souvent en vacances et venus de loin, séjournent plusieurs jours à Avignon et admirent quelques spectacles parmi la quarantaine d'œuvres de théâtre, de danse, d'arts plastiques et de musique.

Pour les fans d'archéologie : la grotte de Lascaux.

Située en Dordogne, la grotte de Lascaux est une grotte paléolithique très importante. Les magnifiques peintures et gravures que l'on peut admirer sur ses parois ont entre 19 000 et 17 000 ans. Cette grotte, qui a été découverte en 1940, a permis de faire de grands progrès dans la connaissance de l'art préhistorique et de nos origines.

Pour les fans de gastronomie : la Champagne.

Située à une heure de train à l'est de Paris, la région Champagne produit un vin exceptionnel de dénomination contrôlée appelé « champagne ». Chaque année, environ 500 000 touristes du monde entier visitent une partie des 200 km de caves qui abritent plus d'un milliard de bouteilles de champagne en cours d'élaboration. La visite d'une cave ou d'une crayère d'Épernay ou de Reims vous permettra de connaître quelques secrets de fabrication du champagne.

9. NOTRE CHOIX

Par petits groupes, choisissez l'une des formules proposées et cherchez des renseignements supplémentaires pour réaliser un panneau informatif qui sera affiché en classe.

11 VACANCES EN FRANÇAIS

THE PRESENT, THE PASSÉ COMPOSÉ AND THE FUTURE

The present

The present indicative is used to talk about:

▶ a current situation
- ● *Il fait froid ce matin !*
- ○ *Brrrrr, oui drôlement froid !*

▶ an action in process at the moment
- ● *Matéo, fais tes devoirs !*
- ○ *Oh, maman, s'il te plaît, je regarde un film génial. Je ferai mes devoirs après.*

▶ a routine action in the present
- ● *Est-ce que tu travailles le matin ?*
- ○ *Oui, je travaille tous les jours de 8 h à 12 h.*

▶ the quality or the state of something or someone
- *C'est une belle femme et elle sait très bien s'habiller.*

The *passé composé*

The *passé composé* relates something that happened before the present moment. With the *passé composé*, you can talk about a past experience or tell a story.

- ● *L'année dernière, avec Didier, on est allés en vacances à Madagascar.*
- ○ *Madagascar ! Quelle chance !*

- ● *Dimanche dernier, j'ai fait 50 kilomètres en VTT.*
- ○ *Ouah, tu es en forme !*

- ● *Tu es né ici ?*
- ○ *Non, je ne suis pas né ici mais j'y suis arrivé avec ma famille à l'âge de 3 ans.*

The future

The future is used to talk about actions that will happen after the present moment. The future can be used to forecast something, to make a promise or to commit to something.

- ● *L'été prochain, nous irons sur la Côte d'Azur.*
- ○ *La Côte d'Azur ! Super !*

- ● *Le week-end prochain, je viendrai te voir.*
- ○ *Parfait, on mangera dans le jardin.*

Tu pourras acheter du pain, s'il te plaît ?

You can also use the future to give orders.

Vous prendrez un cachet trois fois par jour après chaque repas.

EXPRESSIONS OF TIME

PASSÉ	PRESENT	FUTURE
hier	aujourd'hui	demain
hier matin	ce matin	demain matin
hier midi	ce midi	demain midi
hier après-midi	cet après-midi	demain après-midi
hier soir	ce soir	demain soir
avant-hier	–	après-demain
il y a deux jours	–	dans deux jours
le week-end dernier	ce week-end	le week-end prochain
la semaine dernière	cette semaine	la semaine prochaine
le mois dernier	ce mois-ci	le mois prochain
l'année dernière	cette année	l'année prochaine
il y a 50 ans		dans 50 ans

TALKING ABOUT SOMETHING WE STRUGGLE WITH

▶ *Avoir du mal à* + infinitive
J'ai du mal à me rappeler toutes les conjugaisons des verbes français !

J'ai du mal à comprendre les films en version originale.

This expression means that you have a hard time doing something. It could be translated as "it is difficult for me to" + verb.

▶ *Ne pas arriver à* + infinitive
- ● *Est-ce que tu arrives à faire cet exercice ?*
- ○ *Non, je n'y arrive pas.*

This expression means that you are trying to do something but you just can't do it. It conveys a certain frustration as its English version "I just can't do it!"

EXPRESSING WHAT YOU NEED : AVOIR BESOIN DE + INFINITIVE / NOUN

Pour progresser en français, j'ai besoin de faire beaucoup d'exercices d'expression orale.
Les maths sont difficiles et j'ai besoin de temps pour assimiler.

EXPRESSING WHAT YOU FEEL LIKE : AVOIR ENVIE DE + INFINITIVE / NOUN

- ● *J'ai envie de visiter Paris : la tour Eiffel, le quartier latin…*
- ○ *Oui, moi aussi, j'ai très envie de connaître Paris : Montmartre, Notre-Dame…*

- ● *Pour les vacances, nous avons envie de calme et de soleil.*
- ○ *Allez en Corse, c'est un endroit parfait pour ça.*

DESCRIBING EFFORTS : ESSAYER DE + INFINITIVE

- ● *Qu'est-ce que vous faites pour progresser en français ?*
- ○ *Moi, j'essaie de lire régulièrement en français mais c'est compliqué !*
- ■ *Moi, j'essaie de faire tous les devoirs mais j'ai pas toujours le temps.*

INDIRECT OBJECT PRONOUNS

Indirect object pronouns replace people's names when they are preceded by the preposition *à*.

à moi	à toi	à lui	à elle
me / m'	te / t'	lui	lui
à nous	à vous	à eux	à elles
nous	vous	leur	leur

- ● *Tu parles toujours en français à ton fils ?*
- ○ *Oui, je lui parle toujours en français.*

- ● *Il faudrait téléphoner à Nadia pour la prévenir de notre arrivée.*
- ○ *D'accord, je lui téléphone ce soir.*

- ● *Eh, tu m'écoutes quand je te parle ?*
- ○ *Oui oui, bien sûr ! Qu'est-ce que tu as dit ?*

In the negative, *ne* is placed before the pronoun and *pas* is placed after the verb or after the auxiliary in composed tenses.

- ● *As-tu demandé à Victor et Carmen de garder le chien pendant notre absence ?*
- ○ *Non, je ne leur ai pas encore demandé.*

VOCABULAIRE

Nouns:

les achats (m)	purchases
l'an (m), l'année (f)	year
l'apprentissage (m)	process of learning
l'ascenseur (m)	elevator
l'atelier (m)	workshop
la B.D. (bande dessinée)	comics
le besoin	need
la bouteille	bottle
la caisse	cash register
le choix	choice
le comportement	behavior
le conseil	advice
le coureur, la coureuse	racing athlete
le, la cycliste	bike rider
l'échange (m)	exchange
l'envie (f)	desire
l'exposition (f)	exhibition
le, la fan	fan
la formule	formula
le film en v.o.	film in its original language
le, la francophone	French speaker
la gravure	engraving, carving
la grotte	cave
le jour	day
le matin	morning
le mois	month
le monde entier	entire world
le musée	museum
l'œuvre d'art (f)	art work
la peinture	painting
le palais royal	royal palace
le regard	look
le renseignement	information
le séjour linguistique	vacation in a country to learn the language
la semaine	week
le spectacle	show, spectacle
le spectateur, la spectatrice	spectator
le tableau	painting
le témoignage	testimony
le théâtre	drama, theater
le voisin, la voisine	neighbor

Adjectives:

ancien, ancienne	ancient
célèbre	famous
complaisant(e)	obliging
contemporain(e)	contemporary
culturel, culturelle	cultural
découvert(e)	discovered
dernier, dernière	last
difficile	difficult
efficace	efficient
éprouvant(e)	trying, testing
étonnant(e)	surprising
facile	easy
fréquent(e)	frequent
gastronomique	gastronomic
indigné(e)	outraged
libre	free
lié(e)	linked
ludique	playful, fun
méchant(e)	mean
populaire	popular
pressé(e)	in a hurry
prochain(e)	next
semblable	similar
situé(e)	located
sous-titré(e)	subtitled
sportif, sportive	athletic
vivant(e)	living

Verbs:

aider	to help
améliorer	to improve
chanter	to sing
conseiller	to advise
consulter	to consult, to look up
copier	to copy
décider	to decide
découvrir	to discover
devenir	to become
encourager	to encourage
essayer	to try
gêner	to bother
lancer	to throw
offrir	to offer
permettre de	to allow
poser	to put something down
réagir	to react
rire	to laugh
se connecter	to connect
se mettre à	to start doing something
séjourner	to sojourn, to stay

sourire	to smile
venir	to come
vivre	to live

Some words and expressions:

après-demain	the day after tomorrow
aujourd'hui	today
avant-hier	the day before yesterday
avoir besoin de	to need
avoir du mal à	to have trouble doing something
avoir envie de	to feel like
bien élevé(e)	well mannered
chaque	each
chaque année	each year
chaque jour	each day
dans	in
demain	tomorrow
derrière	behind
devant	in front of
efficacement	efficiently
énergiquement	vigorously
entre	between
faire la queue	to stand in line
faire des progrès	to improve, to make progress
forcément	inevitably, necessarily
hier	yesterday
il y a	ago (can also mean there is)
mal élevé(e)	rude
ne pas arriver à	to have trouble doing something
parfois	sometimes
sans aucun doute	without a doubt
tout à coup	all of a sudden

12 PETITES ANNONCES

http://www.immobilier-location.nrp/colocataires/Montreal

Immobilier-location

ACCUEIL | **AFFICHER UNE ANNONCE** | **COLOC ALERTE** | **PROMO DU JOUR**

Qui sera notre 4ᵉ coloc' ?

Infos personnelles : Sarah, femme, 23 ans, non fumeuse
Loyer : 450 $
Logement : Maison à Prévost (Montréal)

Description générale :
Recherche un coloc pour partager maison à Prévost, bel emplacement, tout près du petit train du nord. Je fais de la danse classique. Je partage déjà la maison avec deux autres personnes : Kate, 20 ans, vendeuse, et Andreï, 28 ans, intermittent du spectacle. Nous nous entendons très bien, nous sommes sympas et faciles à vivre. Nous cherchons une personne sérieuse mais aimant quand même faire la fête de temps en temps. Nous sommes tous les trois plutôt matinaux.

Urgent !

Infos personnelles : Emma, femme, 28 ans, non fumeuse
Loyer : 440 $
Logement : Chambre à louer à Montréal

Description générale :
Meublé dans Notre-Dame-de-Grâce, près de la station de métro Vendôme. Inclus : WIFI, chauffage, machine à laver, frigo et cuisinière. Je voyage beaucoup pour mon travail et suis à l'appartement trois nuits par semaine seulement. Je fais de la méditation. Je ne supporte ni la musique techno ni les gens bruyants.

Vous cherchez une coloc' ?

Infos personnelles : Camille, femme, 20 ans, non fumeuse
Loyer : 425 $
Logement : Chambre à louer dans la Petite-Patrie

Description générale :
Grande chambre non meublée, avec armoire. Appartement très mignon situé dans la Petite-Patrie, à 15 minutes à pied du métro Rosemont. Je cherche une colocataire, étudiante de préférence, calme et sérieuse, non fumeuse. Je suis étudiante en journalisme, j'aime l'histoire, j'adore le jazz et regarder la télé. J'ai un chat, Eurasie. J'aime l'ordre et la propreté.

Cherche colocataire !

Infos personnelles : Marie, femme, 30 ans, fumeuse
Loyer : 520 $
Logement : Chambre disponible dans grand appartement

Description générale :
Je cherche un colocataire pour occuper chambre double au rez-de-chaussée. Grand et bel appartement, près du métro Jarry, avec garage et jardin. Colocataire étudiant(e) ou dans la vie active. Je travaille à la maison, le désordre ne me dérange pas, mais le bruit m'irrite. Je suis assez facile à vivre, j'adore la musique brésilienne, cuisiner et sortir.

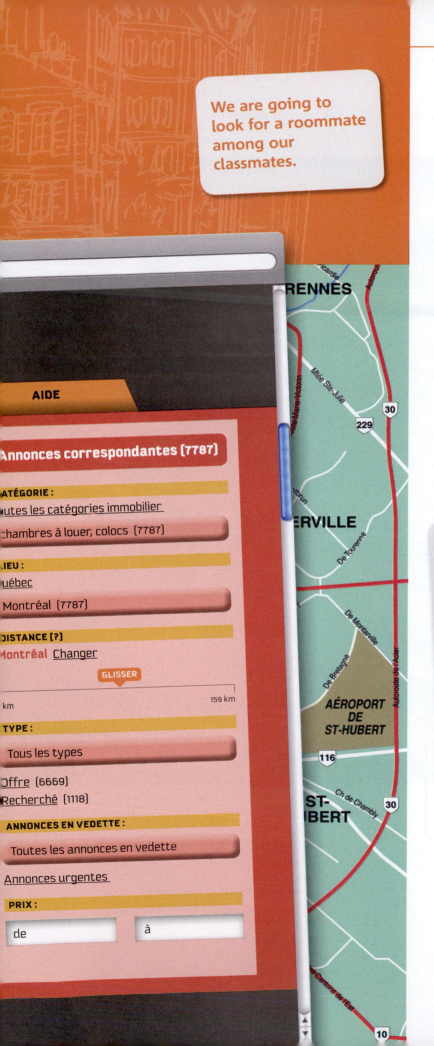

1. CHERCHE COLOC'

A. Ces quatre femmes cherchent un(e) colocataire à Montréal. Lisez leurs petites annonces et indiquez sur la photo de chacune leur prénom.

B. Avec qui préféreriez-vous habiter ?

● Moi, je préférerais habiter avec Camille, parce qu'elle est étudiante comme moi et non fumeuse.
○ Pas moi ! Je préférerais habiter avec...

2. VOTRE STAR AU JOUR LE JOUR

A. Lisez cette interview de la chanteuse Lara Salan et complétez les phrases sous le document.
Avez-vous des points communs avec Lara ? Lesquels ?

INTERVIEW

LARA SALAN

Rencontre avec une chanteuse révoltée
qui aime les sensations fortes !

Lara, quand vous n'êtes pas sur scène, que faites-vous ?
Eh bien, vous savez, dans ce métier, on a besoin de se retrouver seul avec soi même. Il faut se protéger de la surmédiatisation. Donc, quand j'ai du temps pour moi, je m'occupe de ma ferme dans le Gers et puis, j'ai une grande passion pour l'eau, la mer, le soleil. Dès que je peux, je vais à la mer.

Qu'est-ce que vous aimez particulièrement ?
J'aime la vie de famille, les enfants, cuisiner. J'adore accueillir des amis autour d'un bon plat. Il n'y a rien de plus agréable qu'une bonne table avec des amis et des rires. C'est si bon de retrouver des gens qu'on aime.

On dit que vous êtes une révoltée... Qu'en pensez-vous ?
J'ai l'air calme, mais oui, je me sens profondément révoltée. Je supporte mal le système qu'on nous impose, alors j'écris beaucoup.

Écrire, ça vous permet d'extérioriser votre révolte ?
Oui, j'ai besoin de l'écriture pour cela. Et comme je suis souvent impatiente et nerveuse, j'ai besoin de dépenser mon énergie, alors je fais du deltaplane et du saut à l'élastique. J'adore les sensasions fortes.

Qu'est-ce que vous détestez ?
Je n'aime pas les hypocrites, ces gens qui ont l'air sympathiques mais qui vous trompent. Je ne supporte pas qu'on me donne des ordres et il y a plein de petits détails qui me dérangent.

Comme quoi, par exemple ?
La fumée, le bruit des voitures en ville et... mon voisin !

1. Elle adore ....

2. Elle déteste ....

3. Elle fait souvent ....

4. Elle supporte mal ....

B. Comment décririez-vous le caractère de Lara Salan ?

● Elle a l'air facile à vivre.
○ En tout cas, elle a l'air dynamique parce qu'elle a plein d'énergie...

- sociable
- amusante
- sympa(thique)
- antipathique
- tolérante
- conviviale
- dynamique
- sérieuse
- rigide
- timide
- ouverte
- intelligente
- irritable
- calme

3. ÉCHANGES D'APPARTEMENTS

A. Regardez cette annonce d'échange d'appartements. Identifiez chaque pièce sur les photos.

Réf # : 3999

Échange appartement à Lyon contre appartement à Madrid.

Notre appartement est grand : 150 m^2 + jardin 25 m^2. Il est calme et ensoleillé. C'est un F3. Il y a une salle à manger-cuisine, une salle de bains et un W.C. Situé au centre-ville. Libre au mois d'août.

B. Écoutez la conversation entre le propriétaire de cet appartement et une personne intéressée. Complétez les notes de cette dernière.

Track 1

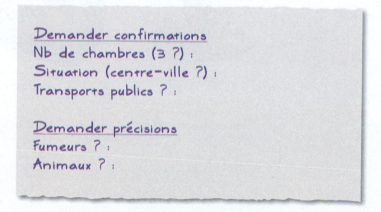

Demander confirmations
Nb de chambres (3 ?) :
Situation (centre-ville ?) :
Transports publics ? :

Demander précisions
Fumeurs ? :
Animaux ? :

C. Lisez ce courriel. Finalement, quelle décision prend la personne intéressée ? Pourquoi ?

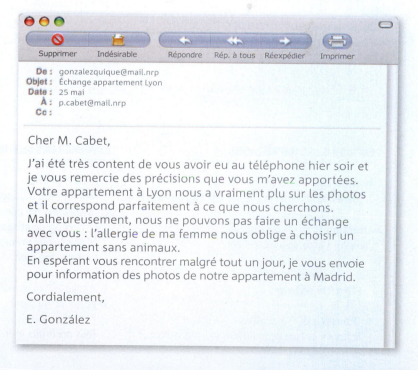

Supprimer — Indésirable — Répondre — Rép. à tous — Réexpédier — Imprimer

De : gonzalezquique@mail.nrp
Objet : Échange appartement Lyon
Date : 25 mai
À : p.cabet@mail.nrp
Cc :

Cher M. Cabet,

J'ai été très content de vous avoir eu au téléphone hier soir et je vous remercie des précisions que vous m'avez apportées. Votre appartement à Lyon nous a vraiment plu sur les photos et il correspond parfaitement à ce que nous cherchons. Malheureusement, nous ne pouvons pas faire un échange avec vous : l'allergie de ma femme nous oblige à choisir un appartement sans animaux.
En espérant vous rencontrer malgré tout un jour, je vous envoie pour information des photos de notre appartement à Madrid.

Cordialement,

E. González

4. MOI, JE M'ENTENDRAIS BIEN AVEC...

A. Complétez cette fiche avec la description d'une personne de votre entourage (un ami, un cousin, une sœur, un frère...).

Prénom : ....

Âge : ....

Il / Elle adore...
....

Il / Elle déteste...
....

Ce qui le / la gêne beaucoup...
....

Ce qui ne le / la dérange pas beaucoup...
....

Il / Elle fait / lit / regarde... souvent / jamais...
....

B. Ensuite, par groupes de quatre, chacun lit à haute voix cette description et les autres doivent décider s'ils s'entendraient bien avec cette personne ou non.

● Moi, je m'entendrais bien avec... parce que...

EXPRIMER DES IMPRESSIONS

▶ **Avoir l'air** + adjectif
Elle a l'air ouverte. (= Elle semble être ouverte.)

Attention !
L'adjectif s'accorde avec le sujet.

Il a l'air sérieux.
Elle a l'air sérieuse.

▶ **Trouver** + COD + adjectif
Je trouve ce type antipathique. (= Il me semble...)

EXPRIMER DES SENTIMENTS

Le bruit **m'irrite**.
La fumée **me dérange**.
La pollution **me gêne**.
Le maquillage **m'agace**.
La tranquillité **m'énerve**.
La danse **me plaît**.

Si le sujet est au pluriel, le verbe se conjugue à la 3e personne du pluriel.

Tous ces bruits m'énervent.

Pour mettre en relief le sujet, on peut le placer en tête de phrase, suivi de **ça**.

Le bruit, ça **m'irrite**.

EXPRIMER L'INTENSITÉ

Qu'est-ce que c'est sombre !
Je le trouve **tellement** beau !
Elle est **si** belle !
Il est vraiment **trop** drôle. (en langage parlé)

5. VOTRE APPARTEMENT M'INTÉRESSE !

Demandez des précisions concernant cette annonce.

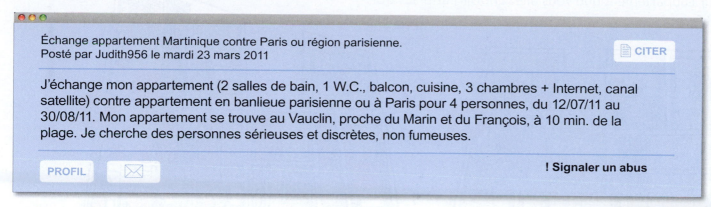

Échange appartement Martinique contre Paris ou région parisienne.
Posté par Judith956 le mardi 23 mars 2011

📄 CITER

J'échange mon appartement (2 salles de bain, 1 W.C., balcon, cuisine, 3 chambres + Internet, canal satellite) contre appartement en banlieue parisienne ou à Paris pour 4 personnes, du 12/07/11 au 30/08/11. Mon appartement se trouve au Vauclin, proche du Marin et du François, à 10 min. de la plage. Je cherche des personnes sérieuses et discrètes, non fumeuses.

PROFIL ✉

! Signaler un abus

Je serais intéressé par votre appartement mais j'aimerais en savoir plus...

6. RENCONTRES DE RÊVES !

Échangez avec des camarades à propos de personnes, célèbres ou non...

▶ que vous aimeriez rencontrer.
▶ avec qui vous dîneriez en tête-à-tête.
▶ avec qui vous partiriez volontiers en voyage à l'aventure.

▶ avec qui vous iriez voir un spectacle.
▶ que vous inviteriez chez vous pour Noël.
▶ avec qui vous passeriez bien une semaine de vacances.

● *Moi, j'aimerais rencontrer Anna Gavalda. Ses romans sont trop bien !*
○ *Eh bien moi, je passerais volontiers une semaine avec...*

LE CONDITIONNEL PRÉSENT

je	partir**ais**
tu	aimer**ais**
il / elle / on	pourr**ait**
nous	passer**ions**
vous	inviter**iez**
ils / elles	préférer**aient**

Les terminaisons du conditionnel présent sont les mêmes pour tous les verbes.

Ce temps sert à exprimer un désir.

Je préférerais habiter avec Sonia.
J'aimerais dîner avec Johnny Depp.
J'adorerais passer une semaine de vacances avec Eminem.

Il sert aussi à faire une suggestion, une proposition.

On pourrait chercher un troisième colocataire.
Il pourrait dormir dans la salle à manger.

DEMANDER UNE CONFIRMATION

Vous pourriez me confirmer notre rendez-vous ?
Vous êtes bien M. Henry ?
C'est bien le 06 54 56 87 98 ?

CONFIRMER / INFIRMER UNE INFORMATION

Oui, c'est (bien) ça.
C'est exact.
Exactement.
Tout à fait.

Non, ce n'est pas ça.
Non, c'est faux.
Pas exactement.
Pas du tout.

7. À LA RECHERCHE D'UN APPARTEMENT

A. Vous cherchez un logement. Par groupes de trois, mettez-vous d'accord sur l'appartement que vous allez choisir parmi les trois propositions.

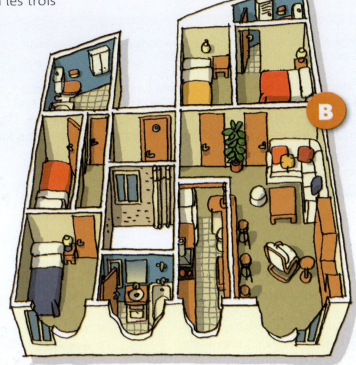

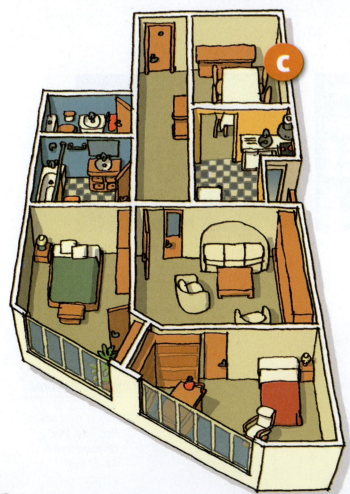

● On pourrait prendre l'appartement de 4 chambres.
○ Non, les chambres sont trop petites, moi je propose...
■ Non, je trouve que...

B. Vous venez de louer l'appartement que vous avez choisi avec vos deux camarades. Décidez comment vous allez partager l'espace et organiser votre cohabitation.

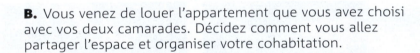
● Moi, je prends cette chambre.
○ Oui, et moi celle-là.
■ Non, je ne suis pas d'accord...

C. Le loyer de votre appartement a beaucoup augmenté. Vous décidez de chercher un quatrième colocataire. Où va-t-il dormir ?

● On pourrait partager une chambre ?
○ Non, je crois qu'on pourrait...

D. Vous avez déjà quelques candidats à la colocation et vous voulez les rencontrer. Préparez ensemble les questions que vous allez leur poser.

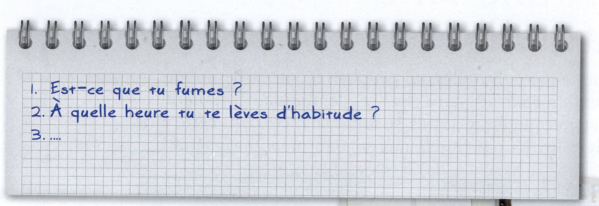

1. Est-ce que tu fumes ?
2. À quelle heure tu te lèves d'habitude ?
3. ....

E. Chacun va rencontrer un camarade d'un autre groupe qui jouera le rôle du candidat à la colocation. Vous allez l'interroger et lui montrer où il va dormir.

● Alors, tu vas partager la chambre de Paola.
○ D'accord, mais...

F. À présent, retrouvez votre groupe d'origine et mettez en commun les réponses des candidats. Décidez avec qui vous voulez partager votre appartement.

G. Maintenant, prévenez par courriel la personne que vous avez sélectionnée.

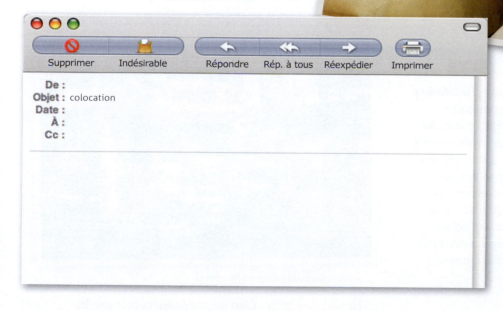

| Supprimer | Indésirable | Répondre | Rép. à tous | Réexpédier | Imprimer |

De :
Objet : colocation
Date :
À :
Cc :

strategies

Skits can be a very good way to practice communicating with others. Coming up with authentic situations and preparing what you would say in those situations are strategies you can use in your learning process.

Montréal : une ville multiculturelle !

Les différentes communautés culturelles qui peuplent Montréal depuis des générations lui donnent un charme bien à elle ! Les communautés italienne, chinoise, portugaise et grecque, entre autres, se sont installées dans cette ville et continuent d'y arriver, lui donnant ainsi un visage cosmopolite original.

▲ Portique chinois dans le quartier chinois.

Le quartier chinois : Il se situe aux portes du centre-ville entre le boulevard Saint-Laurent et la rue Saint-Urbain, au nord du parc du Mont Royal. Vous pouvez y trouver toutes sortes de produits chinois et asiatiques en général, des boutiques et des restaurants.

La Petite Italie : Ce quartier se situe entre le boulevard Saint-Laurent et la rue Saint-Denis, et s'étend jusqu'à la rue Jean-Talon, au nord. On y trouve des cafés, des *trattorias* (petits restaurants) et de nombreux commerces typiquement italiens.

▲ Boulevard Saint-Laurent depuis la rue Dante.

Le quartier portugais : La création de la communauté portugaise remonte au début des années 50 et le quartier portugais s'est formé en moins de dix ans. Il correspond à peu près au quartier Saint-Louis, sur le Plateau Mont-Royal, à deux pas du quartier chinois.

▲ Petite église rue Saint-Urbain.

▲ Fête nationale grecque à Montréal.

Le quartier grec : C'est dans les années 1960 que les immigrants grecs ont commencé à s'installer dans le quartier de Parc-Extension, particulièrement rue Jean-Talon. On y trouve notamment deux églises orthodoxes qui témoignent de l'importance de la communauté grecque à Montréal.

8. MONTRÉAL DE PRÈS

A. Situez chaque quartier sur la carte.

1 Le quartier chinois

2 Le quartier portugais

3 La Petite Italie

4 Le quartier grec

B. Lisez le texte suivant. Cela correspond-il à l'image que vous aviez de Montréal ? Discutez-en avec un camarade.

L'AGGLOMÉRATION DE MONTRÉAL ET SES HABITANTS

L'agglomération de Montréal est composée de seize municipalités, dont la ville de Montréal. Sa population est très diversifiée culturellement puisqu'une personne sur trois est née à l'extérieur du Canada [...]. D'ailleurs Montréal est le principal pôle d'attraction des immigrants. La population immigrante se chiffre à 558 250 personnes et représente 31 % de la population totale de l'agglomération de Montréal. Les Italiens, les Haïtiens et les Chinois y sont les plus nombreux ; les nouveaux arrivants proviennent surtout de la Chine, de l'Algérie et du Maroc. On peut entendre des centaines de langues à Montréal mais 50 % de la population de Montréal peut mener une conversation en français ou en anglais, le français demeurant la langue la plus utilisée, à la maison et au travail.

Source : Profil sociodémographique, Montréal en statistiques, édition mai 2009

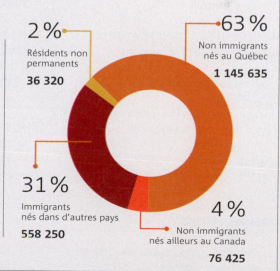

2 % Résidents non permanents 36 320

63 % Non immigrants nés au Québec 1 145 635

31 % Immigrants nés dans d'autres pays 558 250

4 % Non immigrants nés ailleurs au Canada 76 425

12 PETITES ANNONCES

AVOIR L'AIR

▶ The expression **avoir l'air** + adjective enables you to express what you think someone looks like, or what they seem to be like.
Il a l'air content.

Watch out! Usually, the adjective agrees with the subject.

Il a l'air sérieux.
Elle a l'air sérieuse.

▶ Another expression you can use to give your impression of someone is **trouver** + direct object + adjective.
Je trouve Claire très jolie. (= Je la trouve très jolie.)

FEELINGS

To express feelings, you can use verbs such as **irriter**, **agacer**, **déranger**, etc.

*Le bruit **m'irrite**.*
*La fumée **me dérange**.*
*La pollution **me gêne**.*
*Le maquillage **m'agace**.*
*La tranquillité **m'énerve**.*
*La danse **me plaît**.*

If the subject is plural, these verbs will be conjugated in the third person plural.

*Tous ces bruits **m'énervent**.*

To highlight the origin of a feeling, you can state it first, and then immediately use **ça** as the subject.

*Le bruit, **ça** m'irrite.*
*Les films d'action, **ça** me plaît.*

EXPRESSING INTENSITY

Intensity can be communicated in various ways. Here are a few possibilities.

▶ **Qu'est-ce que** + subject/subject pronoun + verb + adjective/adverb
Qu'est-ce que c'est beau !
Qu'est-ce qu'elle est belle !
Qu'est-ce qu'ils sont bons, ces gâteaux !

▶ **Tellement/si** + adjective + adverb
*Je trouve ce garçon **tellement** beau !*
(= Je le trouve tellement beau !)
*C'est une histoire **si** belle !*

Note that **tellement** and **si** mean exactly the same thing and are perfectly interchangeable.
*Je le trouve **si** beau !*
*C'est une histoire **tellement** belle !*

In a more informal way, people often use **trop** + adjective/adverb to express intensity. In such cases, the original meaning of **trop** (**too much**) is slightly modified.
*Tu as vu cet acteur ? Il est vraiment **trop** drôle.*
*Je viens de voir le dernier film avec Marion Cotillard. Elle est vraiment **trop** bien dans son rôle.*

ASKING FOR A CONFIRMATION / CONFIRMING SOMETHING

To confirm something, you can simply use the verb **confirmer**. The question will usually be formulated with the conditional.
***Vous pourriez me confirmer** le rendez-vous de vendredi ?*

Adding the adverb **bien** to the verb also allows you to ask for a confirmation.
*Vous êtes **bien** M. Henry ?*
*C'est **bien** le 06 54 56 87 98 ?*

To confirm something, you can use expressions such as :
Oui, c'est (bien) ça.
C'est exact.
Exactement.
Tout à fait.

To contradict something, you can use expressions such as :
Non, ce n'est pas ça.
Non, c'est faux.
Pas exactement.
Pas du tout.

THE CONDITIONAL

The conditional is a virtual mood, which means that the action is considered to be possible or hypothetical. It is used to express desires and wishes, to make suggestions or to propose things.

▶ Expressing desires
***Je préférerais** habiter avec Sonia.*
***J'aimerais** dîner avec Johnny Depp.*
***J'adorerais** passer une semaine de vacances avec Eminem.*

▶ Suggesting or proposing something
***On pourrait** chercher un troisième colocataire.*
***Il pourrait** dormir dans la salle à manger.*

To ask for something politely, always use the conditional.
*Est-ce que **tu pourrais** me prêter ton stylo ?*
***Pourriez-vous** me confirmer le rendez-vous de vendredi prochain ?*

To form the conditional (regular verbs), take the infinitive of the verb and add the endings of the *imparfait*.

AIMER			
j'aimer	+ ais	= j'aimerais	[ɛ]
tu aimer	+ ais	= tu aimerais	[ɛ]
il/elle/on aimer	+ ait	= il/elle/on aimerait	[ɛ]
nous aimer	+ ions	= nous aimerions	[jɔ̃]
vous aimer	+ iez	= vous aimeriez	[je]
ils/elles aimer	+ aient	= ils/elles aimeraient	[ɛ]

VOCABULAIRE

REGULAR VERBS		
rencontrer	rencontrer	-ais
inviter	inviter	-ais
sortir	sortir	-ait
préférer	préférer	-ions
écrire	écrir	-iez
prendre	prendr-	-aient

IRREGULAR VERBS		
être	ser-	
avoir	aur-	
faire	fer-	
savoir	saur-	-ais
aller	ir-	-ais
pouvoir	pourr-	-ait
devoir	devr-	-ions
voir	verr-	-iez
vouloir	voudr-	-aient
venir	viendr-	
valoir	vaudr-	

Quelle horreur ! Et elle voudrait être chanteuse...

Nouns:

l'animal (m)	animal
l'annonce (f)	add
l'appartement (m)	apartment
le balcon	balcony
la banlieue	suburb
le bruit	noise
le centre ville	downtown
la chambre	bedroom
le chauffage	heating system
le, la colocataire	roommate
la colocation	co-renting, shared rental
la cuisine	kitchen
la cuisinière	stove
le désordre	mess, disorder
l'échange (m)	exchange
l'emplacement (m)	location
le frigo	fridge
la fumée	smoke
l'immobilier (m)	real estate
le jardin	yard
les jeunes (m)	young people
la location	rental
le logement	housing
le loyer	rent
la machine à laver	washer
la maison	house
le ménage	housecleaning
la mer	sea
l'ordre (m)	order
le, la partenaire	partner
la pièce	room
la propreté	cleanliness
le rez-de-chaussée	first floor
le rire	laughter
la saleté	dirtiness
la salle à manger	dining room
la salle de bains	bathroom
le salon	living room
la station de métro	subway station
les toilettes	toilet
les transports publics	public transportation
la vaisselle	dishes
le voisin, la voisine	neighbor
les WC	toilet

Adjectives:

amusant(e)	funny
antipathique	unfriendly
bruyant (e)	noisy
calme	calm
célèbre	famous
désordonné(e)	messy
disponible	available
dynamique	dynamic
ensoleillé(e)	sunny
faux, fausse	false
fumeur, fumeuse	smoker
intelligent(e)	intelligent, smart
intéressant(e)	interesting
irritable	irritable
libre	available
matinal(e)	early riser
meublé(e)	furnished
mignon, mignonne	cute
ordonné(e)	orderly
ouvert(e)	open
proche	close
propre	clean
révolté(e)	rebellious
sale	dirty
timide	shy
tolérant(e)	tolerant

Verbs:

accueillir	to welcome
agacer	to annoy
avoir l'air	to seem
chercher	to look for
déranger	to bother
échanger	to exchange
énerver	to get on someone's nerves
gêner	to bother
irriter	to annoy
louer	to rent
partager	to share
plaire	to please
rencontrer	to meet
s'entendre	to get along
s'installer	to settle in, to move in
s'intéresser à	to be interested in
se situer	to be located
supporter	to put up with, to bear
trouver	to find

Some words and expressions:

à pied	on foot
avoir l'intention de	to plan on
en tête à tête	one on one
exactement	exactly
facile à vivre	easy going
faire la fête	to party
faire du saut à l'élastique	to go bungee jumping
immédiatement	immediately
pas du tout	not at all
seulement	only
si	so
tellement	so
tout à fait	absolutely
tout près	very close
volontiers	gladly

13 RETOUR VER LE PASSÉ

1

2

4

5

We are going to find ourselves an alibi and justify what we were doing to avoid being convicted of a break-in.

1. ÉVÉNEMENTS MARQUANTS

A. Regardez ces photos et retrouvez les événements.

Berlin : le mur tombe ○

L'Espagne remporte la Coupe du monde de football ○

Le premier mammifère cloné est une brebis : Dolly ○

UNE MONNAIE POUR 304 MILLIONS D'EUROPÉENS ○

On a marché sur la Lune ○

Albert et Charlene se sont dit oui ○

B. C'était en quelle année ?

▶ 1969
▶ 2011
▶ 2002
▶ 1989
▶ 1996
▶ 2010

C. Vous rappelez-vous tous ces événements ? Quel âge aviez-vous cette année-là ?

● Moi, en 1969, je n'étais pas né !
○ Moi, non plus !
■ Moi, je me rappelle le jour où le mur de Berlin est tombé.

D. Quels autres événements vous ont particulièrement marqué ? C'était en quelle année ?

2. AU POSTE DE POLICE

A. Lisez cet extrait de roman policier. Pouvez-vous identifier les deux gangsters parmi ces cinq suspects ?

L'inspecteur Graimet allume sa pipe et commence à poser des questions :
– Alors, qu'est-ce que vous avez vu ?
– Eh bien, hier matin, à 9 heures, je suis allé à ma banque pour retirer de l'argent… Je faisais la queue au guichet quand…
– Il y avait beaucoup de monde ?
– Oui, euh, il y avait cinq personnes devant moi.
– Est-ce que vous avez remarqué quelque chose de suspect ?
– Oui, euh, juste devant moi, il y avait un homme…
– Comment était-il ?
– Grand, blond, les cheveux frisés.
– Comment était-il habillé ?
– Il portait un jean et un pull-over marron.
– Et alors ? Qu'est-ce qui était suspect ?
– Eh bien, il avait l'air très nerveux. Il regardait souvent vers la porte d'entrée.
– Bien et qu'est-ce qui s'est passé ?
– Soudain, un autre homme est entré en courant et…
– Comment était-il ?
– Euh, eh bien, il était plutôt de taille moyenne, roux, les cheveux raides… Il avait l'air très jeune. Ah ! et il portait des lunettes.
– Et à ce moment-là, qu'est-ce qui s'est passé ?
– L'homme qui était devant moi a sorti un revolver de sa poche et il a crié « Haut les mains ! C'est un hold-up ! »
– Alors, qu'est-ce que vous avez fait ?
– Moi ? Rien ! J'ai levé les bras comme tout le monde.

32

B. Observez les verbes de l'extrait. Relevez ceux qui sont à un temps du passé et séparez-les en deux groupes selon le modèle du tableau. Quelle remarque pouvez-vous faire concernant leur formation ?

vous avez vu	je faisais

C. Analysez la différence entre les verbes de ces deux colonnes et discutez-en avec votre professeur.

D. Choisissez l'un des personnages de l'illustration ci-dessus (non décrits dans le texte) et décrivez-le à votre camarade qui devra deviner de qui il s'agit.

● Il est plutôt grand, il a les cheveux raides… et il porte un blouson marron.
○ C'est celui-ci !

Il porte
• une veste
• un blouson
• un pull-over
• une chemise
• une cravate
• un pantalon
• un jean
• des chaussures
• une casquette
• des lunettes
• une moustache
• la barbe

Il a les cheveux
• courts
• longs
• raides
• frisés
• bruns
• blonds
• roux
• châtains

Il est chauve

Il a les yeux
• bleus
• verts
• noirs
• marron
• gris

Il est (plutôt)
• grand
• de taille moyenne
• petit
• gros
• mince
• maigre

3. FAITS DIVERS

A. Olivier Debrun a été victime d'un vol. L'agent de police qui l'a interrogé a pris des notes sur son carnet. Lisez ses notes, puis imaginez avec un camarade ce qui est arrivé à Olivier Debrun.

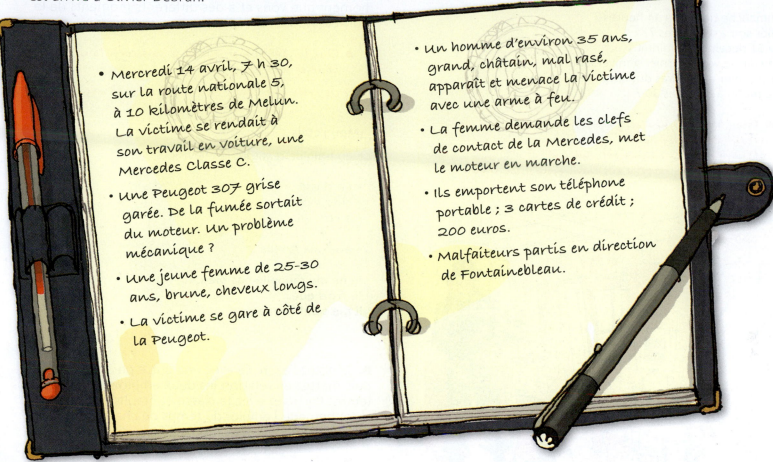

- Mercredi 14 avril, 7 h 30, sur la route nationale 5, à 10 kilomètres de Melun. La victime se rendait à son travail en voiture, une Mercedes Classe C.
- Une Peugeot 307 grise garée. De la fumée sortait du moteur. Un problème mécanique ?
- Une jeune femme de 25-30 ans, brune, cheveux longs.
- La victime se gare à côté de la Peugeot.
- Un homme d'environ 35 ans, grand, châtain, mal rasé, apparaît et menace la victime avec une arme à feu.
- La femme demande les clefs de contact de la Mercedes, met le moteur en marche.
- Ils emportent son téléphone portable ; 3 cartes de crédit ; 200 euros.
- Malfaiteurs partis en direction de Fontainebleau.

B. Écoutez les déclarations d'Olivier et complétez l'article suivant.

Track 2

FAITS DIVERS

Vol de voiture à main armée sur la N5

Mercredi matin, un homme a été victime d'un couple de malfaiteurs sur la nationale 5, près de Melun.

Olivier Debrun .... comme d'habitude quand il a vu .... arrêtée sur le bord de la route nationale 5. .... faisait signe aux automobilistes de s'arrêter. « .... » raconte Olivier Debrun, « alors j'ai pensé qu'elle avait un problème

mécanique et je me suis arrêté pour l'aider. » À ce moment-là, le complice de la jeune femme, qui était caché dans la Peugeot, est sorti et a menacé Olivier Debrun avec .... La victime a été contrainte de donner .... ainsi que .... et .... qu'il portait sur lui. Les deux complices se sont enfuis ....

4. UN BON ALIBI

Répondez aux questions suivantes.

Où étiez-vous…

▶ dimanche dernier à 14 heures ?
▶ hier soir à 19 heures ?
▶ le 31 décembre à minuit ?
▶ le soir de votre dernier anniversaire ?
▶ avant-hier à 6 heures du matin ?
▶ ce matin à 8 heures 30 ?

● Moi, hier à 19 heures, j'étais chez moi en train de regarder la télévision.
○ Moi, j'étais au cinéma avec un ami.
■ Moi, je ne me rappelle pas bien, mais il me semble que…

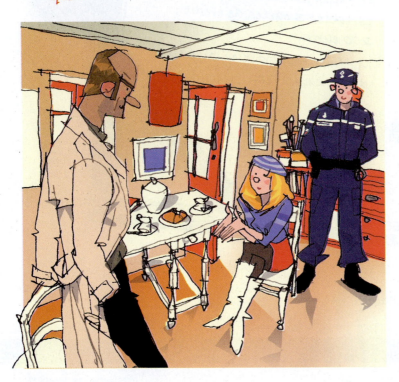

5. QUE FAISIEZ-VOUS HIER QUAND… ?

A. Faites votre emploi du temps précis de la journée d'hier. Puis posez des questions à un camarade pour savoir ce qu'il était en train de faire au même moment que vous et à des différents moments de la journée. Notez ses réponses.

● Que faisais-tu hier quand je suis sorti faire des courses à 15 heures ?
○ Je crois que j'étais en train de réviser mes leçons.

> **(Moi) j'étais…**
>
> • en train de regarder la télévision.
>
> • en classe.
> • chez moi.
> • au travail.
>
> • avec ma famille.
>
> **Je ne me rappelle pas bien.**
> **Je crois que…**
> **Il me semble que…**

B. Répétez l'exercice avec une autre personne, puis mettez en relation les deux emplois du temps. Partagez avec la classe et établissez, par recoupement, l'emploi du temps de chacun à un moment précis.

● Pendant que Samuel était en train de réviser ses leçons, Camille était en train de regarder un film.
○ Oui et Sebastien était en train de boire un café.

L'IMPARFAIT

● *Que **faisiez-vous** samedi dernier, le soir ?*

	PORTER	ÊTRE*
je / j'	port**ais**	**étais**
tu	port**ais**	**étais**
il / elle / on	port**ait**	**était**
nous	port**ions**	**étions**
vous	port**iez**	**étiez**
ils / elles	port**aient**	**étaient**

*__Être__ est le seul verbe irrégulier à l'imparfait.

L'imparfait sert à :

▶ parler de nos habitudes dans le passé.
*À cette époque-là, **elle se levait** tous les matins à 6 heures.*

▶ décrire une action en cours dans le passé.
__Je regardais__ la télé quand le téléphone a sonné.

▶ décrire les circonstances d'un événement.
*Il n'est pas venu en classe parce qu'**il était** malade.*

LE PASSÉ COMPOSÉ

● *__Tu as étudié__ l'espagnol ?*
○ *Oui, pendant trois ans.*

● *Et Pierre, **il n'est pas venu** ?*
○ *Non, **je ne l'ai pas vu**.*

On conjugue avec l'auxiliaire **être** tous les verbes pronominaux (**se lever, s'habiller**, etc.) et les verbes **entrer, sortir, arriver, partir, passer, rester, devenir, monter, descendre, naître, mourir, tomber, aller, venir**.

6. À VOS STYLOS !

Par petits groupes, réécrivez les phrases ci-dessous sur une feuille. Puis, finissez la première phrase comme vous le souhaitez. Ensuite, pliez la feuille pour cacher ce que vous avez écrit et faites-la passer à votre voisin de droite qui complètera la 2ᵉ phrase, pliera à son tour la feuille et la fera passer à son voisin. La feuille doit circuler jusqu'à ce que le texte soit complet. Finalement, chaque groupe lit au reste de la classe le texte complet.

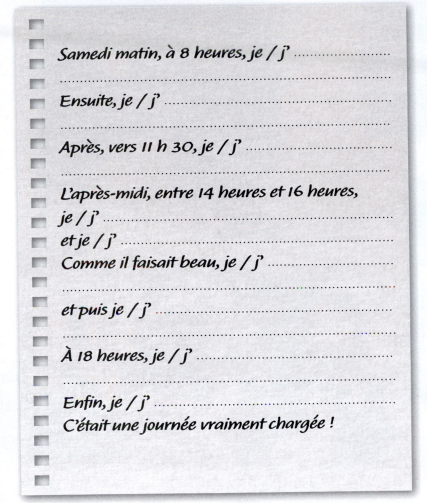

Samedi matin, à 8 heures, je / j' ....

....

Ensuite, je / j' ....

....

Après, vers 11 h 30, je / j' ....

....

L'après-midi, entre 14 heures et 16 heures, je / j' ....

et je / j' ....

Comme il faisait beau, je / j' ....

....

et puis je / j' ....

....

À 18 heures, je / j' ....

....

Enfin, je / j' ....
C'était une journée vraiment chargée !

7. C'EST LA VIE !

Track 3

A. Écoutez Damien qui raconte à une amie ce qui a changé dans sa vie depuis quelques années. Notez les thèmes dont il parle et classez-les dans le tableau ci-dessous par ordre d'apparition.

loisirs | aspect physique | amis | lieu d'habitation

Thèmes de conversation	Changement
1 Aspect physique	
2	
3	
4	

B. Écoutez à nouveau leur conversation et notez dans le tableau les changements dont parle Damien. À votre avis, ces changements sont-ils positifs ou négatifs ?

C. Maintenant, pensez à deux changements dans votre vie et parlez-en avec deux autres camarades.

SITUER DANS LE TEMPS (1)

Hier,	
Hier matin,	
Hier soir,	
Avant-hier,	*je suis allé(e)*
Ce matin,	*au cinéma.*
Cet après-midi,	
Dimanche, lundi, mardi...	
Vers 7 h 30,	
À 20 heures environ,	

LA SUCCESSION DES ÉVÉNEMENTS

D'abord, *j'ai pris mon petit déjeuner.*
Ensuite, *je me suis douché.*
Puis *je me suis habillé.*
Après, *je suis sorti.*
Et puis *j'ai pris l'autobus.*
Enfin, *je suis arrivé au travail.*

Un moment antérieur

▶ **Avant** + nom
Avant *les examens, j'étais très nerveuse.*

▶ **Avant de** + infinitif
Avant de *passer mes examens, j'étais très nerveuse.*

Un moment postérieur

▶ **Après** + nom
Après le déjeuner, *ils ont joué aux cartes.*

▶ **Après** + infinitif passé
Après avoir déjeuné, *ils ont joué aux cartes.*

8. QU'EST-CE QUI S'EST PASSÉ ?

A. Écoutez cette information retransmise par une radio locale et numérotez les dessins dans l'ordre chronologique des faits.

Track 4

B. La police soupçonne certains membres de votre classe d'être les auteurs de cet étrange cambriolage. Elle veut les interroger à propos de leur emploi du temps, hier soir entre 19 heures et 23 heures. Organisez les interrogatoires.

PLAN DE TRAVAIL
....

1. DIVISEZ LA CLASSE EN DEUX GROUPES : enquêteurs et suspects.

2. PRÉPAREZ LES INTERROGATOIRES

▶ Par groupes de deux, les enquêteurs préparent un questionnaire.

● Où étiez-vous… ?
● Que faisiez-vous… ?
● Avec qui étiez-vous… ?

▶ Les suspects, par deux aussi, élaborent un alibi.

● J'étais à…
● Je faisais…
● J'étais avec…

3. FAITES LES INTERROGATOIRES

Les enquêteurs d'un même groupe interrogent séparément les suspects d'un autre groupe pour avoir les alibis de chacun d'eux.

● Où étiez-vous entre 19 heures et 23 heures hier soir ?
○ Moi, j'étais à la maison, je dormais…

C. Les enquêteurs comparent les réponses des suspects et cherchent des contradictions. Si cela est nécessaire, ils peuvent poser d'autres questions plus précises.

● Vous dites que vous étiez au restaurant. Pouvez-vous décrire le serveur ?

D. Après les interrogatoires, les enquêteurs décident si leurs suspects sont coupables ou non.

● Aleksandra et Nadia sont coupables : Aleksandra dit qu'elle est allée avec Nadia au restaurant à 21 heures, mais Nadia affirme…

La passion des polars

Le « polar » ou roman policier a ses partisans inconditionnels en France. D'après différentes statistiques, le roman policier et de suspense occupait, en 2009, la 2ᵉ place des lectures préférées des Français.

9. HÉROS DE ROMAN POLICIER

A. Lisez la description de ces personnages de polars. Lequel aimerez-vous découvrir ? Pourquoi ?

Personnages de polars

Voici deux célébrités de romans noirs.

San Antonio : Commissaire inventé par Frédéric Dard, il détient le record absolu d'apparitions : il figure dans 88 romans. Malgré le décor très français de la plupart de ses affaires, ce personnage est directement inspiré des romans noirs américains : beau gosse, passionné, aventurier, il ne recule devant aucun danger et se sort des situations les plus dangereuses avec brio et toujours un bon mot à la bouche. Il adore les femmes, mais vit avec sa maman à Neuilly.

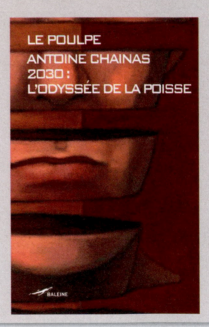

Le Poulpe : De son vrai nom Gabriel Lecouvreur, ce personnage aux bras démesurément longs est la création conjointe de Jean-Bernard Pouy, Serge Quadruppani et Patrick Raynal, qui ont écrit ensemble sa première aventure. C'est un SDF qui cherche des affaires à résoudre pour son propre compte dans les pages « Faits divers » des journaux. L'originalité de la collection, c'est qu'elle sera ensuite écrite par des auteurs différents.

B. Aimez-vous ce genre de roman ? Est-il populaire dans votre pays ?

Un grand classique : Maigret

Jules Maigret est un personnage de fiction, connu dans le monde entier, protagoniste de 75 romans policiers et de 28 nouvelles de Georges Simenon. Cet auteur belge figure parmi les écrivains francophones les plus traduits dans le monde, et son œuvre a été adaptée au cinéma, à la télévision et même en bande dessinée. Voici la couverture et la première page de *Maigret et le fantôme*.

10. TOUJOURS NOIR

A. Remplissez la fiche du personnage de Maigret. Si vous ne trouvez pas les informations demandées, faites des suppositions. Vérifiez-les ensuite en faisant des recherches sur Internet.

Nom : Maigret

Prénom : Jules

Profession : ....

État civil : ....

Âge : ◯ Plutôt 20 ans ?

◯ Plutôt 30 ans ?

◯ Plutôt 50 ans ?

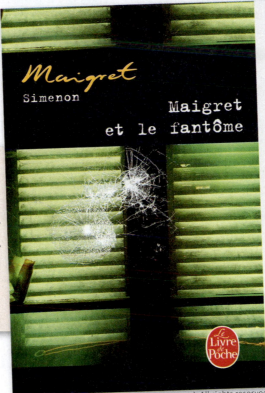

1

Les étranges nuits de l'inspecteur Lognon et les infirmités de Solange

Il était un peu plus de une heure, cette nuit-là, quand la lumière s'éteignit dans le bureau de Maigret. Le commissaire, les yeux gros de fatigue, poussa la porte du bureau des inspecteurs, où le jeune Lapointe et Bonfils restaient de garde.

— Bonne nuit, les enfants, grommela-t-il.

Dans le vaste couloir, les femmes de ménage balayaient et il leur adressa un petit signe de la main. Comme toujours à cette heure-là, il y avait un courant d'air et l'escalier qu'il descendait en compagnie de Janvier était humide et glacé.

On était au milieu de novembre. Il avait plu toute la journée. Depuis la veille à huit heures du matin, Maigret n'avait pas quitté l'atmosphère surchauffée de son bureau et, avant de traverser la cour, il releva le col de son pardessus.

7

B. À la lecture de la première page, quels sont les éléments inquiétants qui vous semblent connectés au titre du roman ? Faites-en la liste et comparez avec celle de vos camarades.

C. Dans ce genre de roman, on trouve souvent du lexique argotique. Après avoir écrit le mot en français standard, écrivez les équivalences dans votre langue, s'il y en a.

français		dans votre langue
argot	**standard**	**argot**
flic	policier	
fric		
taule		
piquer		
balancer		

SCÈNE DE CRIME - ZONE INTERDITE SCÈNE DE CRIME - ZONE INTERDITE SCÈ

13 RETOUR VERS LE PASSÉ

THE IMPARFAIT

The *imparfait* is a past tense that is used to talk about habits, actions in progress, and circumstances surrounding an event from a recent or distant past without indicating its beginning or end.

▶ Past habits
*À cette époque-là, **elle se levait** tous les jours à 6 heures du matin.*

▶ Actions in progress (interrupted by another action in the *passé composé*)
***Je regardais** la télé quand le téléphone a sonné.*

▶ Circumstances surrounding an event.
*Il n'est pas venu en classe parce qu'**il était** malade.*

How to form the imparfait

To form the *imparfait*, you need to start with the **nous** form of the present indicative, eliminate the **–ons** ending, and then add the *imparfait* endings. The *imparfait* endings are always the same for all verbs.

INFINITIVE	PRESENT	IMPARFAIT
dormir	nous dorm**ons**	je dorm**ais** [ɛ]
		tu dorm**ais** [ɛ]
		il/elle/on dorm**ait** [ɛ]
		nous dorm**ions** [jɔ̃]
		vous dorm**iez** [je]
		ils/elles dorm**aient** [ɛ]

Watch out! The only exception to this rule is the verb ***être***.

ÊTRE
j'étais
tu étais
il/elle/on était
nous étions
vous étiez
ils/elles étaient

THE PASSÉ COMPOSÉ

The *passé composé* is also a past tense. It is used to relate events from the past (recent or distant), that are over, that are completed. It can be used for a single action or for a series of actions.

● *Tu as étudié l'espagnol ?*
○ *Oui, pendant trois ans.*

*Les ancêtres de l'homme **ont quitté** l'Afrique il y a plus d'un million d'années.*
*Les Européens **sont arrivés** en Amérique en 1492.*

How to form the passé composé

The *passé composé* is composed of an auxiliary (***être*** or ***avoir***), conjugated in the present indicative, followed by the past participle of the verb.

J'ai passé une semaine chez mes amis français.
***Nous sommes allés** au Québec pendant les vacances d'été.*

In the negative, the negative particles **ne** and **pas** are placed around the auxiliary.

● *Et Pierre, il a mangé ?*
○ *Non, il **n'**a **pas** mangé.*

● *Est-ce que tu es allé au cinéma hier ?*
○ *Non, je **ne** suis **pas** allé au cinéma.*

Past participles

To conjugate the *passé composé* correctly, you will have to memorize the past participles of verbs. There are eight different possible endings for past participles, but only five of them can be distinguished by their sound.

-é	[e]	*Lulu et moi, on s'est rencontr**é** à Londres.*
-i	[i]	*Je n'ai pas fin**i** mon travail.*
-it	[i]	*Julien a condu**it** toute la nuit.*
-is	[i]	*Ils ont pr**is** le train de nuit.*
-ert	[ɛr]	*Mes amis m'ont off**ert** un super cadeau.*
-u	[y]	*Vous avez l**u** le dernier roman de Nothomb ?*
-eint	[ɛ̃]	*Qui a p**eint** la Joconde ?*
-aint	[ɛ̃]	*Un client s'est pl**aint** au directeur de la revue.*

Watch out! Make sure to pronounce the present and the *passé composé* of the verbs distinctly.
Je fais / J'ai fait
Je mange / J'ai mangé

Choosing an auxiliary

Most verbs use the auxiliary ***avoir*** in the *passé composé*, but it is important to know that all reflexive verbs are conjugated with the auxiliary ***être*** (***se lever, s'habiller***...) as well as a certain list of verbs (***naître, mourir, partir, aller, rester, tomber, (re)/(de)/venir, arriver, sortir*, (r)entrer*, retourner*, descendre*, monter*, passer****).
*If these verbs are followed by a direct object, they switch to the auxiliary ***avoir***.

Je suis sorti avec mes amis.
J'ai sorti les livres de mon cartable.

Agreement and the past participle

When a verb is conjugated with the auxiliary ***être***, the past participle agrees with the subject, in gender and number.

*Alain **est** rentr**é** cette nuit à une heure du matin.*
*Elle **est** rentr**ée** à 8 heures chez elle hier soir.*
*René et Thierry **sont** rentr**és** à 11 heures du soir.*
*Estelle et Julie **sont** rentr**ées** à 10 heures du soir.*

With the auxiliary ***avoir***, there is no agreement **except** if the direct object is placed ahead of the verb in the sentence.

● *Elle est jolie cette chemise !*
○ *Oui, c'est une chemise en soie que j'**ai** achet**ée** en Chine.*

Where to place adverbs

Adverbs are usually placed after the auxiliary.

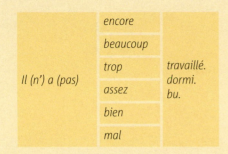

Il (n') a (pas)	encore	travaillé. dormi. bu.
	beaucoup	
	trop	
	assez	
	bien	
	mal	

Combining the passé composé and the imparfait

When both tenses are combined in a sentence, it is often to indicate that an action that was in progress (*imparfait*) is interrupted by another action (*passé composé*).

> Je regardais la télé / J'étais en train de regarder* la télé quand mon portable a sonné.

*__Être en train de__ + infinitive: this expression emphasizes the fact that the action is in process.

REFERRING TO THE PAST

Expressions of time are generally placed at the beginning of the sentence and are followed by a comma.

Hier,	
Hier matin,	
Hier soir,	
Avant-hier,	je suis allé(e) au cinéma.
Ce matin,	
Cet après-midi,	
Dimanche, lundi, mardi... Vers 7 h 30, À 20 heures environ,	

To make it clear that you are referring to a moment of the day that is unfolding, you need to use a demonstrative adjective: **ce**, **cet** or **cette**.

> **Ce** matin
> **Ce** midi
> **Cet** après-midi
> **Ce** soir
> **Cette** nuit

- Quand est-ce qu'elle est partie ?
- **Ce matin**.
- Et quand est-ce qu'elle va rentrer ?
- **Cette nuit**.

Dimanche / lundi / mardi / mercredi... j'ai joué au football.

To indicate the exact time when something took place, we use the preposition **à**.

- À quelle heure commence le film ?
- **À** dix heures trente.

To indicate the approximate time of an event, various expressions such as **vers** and **environ** can be used:

- À quelle heure est-ce que vous êtes sorti hier soir ?
- Vers 19 heures.
- À 20 heures environ.
- Il était environ minuit.
- Il devait être 5 heures et demi.

SEQUENCE OF EVENTS

D'abord, ensuite, puis, après and **enfin** create a sequence of events in a narration.

> **D'abord**, j'ai pris mon petit déjeuner.
> **Ensuite**, je me suis douché.
> **Puis**, je me suis habillé.
> **Après**, je suis sorti.
> Et **puis**, j'ai pris l'autobus.
> **Enfin**, je suis arrivé au travail.

Referring to something that happened before

▶ **Avant** + noun

> **Avant** les examens, j'étais très nerveuse.

▶ **Avant de** + infinitive

> **Avant de** passer mes examens, j'étais très nerveuse.

Referring to something that happened after

▶ **Après** + noun

> **Après le déjeuner**, ils ont joué aux cartes.

▶ **Après** + past infinitive

> **Après avoir déjeuné**, ils ont joué aux cartes.

The past infinitive is composed of the auxiliary **être** or **avoir** in the infinitive followed by the past participle of the verb.

J'ai décidé de devenir médecin après **avoir vu** le film Johnny s'en va-t-en guerre de Dalton Trumbo.

Après **être montés** jusqu'au sommet du Mont-Blanc, à 4 807 mètres d'altitude, ils sont redescendus jusqu'à Chamonix.

VOCABULAIRE

Nouns:

l'affaire (f)	*deal, business*
l'année (f)	*year*
l'argot (m)	*slang*
la barbe	*beard*
le bateau	*boat*
le blouson	*jacket*
la brebis	*ewe*
la casquette	*cap*
le changement	*change*
le chapeau	*hat*
les chaussures (f)	*shoes*
la chemise	*shirt*
les cheveux (m)	*hair*
le clonage	*cloning*
le complice	*accomplice*
le costume	*suit*
la couverture	*cover*
la cravate	*tie*
la coupe du monde	*world cup*
le décor	*setting*
l'enquête (f)	*investigation*
l'Européen, Européenne	*European*
l'événement (m)	*event*
le flic	*cop*
le fric	*money (slang)*
la fumée	*smoke*
le guichet	*box office*
la lecture	*reading*
la lune	*moon*
les lunettes (f)	*glasses*
le malfaiteur	*criminal*
le mammifère	*mammal*
la monnaie	*currency (also, change)*
la moustache	*mustache*
le mur	*wall*
le pantalon	*pants*
le personnage	*character*
la poche	*pocket*
le polar (familiar)	*detective novel*
la porte d'entrée	*entrance door*
le revolver	*gun*
la robe	*dress*
le roman policier	*detective novel*
le, la SDF	*homeless person*
la taule	*prison (slang)*
le témoin	*witness*
le vol	*theft, robbery*

Adjectives:

aventurier(-ère)	*adventurous*
blond(e)	*blond*
brun(e)	*dark-haired*
châtain	*brown-haired*
chauve	*bald*
coupable	*guilty*
court(e)	*short*
féroce	*ferocious*
frisé(e)	*curly*
gros, grosse	*fat*
habillé(e)	*dressed*
incroyable	*incredible*
inquiétant(e)	*disturbing*
long, longue	*long*
maigre	*skinny*
malade	*sick*
mince	*slim*
nerveux, nerveuse	*nervous*
populaire	*popular*
raide	*straight*
roux, rousse	*red-haired*
traduit(e)	*translated*

Verbs:

allumer	*to light up*
balancer	*to throw (slang)*
craindre	*to fear*
crier	*to shout*
demander	*to ask*
deviner	*to guess*
faire la queue	*to wait in line*
figurer	*to be depicted*
gagner	*to win*
identifier	*to identify*
marquer	*to have an impact, to make an impression*
mener	*to lead*
piquer	*to steal (slang)*
remporter	*to win (for sports or competitions)*
résoudre	*to solve*
retirer	*to withdraw*
s'arrêter	*to stop*
s'enfuir	*to run away*
se cacher	*to hide*
se dire	*to tell each other*
se garer	*to park*
se marier	*to get married*
se passer	*to happen*

se rappeler	*to remember*
se raser	*to shave*
se rendre à	*to go to*
se séparer	*to separate*
se souvenir	*to remember*
soupçonner	*to be suspicious*
tomber	*to fall*

Some words and expressions:

à ce moment là	*at that moment*
après	*after*
aussitôt	*as soon as*
avant	*before*
avant-hier	*the day before yesterday*
avec brio	*with style*
avoir bonne mine	*to look healthy*
comme d'habitude	*as usual*
contre	*against*
d'abord	*first*
démesurément	*excessively*
de taille moyenne	*average size*
en courant	*running*
enfin	*finally*
ensuite	*then*
environ	*about*
être beau gosse	*to be good-looking (for a man)*
et alors ?	*so?*
être en train de	*to be in the process of*
hier	*yesterday*
il me semble que...	*it seems to me that..*
il s'agit de	*it's about*
la plupart	*the majority, most*
prendre des notes	*to take notes*
puis	*then*
qu'est-ce qui s'est passé ?	*what happened ?*
quelque chose	*something*
soudain	*suddenly*
sous	*under*
une journée chargée	*a busy day*
vol à main armée	*armed robbery*

Le **Centre Belge** de la **Bande Dessinée**

20 rue des Sables
1000 Bruxelles (Belgique)
Ouvert tous les jours (sauf lundi)
de 10 à 18 h
www.cbbd.be

Source : Centre Belge de la BD

BRUSSELS SIGHT JOGGING

Découvrez plus que lors d'une balade conventionnelle à pied.

Relaxez-vous après votre travail.

Visitez la capitale verte de l'Europe de manière responsable envers 'environnement

Courez à votre propre vitesse et profitez du parcours.

Rejoignez une communauté mondiale de voyageurs qui partagent un même état d'esprit.

web www.brusselssightjogging.com
e-mail info@brusselssightjogging.com
phone +32 471 666 424

FRANÇAIS /

LE FESTIVAL /

MIRIS/ MINIMES

25

VINGT-CINQUIÈME ÉDITION /

ÉTÉ /

2011

DU 01 JUILLET /
AU 31 AOÛT /

CONSERVATOIRE /

À /

12:15'

CONCERT
QUOTIDIEN /

INFORMATIONS :

02/512 30 79
www.midis-minimes.be

29.06 | **ÉCRAN TOTAL**
UNE AUTRE FAÇON DE PASSER L'ÉTÉ 2011
CINEMA ARENBERG : WWW.ARENBERG.BE | 03.09

KALEIDOSCOPE
DEXY CND - © BANANA FILMS

We are going to organize a weekend in our city for our French friends who are visiting us.

5/07 → 21/08/2011

Croisières d'été à Bruxelles
Découvrir Bruxelles, ville au bord de l'eau

- **Chaque jour (sauf lundi - excepté 11/07 et 15/08)**
  Courte croisière (45 min.): à 14h, 15h, 16h, 17h.
  Ad.: 4 € - enf. (3 à 11 ans): 3 € - < 3 ans: gratuit. Sans réservation.
  Longue croisière (90 min.): à 12h. Possibilité de repas à bord.
  Ad.: 6 € - enf. (3 à 11 ans): 5 € - < 3 ans: gratuit. Sur réservation.

- **Mardi, vendredi et samedi soir**
  Croisière apéro (2h): vers Vilvorde et Grimbergen à 19h30.
  Apéritif gratuit. Possibilité de repas à bord.
  Ad.: 10 € - enf. (3 à 11 ans): 8 € - < 3 ans: gratuit. Sur réservation.

  <u>Départ:</u> quai des Péniches - Bruxelles les Bains
  (1/07 → 7/08)

Croisières au départ de Bruxelles
1/05 → 30/09/2011
Sur reservation!

- Jeudi: **croisière d'une journée → Anvers** + visite
  Ad.: 29 € - enf.: 22 € - < 3 ans: 7 €
- Samedi: **croisière d'une journée → Pays de l'Escaut**
  Ad.: 25 € - enf.: 18 € - < 3 ans: 5 €
- Samedi/dimanche: **croisière → passage de l'ascenseur de Strépy-Thieu/Plan Incliné de Ronquières**
  Ad.: 29 €/35 € - enf.: 22 €/28 € - < 3 ans: 7 €

  Info: **www.brusselsbywater.be**
  <u>Départ:</u> quai Béco - avenue du Port

BATEAU-BUS
Mardi: bateau-bus vers Anderlecht, Beersel ou Hal et retour à vélo.
Jeudi: bateau-bus vers le parc des Trois Fontaines à Vilvorde. Retour en bateau.
Autres trajets et tarifs sur **www.bateaubus.be**

Source : Bruxelles by water

Illustration de Marie Koerperich

---

1. À VOUS DE CHOISIR !

Quelles sont les activités qu'on peut faire à Bruxelles ce week-end ?

- regarder un match de football
- aller en boîte
- lire et écouter des textes littéraires en plein air
- faire du roller
- découvrir la ville en faisant du sport
- visiter un salon ou une exposition
- aller au cirque
- faire une croisière
- faire du shopping
- aller au cinéma
- suivre un cours de retouche de photos
- aller à un concert de musique classique
- assister à un atelier de dégustation de vin
- voir un spectacle de marionnettes
- participer à une randonnée urbaine
- s'initier au jonglage avec des balles
- écouter une conférence

2. ÇA TE DIT ?

Track 5

A. Écoutez ces conversations entre amis. Que feront-ils ce week-end ?

1. Mario et Lucas ....

2. Sonia et Nathanaël ....

3. Lise et Katia ....

B. Et vous ? Qu'est-ce que vous faites habituellement le vendredi ou le samedi soir ?

- Moi, le samedi soir, je vais souvent danser avec les copains.
- Moi, le vendredi soir, je vais quelquefois au cinéma ou bien j'organise un repas à la maison.

3. UN PROGRAMME CHARGÉ

A. Ces personnes parlent de leurs projets pour le week-end. Luc, par exemple, aimerait sortir avec Roxane, mais va-t-elle accepter ? Regardez ces illustrations ; dans chacun des dialogues, une phrase manque. Replacez les phrases ci-dessous dans le dialogue correspondant.

☐ Qu'est-ce qu'on fait samedi soir ?

☐ Ça te dit de venir avec moi ?

☐ Moi, j'ai très envie d'aller danser.

☐ Euh, je suis désolé mais je ne suis pas libre samedi !

A

○ Allô !
● Bonjour Roxane ! C'est Luc !
○ Ah, bonjour Luc !
● Dis-moi, est-ce que tu es libre ce week-end ?
○ Euh... Oui, pourquoi ?
● Eh bien, j'ai deux entrées pour le concert de M samedi soir.
○ Ah oui ? Génial !
● ....
○ Oui, merci pour l'invitation !

B

○ Qu'est-ce que tu fais, toi, ce week-end ?
■ .... Avec Samuel, on va au Macadam Pub vendredi soir. Y a Tête en l'air, tu sais, le groupe de Phil. Ça va être génial ! Et toi, qu'est-ce que tu fais ?
○ Moi, devine avec qui je sors !
■ Avec Luc ? C'est pas vrai !!
○ Si si ! Il m'a invitée au concert de M.
■ Super !!

C

☐ .... ?
▲ Il y a le festival du film d'action pendant tout le week-end. Ils passent le dernier Besson.
▼ Ah je l'ai vu, c'est pas terrible !
☐ En plus, moi, les films d'action, c'est pas mon truc.
▲ Et si on allait au théâtre ? J'ai entendu parler de cette pièce avec Patrice Chéreau. Il paraît qu'elle est géniale.
▼ Ouais, pour moi c'est d'accord ! Et toi, Thomas ?
☐ Ouais, pour moi aussi ! On prévient Luc ?
▼ Ok, je m'en charge.

D

● Allô ?
▼ Allô ? Luc ?
● Ah ! Salut, Yasmine !
▼ Écoute, samedi soir on sort avec les copains. Tu veux venir ?
● ....

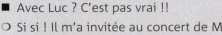

B. Écoutez les dialogues complets et vérifiez, puis résumez ce qu'ils vont faire ce week-end.

Track 6

Luc va sortir _samedi soir_ avec .... et ils vont aller ....

Sandra va sortir .... avec Samuel et ils vont ....

Yasmine va sortir .... avec .... et ils

vont ....

C. Écoutez à nouveau. Vous avez remarqué comment...

▶ on propose de faire quelque chose ?
▶ on exprime un désir ?
▶ on accepte une proposition ?
▶ on refuse une invitation ?

4. LA VILLE ROSE

A. Lisez cet article sur Toulouse. Quelles activités aimeriez-vous faire dans cette ville ?

24 heures à... Toulouse

Nous continuons notre série **24 heures à...** consacrée aux lieux incontournables des villes françaises. Nous partons aujourd'hui pour Toulouse.

Toulouse, la Ville Rose, est une des villes où l'on vit le mieux en France. Ses atouts : sa douceur de vivre et un incontestable dynamisme économique et culturel. Toulouse mérite assurément le détour, lors d'une visite dans le Midi.

En matinée, vous pouvez prendre votre petit-déjeuner au **Temps des tartines**, 19 rue des Lois, à quelques pas du Capitole. Dans ce beau restaurant à thème, il faut absolument goûter aux tartines de pain complet et à la confiture de myrtilles maison, si la saison le permet. Il faut aller sur la **Place du Capitole**, admirer ses pierres roses et ses danseurs de Tecktonik ; **en fin de matinée**, visitez la **basilique Saint-Sernin**, un des plus vastes monuments romans d'Europe, **qui se trouve dans le même quartier**.

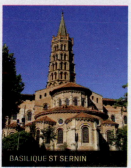

BASILIQUE ST SERNIN

L'après-midi, un bon choix est de se promener sur les bords de la Garonne, à pied ou à VéloToulouse, pour s'imprégner de l'atmosphère des berges. Vous pourrez ainsi parcourir plusieurs siècles d'architecture en quelques heures. Pour les inconditionnels du shopping : la **rue Saint-Rome** ou la **place Occitane**.

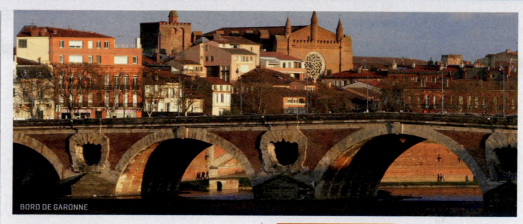

BORD DE GARONNE

Si vous êtes à la recherche des fameuses violettes de Toulouse, vous ne devez pas rater **La cité des violettes**, en face de la gare Matabiau, tout près du boulevard Pierre Sémard, au numéro 12 de la rue Bonnefoy : c'est un magasin spécialisé où vous trouverez mille et une variétés de violettes, la célèbre fleur toulousaine.

En soirée, vous pouvez dîner dans le centre, 20 place St-Georges, chez **Monsieur Georges**, connu pour ses spécialités régionales et pour son ambiance conviviale. Le cassoulet est délicieux et la cave très bien fournie. La nuit, Toulouse offre un vaste choix de boîtes et de bars. Notre coup de cœur : le **Maximo**, 3 rue Gabriel Perry, pour son excellent choix de musiques africaines.

Du petit matin à l'aube, en after, pour les plus courageux, à partir de 2 heures du matin : le **Dan's club**, le **Luna**. Mention spéciale pour l'**Opus**, 24 rue Bachelier, pour la déco : on peut écrire à la craie sur les murs. Poésie noctambule garantie !

PLACE DU CAPITOLE

● Moi, j'aimerais bien prendre le petit-déjeuner au Temps des tartines et aller en after à l'Opus.

B. Vous êtes plutôt du matin ou du soir ? Que faites-vous à vos heures préférées ?

C. Dressez une liste des activités qu'on peut faire lors d'une visite de 24 heures chez vous.

À Rome, on peut prendre le petit-déjeuner au Café Coppa, sur la place Dante Alighieri.
À Rio, il faut absolument se promener, à pied ou à vélo, sur l'avenue Vieira Souto, en bord de mer.
À Athènes, vous pouvez déjeuner au Café Colombo dans le centre-ville.

5. EN BOÎTE OU AU CINÉMA ?

A. Vous allez découvrir ce que les autres personnes de la classe ont fait ce week-end. Mais d'abord, remplissez vous-même ce questionnaire.

Je suis resté(e)	☐ chez moi.
	☐ chez ....
Je suis allé(e)	☐ au cinéma.
	☐ à un concert.
	☐ en boîte.
	☐ chez des amis.
	☐ ailleurs : ....
J'ai fait	☐ du football.
	☐ du skateboard.
	☐ une randonnée.
	☐ autre chose : ....
J'ai vu	☐ un film.
	☐ une exposition.
	☐ autre chose : ....

B. Par petits groupes, discutez de vos activités du week-end.

● Qu'est-ce que tu as fait ce week-end ?
○ Je suis allée à un concert de musique classique.

C. Quelles sont les trois activités les plus fréquentes dans votre classe ?

D. Vous avez déjà des projets pour le week-end prochain ? Parlez-en avec deux camarades.

● Moi, le week-end prochain, je vais aller au cinéma.
○ Eh bien moi, je vais peut-être sortir en boîte. Et toi ?
■ Moi, je ne sais pas encore.

6. J'AI A-DO-RÉ !

Mettez-vous par groupes de trois et parlez des lieux où vous êtes allés et que vous avez adoré (ou détesté !).

● Moi, j'ai adoré la Sicile. C'était très beau, vraiment ! Il faisait un temps splendide et il y avait très peu de touristes dans le village où nous sommes allés.
○ Et il y a un lieu que tu as détesté ?

7. CE WEEK-END, ON SORT !

A. Imaginez qu'un ami vienne passer le week-end dans votre ville. Pouvez-vous lui recommander des lieux où aller ?

VILLE : Munich

LIEU À VISITER : l'Englischer Garten

OÙ : L'Englischer Garten est au nord-est de Munich dans le quartier de Schwabing.

POURQUOI : J'adore l'Englischer Garten parce que c'est un des plus grands parcs de ville du monde. En plus, c'est tout près du centre-ville. Une curiosité : la Maison de thé japonaise et son jardin, une merveille !

B. Comparez vos fiches et commentez-les.

● Moi, je ne savais pas qu'il y avait un grand parc dans Munich, ça a l'air chouette !
○ Oui, c'est super. Tu te promènes dans le centre-ville et tout à coup tu te retrouves à la campagne.

DÉCRIRE ET ÉVALUER QUELQUE CHOSE

● *Tu es allé au cinéma ?*
○ *Oui, j'ai vu le dernier film de Besson.*

C'était (vraiment)	*super.*
	génial.
	nul.

C'était (très)	*beau.*
	mauvais.
	bien.
	sympa.

PROPOSER, SUGGÉRER QUELQUE CHOSE

► **Ça me / te / vous /... dit de / d'** + infinitif **?**
● **Ça te dit de** *manger un couscous ?*
○ **Non**, *ça ne* **me dit** *rien du tout.*

► **(Et) si on** + imparfait + **?**
● **Et si on allait** *en boîte ?*
○ *C'est une bonne idée.*

● **Et si on regardait** *un film à la télé ?*
○ *Oh, non !*

ACCEPTER OU REFUSER UNE PROPOSITION

► Pour accepter :

Volontiers !
(C'est) D'accord !
(C'est) Entendu !

► Pour refuser :

	je ne suis pas libre.
	je ne suis pas là.
(Je suis) désolé(e), mais	*je ne peux pas.*
	je n'ai pas le temps.
	j'ai beaucoup de travail.

8. RENDEZ-VOUS

Par groupes, lisez les activités proposées cette semaine dans votre ville.
Mettez-vous d'accord pour en choisir une ensemble.

- Ça te dit d'aller au bowling samedi ?
- Je voulais faire l'atelier de confection de pain.
- On peut y aller après l'atelier...

LE FUTUR PROCHE

- Qu'est-ce que **tu vas faire** ce week-end ?
- **Je vais dormir.**

SITUER DANS LE TEMPS (2)

- Quand est-ce qu'on va chez Martin ?
- **Samedi** soir.
- **(Dans)** l'après-midi.
- **En soirée / En fin de matinée.**
- **À midi.**

INDIQUER UN LIEU

Dans le sud / l'est / l'ouest / le nord de
    l'Espagne
Au sud / au nord / à l'est / à l'ouest de Paris
À Berlin
Au / Dans le centre de Londres
Au centre-ville
Dans mon quartier / la rue
Pas loin de chez moi
(Tout) près de la fac / du port
(Juste) à côté de la gare / du stade

Sur le boulevard / la place du marché
À la piscine / Au Café des sports
Au 3 rue de la Précision
En face de la gare
Au bord de la mer / de la Garonne

- Je vous recommande la pizzeria
    « Chez Geppeto ».
- Ah bon ? C'est où ?
- Tout près de chez moi, place de la Fontaine.

9. UN PROGRAMME PERSONNALISÉ

A. Votre école et celle de Charline, Rachid et Sarah ont organisé un échange. Lisez les présentations qu'ils ont laissées sur le blog de l'école et pensez aux endroits ou aux événements que vous pourriez leur recommander chez vous en fonction de leurs goûts. Parlez-en avec le reste de la classe.

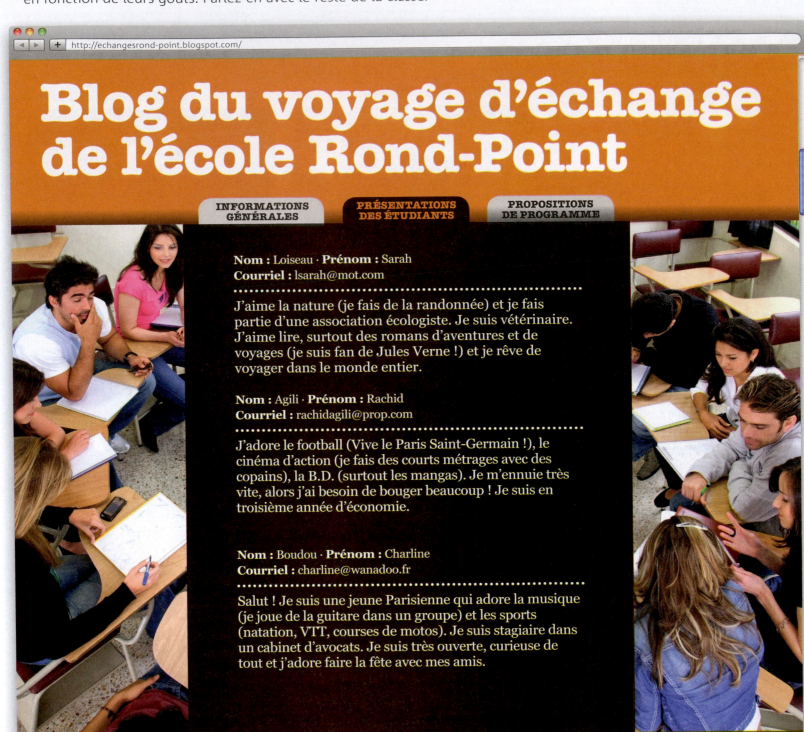

http://echangesrond-point.blogspot.com/

Blog du voyage d'échange de l'école Rond-Point

INFORMATIONS GÉNÉRALES   **PRÉSENTATIONS DES ÉTUDIANTS**   **PROPOSITIONS DE PROGRAMME**

Nom : Loiseau · **Prénom :** Sarah
Courriel : lsarah@mot.com

J'aime la nature (je fais de la randonnée) et je fais partie d'une association écologiste. Je suis vétérinaire. J'aime lire, surtout des romans d'aventures et de voyages (je suis fan de Jules Verne !) et je rêve de voyager dans le monde entier.

Nom : Agili · **Prénom :** Rachid
Courriel : rachidagili@prop.com

J'adore le football (Vive le Paris Saint-Germain !), le cinéma d'action (je fais des courts métrages avec des copains), la B.D. (surtout les mangas). Je m'ennuie très vite, alors j'ai besoin de bouger beaucoup ! Je suis en troisième année d'économie.

Nom : Boudou · **Prénom :** Charline
Courriel : charline@wanadoo.fr

Salut ! Je suis une jeune Parisienne qui adore la musique (je joue de la guitare dans un groupe) et les sports (natation, VTT, courses de motos). Je suis stagiaire dans un cabinet d'avocats. Je suis très ouverte, curieuse de tout et j'adore faire la fête avec mes amis.

● *Sarah aime la nature. Elle pourrait visiter le jardin botanique. Il y a...*

B. Ils arrivent vendredi soir ! Chacun décide lequel des trois il / elle veut accompagner ce week-end. Formez ensuite des groupes avec les camarades qui veulent accompagner la même personne.

- Rachid aime le football et moi aussi.
- Charline est comme moi, elle adore la musique.

C. Maintenant, faites des propositions d'activités pour le week-end et discutez-en avec vos camarades. Essayez de prévoir les réactions de vos invités.

- Et si on allait en boîte vendredi soir ?
- Non, ils vont être trop fatigués.
- On pourrait les emmener au restaurant alors ?
- Oui, au Fidèle ! Ils vont adorer l'ambiance !

D. Écrivez le document que vous allez mettre sur le blog de l'école avec vos propositions pour le week-end.

PROGRAMME POUR LE WEEK-END

VENDREDI SOIR
- Nous supposons que vous serez trop fatigués pour sortir, alors...

SAMEDI
- Le matin, nous visiterons...
- Après dîner, nous irons...
- Nous rencontrerons les autres groupes à l'école avant de partir à...

DIMANCHE

strategies ⊗

The production of a group document, in any language, requires a step-by-step approach, which starts with brainstorming ideas and deciding which of them to use. The second step consists of organizing these ideas in a broader structure.

10. THÉÂTRE DE RUE

Lisez le texte suivant. À quoi fait référence l'expression de « quatrième mur » ?
Discutez-en avec un camarade.

Un théâtre populaire

Le théâtre de rue est une forme de théâtre qui se veut l'héritière directe des spectacles du Moyen Âge. Ravivé en France et au Canada dans les années soixante en réaction à un théâtre de salle figé et « bourgeois », ce type de représentations voulait rendre le théâtre plus accessible au grand public. Au départ, le théâtre de rue est un spectacle qui prétend mettre en scène les inquiétudes des citoyens en faisant voler en éclats le « quatrième mur » traditionnel : on y parle politique, actualité, problèmes sociaux, la plupart du temps sur un ton humoristique et burlesque.

Très vite, d'autres disciplines artistiques l'ont rejoint : la danse, les marionnettes, le cirque et la magie, donnant aux spectacles une dimension très festive. Aujourd'hui, il existe de nombreuses troupes spécialisées dans le théâtre de rue et, tous les ans, surtout en été, des dizaines de festivals sont organisés un peu partout en France.

11. LA RUE EST À NOUS

A. Lisez l'article ci-dessous. Les arts de la rue réunissent-ils autant de public chez vous ?

La France, championne des arts de la rue

Des milliers de spectateurs, des centaines de compagnies, 250 festivals par an en France : après le cinéma, les arts de la rue sont le genre qui réunit le plus grand nombre de Français, soit 34 %. « C'est un domaine en pleine expansion. En trente ans, les Français sont devenus les champions du monde dans cette catégorie », assure Pierre Prévost, président de la Fédération nationale des arts de la rue, qui comprend 400 adhérents.[...]

« On jouit d'une vraie popularité, car on est dans un divertissement positif, festif, c'est un rendez-vous familial, où les enfants sont devenus les nouveaux spectateurs », ajoute Jean-Marie Songy, directeur artistique de Furies, festival de cirque et de théâtre de rue à Châlons-en-Champagne. [...]

Source : © lefigaro.fr / 2011

Compagnie de théâtre Un, deux, trois... Soleils !

B. Quel genre de spectacle préférez-vous ? Dans un espace ouvert ou dans une salle ?

12. LE PLUS GRAND SPECTACLE DU MONDE

A. Lisez ce texte. Comment peut-on caractériser cette évolution historique du cirque ? À votre avis, qu'est-ce qui l'a provoquée ? Que pensez-vous de cette évolution ?

Le nouveau cirque

Dans les années 1970, le cirque s'essouffle, alors qu'au même moment le mouvement du nouveau cirque fait son apparition en France. Celui-ci est porté par la démocratisation de ce type de divertissement, avec l'ouverture d'écoles de cirque agréées par la Fédération française des écoles de cirque. Le cirque s'ouvre et se remet en question avec des spectacles davantage théâtralisés (comme ceux d'Archaos, du Cirque Baroque, du Cirque Plume, de Zingaro, de la Compagnie Mauvais Esprits...). Il remet en question les conventions de ce qu'on appelle désormais le « cirque traditionnel », lequel ne disparaît pas mais évolue en assimilant certaines innovations.

Plus récemment, la dernière génération d'artistes revendique une identité plus forte encore que celle du nouveau cirque et se revendique d'un « cirque contemporain » (dans les années 1990) ou d'un « cirque de création » (dans les années 2000). Les frontières entre les disciplines deviennent de plus en plus floues et les spectacles s'inspirent de plus en plus du mouvement, de la performance, ou encore de la danse contemporaine, tout en s'éloignant du côté spectaculaire ou sensationnel caractéristique du cirque traditionnel et même du nouveau cirque.

Cirque Plume, *L'atelier du peintre* par Henri Brauner

B. Le cirque probablement le plus connu au monde est le Cirque du Soleil. Lisez le texte suivant pour connaître son origine et son originalité.

Le Cirque du Soleil

Le Cirque du Soleil est une entreprise québécoise de divertissement artistique spécialisée en cirque contemporain. Son siège social se trouve à Montréal, au Québec (Canada), dans le quartier Saint-Michel. Il a été fondé en 1984 à Baie-Saint-Paul par deux anciens artistes de rue, Guy Laliberté et Daniel Gauthier. La compagnie se distingue par une vision artistique différente du cirque traditionnel, avec notamment l'absence d'animaux, une grande importance donnée au jeu des comédiens et une priorité accordée aux numéros d'acrobatie.

14 ET SI ON SORTAIT ?

THE FUTURE

In French, to talk about the future, you can use:

▶ the present along with a time phrase
*Demain, **je vais** au théâtre avec Delphine.*

▶ the simple future
*Ce film **sortira** mercredi dans les salles.*

▶ the near future
*Comme il est tard, **nous allons prendre** un taxi pour rentrer.*

THE NEAR FUTURE

The near future is used to talk about an action which is certain to happen. Even though it is called the "near" future, this tense is not restricted to the immediate future. It can be used for actions that will happen in a more distant future.

*L'année prochaine, **nous allons nous installer** au Québec.*

Nowadays, the near future tends to replace the simple future in many cases, especially in speaking.

How to form the near future
The verb ***aller*** is conjugated in the present tense followed by the infinitive of the verb.

*Je sens que **je vais adorer** ce spectacle !*

Je vais	
Tu vas	
Il/elle/on va	
Nous allons	+ infinitive
Vous allez	
Ils/elles vont	

In the negative, ***ne*** and ***pas*** are placed around the verb ***aller***.
*Rien qu'au titre, je sens que **je ne vais pas aimer** ce film !*

HOW TO DESCRIBE SOMETHING OR MAKE A COMMENT

● *Ce film, c'était nul !*
○ *Mais non ! C'était génial !*

Ce spectacle de danse, c'était très original, tu ne trouves pas ?

To emphasize that you really liked something, you can repeat ***très*** a few times or use ***vraiment***.

● *Ce concert de musique, c'était **vraiment** génial !*
○ *Ah, oui ? Tu trouves ?*
● *Oui, vraiment **très très** chouette.*

You can also say :

C'était très bien hier en discothèque !

To express a bit more reservation about something:

C'était pas mal. J'ai bien aimé.

HOW TO PROPOSE / SUGGEST SOMETHING

There are several expressions that can be used to ask someone whether they want to do something.

▶ ***Ça me / te / lui / nous / vous / leur dit de / d'*** + infinitive ***?***

● ***Ça te dit d'aller prendre** un verre ?*
○ *Oui, **ça me dit** bien.*

***Ça te dit d'aller** au ciné ?*
***Ça vous dit de faire** du ski ?*
***Ça lui dit d'aller** manger une pizza ?*
***Ça leur dit de visiter** un musée ?*

A more delicate or subtle way to ask would be to use the conditional.

*Ça te **dirait** de venir chez moi demain ?*

▶ ***Si on*** + imparfait ?

This expression is used to encourage someone to do something with you.

● *Et **si on allait** au cinéma ce soir ?**
○ *Oui, d'accord, à quelle heure ?*

*In this case, ***on*** means ***nous***, but it still conjugates in the third person singular.

HOW TO ACCEPT OR REFUSE AN INVITATION

▶ To accept:
Volontiers !
(C'est) D'accord !
(C'est) Entendu !

To show hesitation, you can use ***pourquoi pas ?***
● *On va au cinéma ce soir ?*
○ *D'accord, **pourquoi pas ?***

▶ To refuse :

	je ne suis pas libre.
	je ne suis pas là.
(Je suis) désolé(e), mais	je ne peux pas.
	j'ai beaucoup de travail.
	je n'ai pas le temps.

French people avoid saying ***non*** directly to refuse an invitation. They give an excuse to justify their refusal.

INDICATING A PLACE

To locate something in space or to indicate a place, certain prepositions or prepositional phrases are used.

● *Ce théâtre se trouve **dans** une petite rue derrière la place.*
○ *C'est curieux, nous sommes passés **dans** cette rue mais nous ne l'avons pas vu.*

Dans le sud / l'est / l'ouest / le nord de l'Espagne
Au sud / au nord / à l'est / à l'ouest de Paris
À Berlin
Au / Dans le centre de Londres
Au centre-ville
Dans mon quartier / la rue
Pas loin de chez moi
(Tout) près de la fac / du port
(Juste) à côté de la gare / du stade
Sur le boulevard / la place du marché
À la piscine / Au Café des sports
Au 3 rue de la Précision
En face de la gare
Au bord de la mer / de la Garonne

- *Je vous recommande la pizzeria « Chez Geppeto ».*
- ○ *Ah bon ? C'est où ?*
- *Tout près de chez moi, place de la Fontaine.*

Note the difference between **dans le sud** and **au sud de**.

*Montpellier se trouve **dans le sud** de la France mais Barcelone se trouve **au sud de** la France.*

DAYS OF THE WEEK AND MOMENTS OF THE DAY

The days of the week

Days of the week are used without an article when they refer to the preceding day or the following day. To avoid confusion, you can add **dernier** or **prochain**.

***Samedi** (**dernier**), je suis allé au cinéma.*
***Samedi** (**prochain**), je vais au cinéma.*

When the days of the week are used with a definite article, they express something that happens on a regular basis.

*En France, les enfants n'ont généralement pas cours **le mercredi**.*

Moments of the day

In French, a day is traditionally divided into four parts:

▶ *le matin* (until noon)

▶ *l'après-midi* (starting at noon)

▶ *le soir* (starting around 6 or 7 pm and ending at midnight, with some minor differences according to the season, the region and the people)

▶ *la nuit* (time when it is dark outside, which can coincide in part with the morning and the evening).

***Le matin**, je me lève vers sept heures.*
***L'après-midi**, je rentre du travail vers dix-sept heures.*
***Le soir**, je me couche après vers onze heures.*
***La nuit**, je me lève souvent pour donner le biberon.*

You can combine a day of the week with a moment.

***Mercredi après-midi**, nous allons voir un spectacle de marionnettes avec les enfants.*

La matinée and **la soirée** are two expressions that focus more on the length of time. **L'après-midi** is used for both the moment and the length of time.

- *Votre commande sera livrée **dans la matinée**, ça vous convient ?*
- ○ *Oui, mais seulement **en début de matinée** car je vais sortir à dix heures.*

Watch out! *La matinée* has a different meaning in the world of entertainment and show business. It actually refers to an afternoon show as opposed to an evening show.

La nuitée is an expression that is only used for an overnight stay at a hotel.

deux cent onze | **211**

VOCABULAIRE

Nouns:

l'activité (f)	activity
l'après-midi (m, f)	afternoon
l'atelier (m)	workshop
l'atout (m)	asset
l'aube (f)	dawn
la balade	walk
la balle	ball
la bande dessinée (la BD)	comic book
le billet	ticket
la boîte (de nuit)	disco, club
le centre-ville	downtown
le ciné(ma)	movie theater
le cirque	circus
le concert	concert
la conférence	conference
le copain, la copine	friend (also, boy/girlfriend)
le correspondant, la correspondante	pen pal
le cours	class
la croisière	cruise
la dégustation de vin	wine tasting
l'endroit (m)	place
l'entrée (f)	entrance fee (here)
l'est (m)	east
l'exposition (f)	exhibit
l'invitation (f)	invitation
le jonglage	juggling
le lieu	place
le loisir	pastime
les marionnettes (f)	puppets
le match	game (football, basketball, etc.)
le monde	world
la musique classique	classical music
le nord	north
l'ouest (m)	west
la pièce de théâtre	theater play
le programme	program
le quartier	neighborhood
la randonnée urbaine	city walk, walking tour
la réduction	discount
la retouche de photos	photoshop
le salon	trade fair
le soir	evening
la soirée	party
le spectacle	show
le sud	south
le texte littéraire	literary text
le voyageur, la voyageuse	traveler

Adjectives:

chargé(e)	busy (here)
chouette	great
désolé(e)	sorry
drôle	funny
dur(e)	hard
ennuyeux, ennuyeuse	boring
épouvantable	horrible
génial(e)	great
incontestable	undeniable
joli(e)	pretty
libre	free, available
mauvais(e)	bad
nul, nulle	lousy

Verbs:

accepter	to accept
assister à	to attend
attendre	to wait
avoir envie de	to feel like
courir	to run
entendre parler de	to hear about something
découvrir	to discover
lire	to read
participer	to participate
prendre rendez-vous	to make an appointment
prendre un verre	to have a drink
prévenir	to warn, to inform
recommander	to recommend
refuser	to refuse
répondre	to answer
rêver	to dream
s'amuser	to have fun
s'en aller	to go away
s'initier	to learn the basics of
s'inscrire à	to register, to sign up
se charger de quelque chose	to take care of something
se retrouver	to meet
sortir	to go out
suivre un cours	to take a class
voir	to see

Some words and expressions:

à côté de	next to
ailleurs	somewhere else
aller en boîte	to go to a club
au bord de la mer	by the sea
au coin de	at the corner of
autre chose	something else
c'est pas mon truc (familiar)	it's not my cup of tea
c'est pas terrible (familiar)	it's not too good
c'est pas vrai!	I can't believe it!
ça me dit!	I would like to!
ça te/vous dit de...	would you like to...
d'accord	OK
en face de	across from
en matinée	during the morning
en plein air	outdoors
en soirée	during the evening
entendu	OK
être du matin	to be an early riser
être du soir	to be a night owl
faire du roller	to go roller skating/rollerblading
il paraît que....	I heard that...
loin de	far
mériter le détour	to be worth seeing
ouais	yeah
plein de	lots of
près de	close to
rester chez soi	to stay home
tout près de	very close to
volontiers	gladly
vraiment	really

15 SOCIÉTÉ EN RÉSEAU

We are going to organize a debate about the installation of surveillance cameras in our city.

1. PROFIL D'INTERNAUTE

A. Combien de temps passez-vous sur Internet ? Quel type d'internaute pensez-vous être ?

▶ Un « accro » au web : plus de 10 heures par jour
▶ Un utilisateur assidu : entre 7 et 9 heures par jour
▶ Un utilisateur fréquent : entre 3 et 6 heures par jour
▶ Un utilisateur occasionnel : entre 1 et 2 heures par jour
▶ Un « réfractaire » au web : jamais

● Moi je suis accro au web, j'y passe plus de 10 heures par jour.
○ Moi...

B. Sur quels types de sites passez-vous le plus de temps ? Classez-les par ordre de fréquentation.

Le site de votre messagerie électronique
Les sites de vos réseaux sociaux
Les sites de presse
Les sites de jeux en ligne
Les sites de musique en ligne
Les sites de téléchargement
Les sites d'achats en ligne
Les encyclopédies en ligne
Les sites de rencontres
Les chats
Les sites de plans (villes, pays...)
Les sites de vidéos en ligne

C. Comparez vos réponses avec celles du reste de la classe. Quels types de sites sont les plus visités ?

2. RÉSEAUX SOCIAUX ET VIE PRIVÉE

A. Lisez cet extrait d'un chat sur les réseaux sociaux organisé par un journal. Identifiez les inquiétudes et les solutions évoquées.

http://www.lindependant.nrp

L'indépendant

ACCUEIL   POUR ÉCRIRE À L'AUTEUR   S'ABONNER   ARCHIVES

Réseaux sociaux : faut-il s'en méfier ?

 Elisabeth Chordis, docteur en ingénierie informatique, répond aux questions des internautes sur les problèmes que posent les réseaux sociaux.

Sylvain : Je me pose beaucoup de questions sur les données me concernant et qui circulent sur le web. Y a-t-il un moyen de les contrôler ou de les supprimer ?

E.C : Malheureusement pour l'instant, il est très difficile de maîtriser ce qui circule sur la Toile. **Même si** vous poursuivez tous les auteurs de toutes ces utilisations abusives de votre image, vous aurez très peu de possibilités d'action. La meilleure façon de garder le contrôle de votre identité sur l'espace numérique, c'est encore de la créer vous-même, **car** si vous ne le faites pas, elle sera créée par les autres.

Webaddict : Je ne suis pas d'accord : on ne trouve sur le web que ce que vous y mettez. Si vous faites attention, il n'y a aucun danger. **Par contre**, si vous négligez certains paramètres techniques, vous vous exposez à ce que votre identité soit piratée.

E.C. : Ce n'est pas tout à fait vrai : le propre des réseaux sociaux, c'est que vous n'êtes pas le seul à manipuler votre image. **Autrement dit**, d'autres y ont accès et ils peuvent l'utiliser.

SofiX : **En effet**, certains réseaux vous demandent même de signer une licence perpétuelle et irrévocable pour le monde entier : il y a de quoi avoir peur !

Gamin4Phil : D'accord, **mais** il faut être réaliste : **d'une part**, les réseaux sociaux font partie de notre vie, que nous le voulions ou pas. Pour ceux qui en sont fatigués, ils peuvent à tout moment décider de faire un « seppuku virtuel » : il y a maintenant des sites web qui peuvent vous aider à « disparaître » de la Toile. **D'autre part**, il y a toutes sortes d'avantages à leur utilisation, autrement personne ne les utiliserait ! Aujourd'hui, des révolutions se préparent sur la Toile. **Aussi**, je pense que la question n'est pas tant de résister à ces réseaux, que de savoir comment bien les utiliser à son profit.

B. Écoutez la conversation entre Nico, Claire et Dany, qui ont suivi ce chat. Quelle est la position de chacun vis-à-vis des réseaux sociaux. De qui vous sentez-vous le plus proche ?

Track 7

● Moi, je suis assez d'accord avec Claire, parce que je pense aussi que...
○ Moi, je suis plus proche de Dany, parce que...

C. Relisez ce chat et observez les expressions en gras. Donnez-en un équivalent en français ou une traduction et discutez-en avec votre professeur.

3. LE DÉBAT EST OUVERT !

A. Lisez cet article sur l'accroissement des mesures de sécurité et les positions des internautes sur ce sujet. Ensuite, indiquez dans le tableau qui est pour et qui est contre.

L'ACTUALITÉ

Recherchez sur lactualite.nrp

Recevez gratuitement notre bulletin

ACCUEIL   ACTUALITÉS   DÉBATS   POLITIQUE   SOCIÉTÉ

Sécurité ou liberté ?

Installation de caméras de surveillance, multiplication de milices privées sur le territoire, surveillance de notre courrier électronique, des dispositifs pour faire face aux menaces terroristes, des lois donnant de nouveaux pouvoirs à la police pour lutter contre la criminalité générale…
La sécurité est devenue un thème majeur du débat politique ; mais jusqu'à quel point nos libertés individuelles sont-elles mises à mal ? Points de vue.

Vos réactions (6)

Isabelle
S'il s'agit de lutter contre la criminalité à petite ou grande échelle, alors il n'y a pas d'hésitation à avoir. Tout ce que peuvent nous offrir les nouvelles technologies est bon à prendre et je ne crois pas qu'il faille s'en priver. Bien sûr, les risques de dérive existent, mais je pense qu'on peut les contrôler ; les lois sont faites pour ça.

uncertain
Ce qui se passe est très inquiétant et je ne pense pas que ce soit un hasard. Sous prétexte de lutter contre la criminalité ou le terrorisme, on en profite pour restreindre nos libertés individuelles. On préfère sanctionner plutôt que prévenir et informer. Mais voilà : un peuple qui a peur est plus facilement gouverné.

Maurice
Je pense que plus ça va, plus on nous demande de supporter des mesures liberticides. Je ne veux pas être filmé tous les jours, je ne veux pas qu'on aille vérifier quels sites je consulte. Toute cette histoire de sécurité, c'est de la poudre aux yeux pour nous faire oublier les vrais problèmes.

Babette66
Je ne sais pas ce que vous en pensez, mais moi ça me rassure de savoir que mes enfants n'ont pas accès à certains sites et que, s'ils y accédaient, je le saurais. Je veux les protéger, alors j'utilise tout ce qui est disponible. Les considérations sur la liberté passent après !

Valérie
Je crois que faire des concessions sur notre liberté, c'est un moindre mal : certes, je n'aime pas être filmée 24 heures sur 24, mais j'avoue que, dans mon quartier, c'est indispensable. Quand je rentre tard le soir chez moi, je préfère savoir que quelqu'un me surveille.

J.M.
Dans quelle société vivons-nous ? Devons-nous avoir peur de notre voisin ? Je vous dirais honnêtement que je préfère me passer de tous ces gadgets inutiles qui se multiplient dans notre ville et je préférerais que l'on utilise l'argent de mes impôts pour l'aménagement de crèches et d'espaces verts.

	Pour les mesures de sécurité	Contre les mesures de sécurité
Isabelle		
uncertain		
Maurice		
Babette66		
Valérie		
J.M.		

B. Et vous, qu'en pensez-vous ? La sécurité est-elle un objet de débat dans votre pays ? Discutez-en dans la classe.

4. DES APPLICATIONS ÉTONNANTES !

A. Lisez la présentation de ces applications pour smartphone. Laquelle achèteriez-vous volontiers ?

http://www.ipomme.nrp

iPomme

Fonctionnalités · Design · Galerie · Caractéristiques techniques

LES PLUS VENDUES

MétéoVague

Surfeurs, *MétéoVague* est l'application qu'il vous faut : elle vous donne les conditions actualisées de tous les spots du monde. Vent, vagues, température de l'eau : toutes les informations dont vous avez besoin pour profiter au maximum de vos planches.

Quel temps ?

Une application dont le fonctionnement est très simple et qui vous donne la météo où que vous soyez. Avec surtout des données constamment fiables : elles sont actualisées toutes les 20 minutes !

Lisons

Lisons vous donnera toutes les informations sur les livres dont tout le monde parle mais que vous ne trouvez pas. Commandez les livres que vous voulez ou offrez-les dans des éditions spéciales dont vous pourrez personnaliser la couverture.

Ça pousse !

Vous n'avez pas la main verte ? Avec cette application, découvrez les secrets des plantes que vous aimez : conseils, trucs et astuces pour faire pousser des petites merveilles dont vous pourrez être fiers !

Rires

Vous vous ennuyez au bureau ou en soirée ? Cette application vous fera oublier votre ennui et souffler : une rafale de fous rires dont vous pouvez régler les paramètres (nombre de personnes, sexe, type de rire…). Irrésistible !

B. Observez les phrases avec **dont**. Comment fonctionne ce pronom relatif ? Discutez-en avec votre professeur.

C. À vous de créer une application. Par petits groupes, imaginez son nom et ses fonctions, et rédigez sa présentation. Quelle est l'application qui remporte le plus grand succès dans la classe ?

LE PRÉSENT DU SUBJONCTIF

Il se forme avec le radical du verbe à la 3e personne du pluriel du présent de l'indicatif pour **je**, **tu**, **il** et **ils**, et les formes de l'imparfait pour **nous** et **vous**.

	DEVOIR
ils doivent	que je doive
	que tu doives
	qu'il / elle / on doive
	qu'ils / elles doivent
nous devions	que nous devions
vous deviez	que vous deviez

Les verbes **être**, **avoir**, **faire**, **aller**, **savoir**, **pouvoir**, **falloir**, **valoir** et **vouloir** sont irréguliers.

	AVOIR	ÊTRE
que je / j'	aie	sois
que tu	aies	sois
qu'il / elle / on	ait	soit
que nous	ayons	soyons
que vous	ayez	soyez
qu'ils / elles	aient	soient

LE PRONOM RELATIF DONT

Dont peut être :

▶ complément de nom.
  *Je connais un gars **dont** le père est policier à Lille.* (= le père de ce gars est policier)

▶ complément d'un verbe construit avec la préposition **de**.
  *La privacité des données sur Internet est une question **dont** on parle souvent.* (= on parle souvent de cette question)

5. QU'EN PENSEZ-VOUS ?

A. Lisez ces phrases : êtes-vous d'accord ou pas d'accord ?

- ☐ Il existe des talents naturels.
- ☐ Aujourd'hui, on finit ses études de plus en plus tôt.
- ☐ Les femmes font plus attention à leur ligne que les hommes.
- ☐ On ne connaît jamais tout de son compagnon.
- ☐ On est toujours responsable de ce qui nous arrive.
- ☐ Il y a des langues plus faciles à apprendre que les autres.
- ☐ Pour réussir dans la vie, il faut avoir des diplômes.
- ☐ L'homme veut toujours accroître son pouvoir sur la nature.
- ☐ On ne peut jamais choisir son destin.

● *Moi, je ne crois pas qu'on soit toujours responsable de ce qui nous arrive.*

B. À votre tour, exprimez des idées polémiques que vous soumettrez à la classe.

● *Moi, je ne crois pas que les Jeux olympiques puissent être bénéfiques pour une ville.*
○ *Moi, je ne pense pas que...*

6. IL S'AGIT DE...

Track 8

A. L'animateur de ce débat télévisé annonce le thème de l'émission par une sorte de petite énigme. Écoutez ces quatre introductions et, à deux, faites des hypothèses sur les thèmes abordés.

	Indice	Mots-clés	Thème abordé
1	C'est un moment...		
2	C'est un thème...		
3	C'est un gaz...		
4	C'est un engin...		

B. Sur le même modèle, préparez une petite introduction sur un thème de votre choix puis lisez-la à haute voix. Vos camarades doivent deviner ce dont il va s'agir.

7. DILEMMES

A. Par groupes de quatre, choisissez un des thèmes suivants, ou un autre de votre choix. Dans le même groupe, deux d'entre vous vont prendre parti pour une option et les deux autres pour l'option contraire.

▶ Prendre la voiture ou les transports publics.
▶ Vivre en ville ou à la campagne.
▶ Étudier le français ou une autre langue.
▶ Travailler à l'étranger ou dans son propre pays.
▶ ...

B. Chaque binôme prépare son argumentation et défend brièvement son point de vue en réagissant aux arguments des autres. Utilisez des connecteurs logiques.

● *C'est vrai que si on prend la voiture, on a plus de liberté que si on se déplace avec les transports publics, mais...*

EXPRIMER UN POINT DE VUE

À mon avis,
D'après moi,
Je pense que
Je crois que	+ indicatif
Je ne pense pas que
Je ne crois pas que	+ subjonctif

Je pense que les caméras **sont** une solution.
Je ne pense pas que les caméras **soient** une solution.

LES EXPRESSIONS QUI ORGANISENT LE DÉBAT

On sait que la sécurité est un sujet très important.
En tant que sociologue, je dois dire que...
En ce qui concerne la violence dans certains quartiers, je trouve que...
D'une part, les parents ne surveillent pas suffisamment leurs enfants, **d'autre part**...
D'ailleurs, nous ne pouvons pas prétendre que les caméras résolvent tous les problèmes...

Les caméras sont aussi responsables d'une partie du problème, **c'est-à-dire que**...
En effet, l'insécurité n'est pas la seule responsable de...
Je ne partage pas l'avis de M. Delmas.
Certes, les parents doivent surveiller leurs enfants, **mais** Internet est une source d'information et...
Certains responsables de sites, **par contre,** ne comprennent pas qu'ils ont un rôle...

8. POUR OU CONTRE ?

A. L'émission télévisée *Parlons-en !* aborde ce soir le thème des caméras de surveillance. Écoutez la présentation des invités et complétez leur fiche.

Track 9

TV22

Marina Draman

• Mère au foyer

• 42 ans

❏ pour / ❏ contre

• Argument :

....

....

TV22

Pascal Lenne

• Président de l'Association pour la défense des libertés individuelles

• 38 ans

❏ pour / ❏ contre

• Argument :

....

....

TV22

François Canneau

• Capitaine de gendarmerie

• 46 ans

❏ pour / ❏ contre

• Argument :

Les caméras sont inefficaces.

TV22

Denis Lambert

• Directeur de CamReport

• 37 ans

❏ pour / ❏ contre

• Argument :

....

....

TV22

Lucien Rhodes

• Cinéaste

• 28 ans

❏ pour / ❏ contre

• Argument :

....

....

TV22

Raymonde Pariot

• Sociologue et historienne

• 67 ans

❏ pour / ❏ contre

• Argument :

....

....

B. Dans ce débat, choisissez votre camp : êtes-vous pour ou contre ? Formez des groupes du même avis et ajoutez des arguments.

● Moi, je suis plutôt d'accord avec Raymonde Pariot : je trouve aussi que...
○ Moi aussi...

C. Préparez-vous au débat : organisez vos arguments, justifiez vos points de vue, trouvez des exemples.

● On peut dire que les caméras sont une atteinte à la vie privée.
○ Oui, nous n'avons pas accès aux données enregistrées. Alors, si, par exemple,...

D. Le débat est ouvert : votre groupe devra affronter un groupe adverse. Débattez, mais essayez aussi d'arriver ensemble à une conclusion !

9. STARS DU RÉSEAU

A. Par petits groupes, comparez les données de ce texte à la situation de votre pays. Ensuite, discutez-en entre vous en classe.

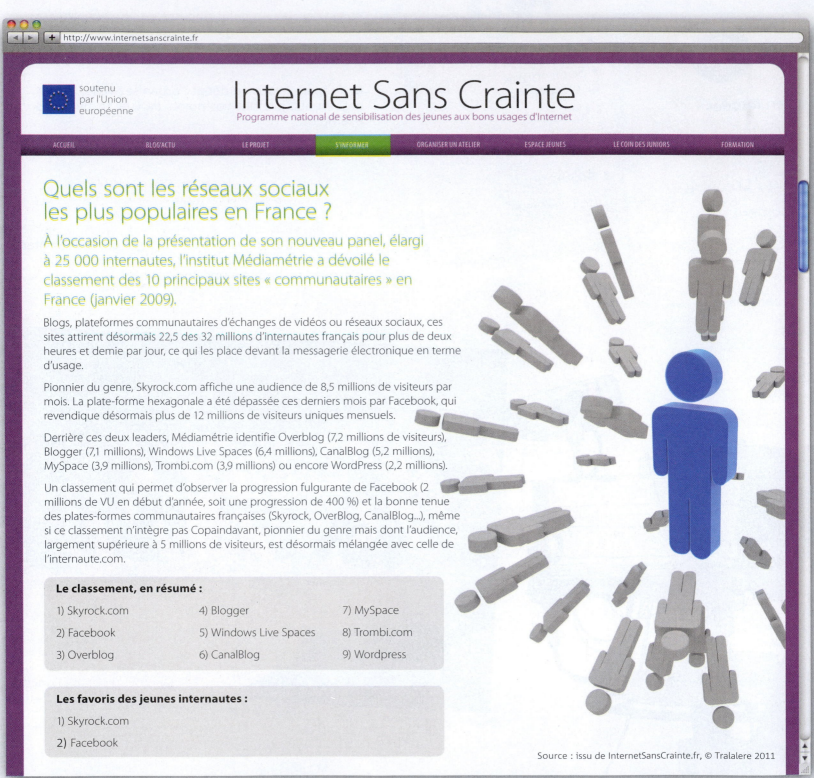

soutenu par l'Union européenne

Internet Sans Crainte
Programme national de sensibilisation des jeunes aux bons usages d'Internet

http://www.internetsanscrainte.fr

ACCUEIL   BLOG'ACTU   LE PROJET   S'INFORMER   ORGANISER UN ATELIER   ESPACE JEUNES   LE COIN DES JUNIORS   FORMATION

Quels sont les réseaux sociaux les plus populaires en France ?

À l'occasion de la présentation de son nouveau panel, élargi à 25 000 internautes, l'institut Médiamétrie a dévoilé le classement des 10 principaux sites « communautaires » en France (janvier 2009).

Blogs, plateformes communautaires d'échanges de vidéos ou réseaux sociaux, ces sites attirent désormais 22,5 des 32 millions d'internautes français pour plus de deux heures et demie par jour, ce qui les place devant la messagerie électronique en terme d'usage.

Pionnier du genre, Skyrock.com affiche une audience de 8,5 millions de visiteurs par mois. La plate-forme hexagonale a été dépassée ces derniers mois par Facebook, qui revendique désormais plus de 12 millions de visiteurs uniques mensuels.

Derrière ces deux leaders, Médiamétrie identifie Overblog (7,2 millions de visiteurs), Blogger (7,1 millions), Windows Live Spaces (6,4 millions), CanalBlog (5,2 millions), MySpace (3,9 millions), Trombi.com (3,9 millions) ou encore WordPress (2,2 millions).

Un classement qui permet d'observer la progression fulgurante de Facebook (2 millions de VU en début d'année, soit une progression de 400 %) et la bonne tenue des plates-formes communautaires françaises (Skyrock, OverBlog, CanalBlog...), même si ce classement n'intègre pas Copaindavant, pionnier du genre mais dont l'audience, largement supérieure à 5 millions de visiteurs, est désormais mélangée avec celle de l'internaute.com.

Le classement, en résumé :

1) Skyrock.com	4) Blogger	7) MySpace
2) Facebook	5) Windows Live Spaces	8) Trombi.com
3) Overblog	6) CanalBlog	9) Wordpress

Les favoris des jeunes internautes :

1) Skyrock.com

2) Facebook

Source : issu de InternetSansCrainte.fr, © Tralalere 2011

B. Et vous, faites-vous partie d'un réseau social ? Pourquoi ?

10. RENCONTRES EN LIGNE

A. Lisez ce texte. Connaissez-vous des couples qui se sont connus grâce à des sites de rencontre ? Racontez.

LE SECRET DE LEUR SUCCÈS

Selon l'Insee, la France compterait actuellement plus de 15 millions de célibataires, soit deux fois plus qu'il y a vingt ans. Une statistique ? Non, un véritable eldorado ! En dévoilant ces chiffres, en septembre dernier, l'Institut national de la statistique et des études économiques a fait saliver quantité d'entrepreneurs, toujours en quête de nouveaux marchés à conquérir...

Résultat : depuis quelques années, les sites de rencontres pullulent sur la Toile. On connaît presque tous, parmi ses relations, un couple noué sur Internet...

Mais cette étude est surtout extrêmement intéressante pour les entreprises qui animent ces sites. Un simple coup d'œil sur le parcours de Meetic, numéro 1 français et européen du domaine, suffit pour s'en convaincre. En à peine quatre ans, la petite start-up née à Boulogne-Billancourt s'est élevée parmi les géants du web, passant de 80 000 clients, en France, à plus de 20 millions, en Europe.

Le succès de Meetic et des autres géants de la rencontre en ligne, comme Match ou Parship, a bien évidemment aiguisé les appétits. Parmi tous les concurrents, de tailles diverses, qui tentent de s'approprier une part du gâteau, on trouve beaucoup de sites généralistes. Mais depuis quelque temps, on voit aussi se développer des sites spécialisés, s'adressant à un public dont le profil (culturel, ethnique, sociologique, etc.) est bien spécifique.

Désormais, on peut donc chercher l'âme sœur sur des sites communautaires, réservés à ceux qui partagent la même confession religieuse, la même couleur de peau ou les mêmes sensibilités politiques.

Alors, l'aventure vous tente ?

B. Comment expliquez-vous le succès de ces sites ? Êtes-vous pour ou contre ce genre de sites ? Pourquoi ?

15 SOCIÉTÉ EN RÉSEAU

HOW TO EXPRESS YOUR OPINION

You can use various expressions to voice an opinion.

At the beginning of a sentence, followed by a comma, you can use phrases such as:

À mon avis,	
D'après moi,	+ indicative
Selon moi,	

> **À mon avis**, nos libertés sont remises en cause par l'omniprésence de la technologie.

You can also use **personnellement, je pense que...**

> **Personnellement / Moi, je pense que** la technologie devient envahissante.

Certain verbs are also helpful for expressing your opinion.

Je pense que	
Je crois que	+ indicative
Je ne pense pas que	
Je ne crois pas que	+ subjunctive

> **Je pense qu'**Internet **est / sera** de plus en plus présent dans nos vies.
> **Je ne pense pas qu'il soit** bon de trop faire confiance à la technologie.

▶ To take sides
> Je suis pour / contre l'installation de caméras dans les rues.

▶ To agree or disagree
> Je suis d'accord / Je ne suis pas d'accord avec vous / avec ce que vous dites / avec ça.
> Je suis en accord / Je suis en désaccord avec vous.
> Je partage / Je ne partage pas ton avis / opinion.

To nuance your statements, you can use **pas du tout, absolument, totalement, tout à fait.**

▶ To express perfect agreement, you can say:
> Je suis tout à fait / absolument d'accord avec ce que tu dis.

▶ To disagree completely, you can say :
> Je ne partage absolument pas / pas du tout ce point de vue.

▶ To express disagreement more politely, you can say :
> Je ne suis pas vraiment / tout à fait de votre avis

You can also contradict someone politely by rephrasing the argument that was presented and then introducing your own idea.

> C'est vrai, mais...
> Il est vrai que..., mais...
> Certes, ... mais...

> **Certes, / Il est vrai / C'est vrai que** les nouvelles technologies nous facilitent la vie, **mais** elles sont trop envahissantes !

On va se baigner ?

Je ne crois pas que ce soit le moment...

On sait que le tabac est mauvais pour la santé.	You are presenting a well-known fact that everyone agrees upon.
En tant que médecin, je dois dire que...	You are stating an idea from a position of authority and knowledge.
Par rapport à l'interdiction de fumer dans les restaurants, je pense que...	You are introducing the topic you want to discuss.
D'une part, les jeunes ne sont pas assez informés sur les risques du tabac, **d'autre part**...	You are presenting two aspects of a topic, a fact or a problem.
Interdire n'est pas la bonne solution. **D'ailleurs,** l'histoire l'a très souvent démontré.	You are developing and reinforcing the argument or the point of view that was just presented.
Une meilleure communication intergénérations serait souhaitable, **c'est-à-dire que** les parents parlent avec leurs enfants.	You are providing an explanation.
Augmenter le prix du tabac pour réduire la consommation ne sert à rien. **En effet,** les ventes continuent d'augmenter régulièrement.	You are confirming and consolidating an idea that was just presented. This is also a way to signal agreement with the other speaker.
Les gens continueront à fumer **même si** le prix du tabac augmente beaucoup.	You are introducing an idea that you are rejecting.
Fumer est dangereux, **car** des particules de goudron se fixent dans les poumons et...	You are giving a reason the other speaker might not know.
Le tabac est en vente dans des distributeurs automatiques, **par conséquent**, il est très facile pour un mineur d'en acheter.	You are presenting a logical consequence.
La cigarette est mauvaise pour la santé, **par contre**, un bon cigare de temps en temps ne fait pas de mal.	You are introducing an idea that contrasts with something you previously stated.

THE SUBJUNCTIVE

How to form the subjunctive

▶ Regular verbs
The three singular persons (*je, tu, il/elle*) as well as the third person plural (*ils/elles*) are based on the stem of the third person plural of the present indicative.

DEVOIR	
PRESENT INDICATIVE	SUBJUNCTIVE
ils doiv-ent	*que je doiv-e* *que tu doiv-es* *qu'il/elle/on doiv-e* *qu' ils/elles doiv-ent*

The **nous** and **vous** forms of the subjunctive are identical to the **nous** and **vous** forms of the *imparfait*.

DEVOIR	
IMPARFAIT	SUBJUNCTIVE
nous devions *vous deviez*	*que nous devions* *que vous deviez*

▶ Irregular verbs
The verbs **être**, **avoir**, **aller**, **faire**, **savoir**, **pouvoir**, **valoir**, **vouloir** and **falloir** are irregular.

ÊTRE	AVOIR
que je **sois**	que j'**aie**
que tu **sois**	que tu **aies**
qu'il/elle/on **soit**	qu'il/elle/on **ait**
que nous **soyons**	que nous **ayons**
que vous **soyez**	que vous **ayez**
qu'ils/elles **soient**	qu'ils/elles **aient**

FAIRE	ALLER
que je **fasse**	que j'**aille**
que tu **fasses**	que tu **ailles**
qu'il/elle/on **fasse**	qu'il/elle/on **aille**
que nous **fassions**	que nous **allions**
que vous **fassiez**	que vous **alliez**
qu'ils/elles **fassent**	qu'ils/elles **aillent**

SAVOIR	POUVOIR
que je **sache**	que je **puisse**
que tu **saches**	que tu **puisses**
qu'il/elle/on **sache**	qu'il/elle/on **puisse**
que nous **sachions**	que nous **puissions**
que vous **sachiez**	que vous **puissiez**
qu'ils/elles **sachent**	qu'ils/elles **puissent**

VOULOIR	VALOIR
que je **veuille**	que je **vaille**
que tu **veuilles**	que tu **vailles**
qu'il/elle/on **veuille**	qu'il/elle/on **vaille**
que nous **voulions**	que nous **valions**
que vous **vouliez**	que vous **valiez**
qu'ils/elles **veuillent**	qu'ils/elles **vaillent**

FALLOIR – IL FAUT (IMPERSONAL VERB)
qu'il **faille**

How to use the subjunctive

The subjunctive is used to state that something is:

▶ necessary, desirable, possible. In this case it is introduced by verbs that express will and necessity (**falloir, vouloir, souhaiter...**) or by phrases (**pour que, afin que**).

Pour que tu aies une réduction, **il faut que tu réunisses** au moins 10 points.

▶ uncertain, doubtful, probable or hardly probable. In this case, it is introduced by verbs or verb phrases that express doubt, unlikeliness or uncertainty (**ne pas être sûr que, douter que, ne pas penser que, ne pas croire que, être probable que, être peu probable que...**).

Je ne suis pas sûr qu'il puisse venir à la fête.
Il est probable que nous venions avec les enfants.

Watch out! The subjunctive requires that the subjects of both clauses be different. If the subject of the main clause is the same as the subordinate clause, the indicative will be used, not the subjunctive:

Je ne suis pas sûr de pouvoir venir à la fête.

THE RELATIVE PRONOUN **DONT**

Dont is a relative pronoun that replaces a group of words introduced by the preposition **de / d'**. It can be used:

▶ in a possessive structure.

*Je connais un garçon **dont** le père est animateur à la télé.*
(= Le père de ce garçon est animateur.)

In this case, note that **dont** is always followed by a definite article (**le, la** or **les**).

● *Mais de qui tu parles ?*
○ *De la fille **dont les** parents ont un restaurant sur les Champs-Élysées.*

▶ with verbs that are followed by the preposition **de**.

*C'est une chose **dont** on parle souvent. (= On parle de la télévision.)*

● *Et si on allait au Japon cet été ?*
○ *Fantastique ! C'est un voyage **dont** je rêve depuis des années. (= Je rêve de faire un voyage au Japon.)*

VOCABULAIRE

Nouns:

les achats (m)	purchases
l'accro (m, f) (familiar)	addict
l'application (f)	app
l'avantage (m)	advantage
la caméra de surveillance	surveillance camera
le chat	(here) chatting
le classement	ranking
le compte	account
le courrier électronique	email
la crainte	fear
la criminalité	criminality
le débat	debate
la délinquance	delinquency
le destin	destiny, fate
les données (f)	data
l'encyclopédia (f)	encyclopedia
l'enregistrement (m)	recording
l'espace numérique (m)	digital space
l'espace privé	private space
la gendarmerie	police station
l'identité (f)	identity
les impôts (m)	taxes
l'ingénierie informatique (f)	computer engineering
l'inquiétude (f)	worry
l'internaute (m, f)	Internet surfer
le jeu	game
la liberté	freedom
le lieu public	public place
la loi	law
la lutte	struggle
le malfaiteur	criminal
la messagerie électronique	electronic mail service (email)
les mesures de sécurité (f)	security measures
la météo	weather report
l'opinion (f)	opinion
le plan	map
le point de vue	point of view
le pouvoir	power
la presse	press, newspapers
le profil	profile
le, la réfractaire	someone who rejects, refuses something
le regard	look
le réseau	network
le réseau social	social network
la sécurité	security
le seul, la seule	the only one
le site	site
le site de rencontres	dating site
la solution	solution
le sujet	topic
le téléchargement	download
la Toile	the web
la vidéo	video
la vie privée	private life

Adjectives:

actualisé(e)	updated
assidu(e)	assiduous
efficace	efficient
étonnant(e)	surprising
évoqué(e)	evoked, brought up
fiable	reliable
fréquent(e)	frequent
indéniable	undeniable
individuel(le)	individual
inefficace	ineffective
inquiétant(e)	worrisome
mensuel(le)	monthly
numérique	digital
occasionnel(le)	occasional
perpétuel(le)	everlasting
populaire	popular
rassuré(e)	reassured
responsable	responsible
véritable	true, real
virtuel(le)	virtual
vrai(e)	true

Verbs:

accroître	to increase
affronter	to confront
aider	to help
attirer	to attract
circuler	to go around
concerner	to concern
contrôler	to control
consulter	to consult, to visit (a site)
créer	to create
diminuer	to decrease
discuter de	to discuss
disparaître	to disappear
dissuader	to dissuade, to discourage
lutter contre	to fight against
maîtriser	to be in control, to master
mettre	to put
pirater	to pirate
profiter de	to take advantage of
protéger	to protect
restreindre	to restrain
réussir	to succeed
s'inquiéter de	to worry
se méfier de	to be suspicious
poursuivre	to sue
supprimer	to cancel
surveiller	to supervise
utiliser	to use
vandaliser	to vandalize

Some words and expressions:

autrement	otherwise
autrement dit	in other words
avoir accès à	to have access
avoir la main verte	to have a green thumb
car	because
certes	certainly, indeed
c'est-à-dire	that is to say, i.e.
contre	against
d'ailleurs	moreover, besides
d'après moi	in my opinion
d'une part... d'autre part	on the one hand... on the other hand
en ce qui concerne	concerning
en effet	indeed
en ligne	online
en tant que	as (as in "as a teacher")
être d'accord	to agree
être du même avis	to share the same opinion
faire attention	to be careful
faire attention à sa ligne	to watch one's weight
faire partie de	to be part of
graduellement	gradually
il s'agit de	it's about
mais	but
même si	even if
on sait que	we know that
par conséquent	therefore
par contre	on the other hand
par rapport à	regarding
partager l'avis de quelqu'un	to share someone's views
passer du temps	to spend time
plutôt que	rather than
poser un problème	to cause a problem
se poser des questions	to wonder
volontiers	gladly

16 PORTRAITS CROISÉS

LE PERSONNAGE MYSTÉRIEUX

Comme chaque année, nous vous proposons de participer à un concours qui vous permet de gagner un abonnement d'un an à notre magazine. Vous devez seulement nous dire laquelle de ces personnalités a répondu à ce portrait chinois. Bonne chance !

Si j'étais une saison, je serais... **le printemps.**

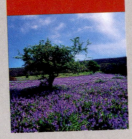

Si j'étais un fruit, je serais... **le fruit de la passion**.

Si j'étais une ville, je serais... **Paris.**

Si j'étais un vêtement, je serais... **un kilt ou un T-shirt rayé.**

Si j'étais un roman, je serais... *Du côté de chez Swann* de Marcel Proust.

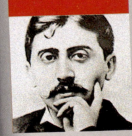

Si j'étais une musique, je serais... **la techno.**

Si j'étais une heure, je serais... **4 heures du matin.**

Si j'étais des couleurs, je serais... **le blanc et le bleu.**

Si j'étais un objet, je serais... **un flacon de parfum.**

Si j'étais une boisson, je serais... **du champagne.**

We are going to create a personality test and prepare a job interview.

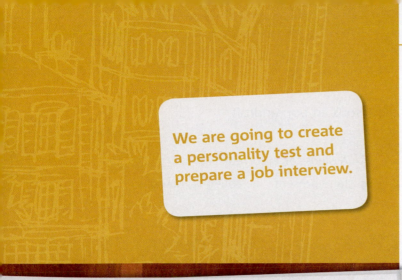

1 — JULIETTE BINOCHE

2 — JEAN-PAUL GAULTIER

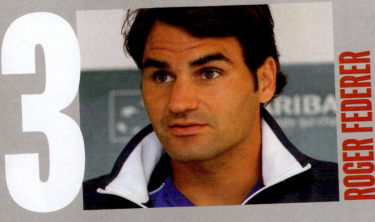

3 — ROGER FEDERER

1. QUI ÊTES-VOUS ?

A. Une revue a publié ce portrait chinois. À votre avis, de qui s'agit-il ?

Track 10

B. Écoutez cette conversation à propos de ce concours et vérifiez votre réponse.

C. Relisez maintenant le portrait de la revue : êtes-vous d'accord avec la description de la star en question ? Si vous ne la connaissez pas, cherchez des renseignements sur elle (sur Internet, par exemple).

D. Quelles autres caractéristiques proposez-vous pour décrire cette personne ? Par deux, écrivez trois autres phrases dans le style du même portrait chinois.

● Si j'étais un personnage de fiction, je serais...

E. Écrivez votre portrait chinois.

Si j'étais un fruit, je serais...

Si j'étais des couleurs, je serais...

Si j'étais un vêtement, je serais...

Si j'étais un objet, je serais...

Si j'étais une boisson, je serais...

Si j'étais une musique, je serais...

Si j'étais une saison, je serais...

Si j'étais une ville, je serais...

Si j'étais un roman, je serais...

Si j'étais une heure, je serais...

Si j'étais...

F. Ramassez tous les portraits de la classe. Mélangez-les et redistribuez-les. Chacun devine à qui correspond le portrait qu'il a reçu.

2. VIE SOCIALE

A. Voici deux extraits de romans-photos. Remplacez les phrases ci-dessous au bon endroit.

Track 11 Ensuite, écoutez et vérifiez.

a. Asseyez-vous, je vous en prie !

b. Mais asseyez-vous donc...

c. Entrez, je vous en prie !

d. Entrez, entrez.

e. Vas-y... Entre !

f. Assieds-toi, si tu veux.

g. Je te présente ma collègue, Marie.

L'ENTRETIEN
Fabienne a un entretien important...

....
....

Mme Nespopoulos ?

J'ai vu votre C.V. Vous avez fait de brillantes études !

Mon Dieu, comme il est beau !!!

....
....

Merci.

Bien, je vous écoute.

LA FÊTE
Nadia organise une petite fête chez elle...

On se voit demain ?

OK, j'apporte quelque chose ? Du vin ?

Le lendemain...

Oui, tes indications étaient très claires.

Bonjour ! ....

Vous avez trouvé sans problème ?

....
....

Bonjour ! Enchantée !

....
Qu'est-ce que je vous offre ?

Salut Paul !

Salut !

Qu'est-ce qu'il est mignon !!!

....

Merci.

B. Quand dit-on généralement **vous** entre adultes, en France ? Cochez les bonnes réponses.

On utilise **vous** quand on parle...

à plusieurs personnes à la fois.	à un supérieur hiérarchique.
à une personne que l'on ne connaît pas.	au professeur.
à une personne avec qui on a des contacts superficiels (un voisin, un commerçant...).	à quelqu'un de sa famille.
à un(e) ami(e).	à un(e) camarade de classe.
à une personne âgée.	à un(e) collègue de même niveau hiérarchique.

3. VOUS CONNAISSEZ-VOUS ?

Répondez à ce test, puis, avec un camarade, comparez vos réponses. Lequel d'entre vous est le plus sociable ? À quoi le voit-on ?

Sociable ou misanthrope ?

Contraints de vivre en société, nous le supportons plus ou moins bien : entre amour et haine d'autrui, où vous situez-vous ? Êtes-vous conscients de votre degré de sociabilité ? Ce test vous aidera à vous connaître un peu mieux et à découvrir votre rapport aux autres.

1. Vous bloquez la rue avec votre voiture et un automobiliste klaxonne...
   A. Vous lui souriez sans bouger.
   B. Vous vous excusez et vous partez immédiatement.
   C. Vous l'ignorez complètement.

2. Quel animal aimeriez-vous être ?
   A. Un chimpanzé.
   B. Un ours.
   C. Un agneau.

3. Un ami vous a appelé mais vous étiez absent.
   A. Vous attendez qu'il rappelle.
   B. Vous l'appellerez après dîner.
   C. Vous l'appelez immédiatement.

4. Si vous deviez partir vivre ailleurs, vous iriez à...
   A. New York.
   B. Oulan-Bator.
   C. Bombay.

5. Un touriste étranger vous demande son chemin...
   A. Vous répondez : « Sorry, I don't speak English ».
   B. Si vous avez le temps, vous l'accompagnez jusqu'à sa destination.
   C. Vous lui recommandez de prendre un taxi.

6. Si vous ne deviez pas travailler, qu'est-ce que vous feriez ?
   A. Vous iriez tous les soirs en boîte.
   B. Vous iriez vivre dans un petit village perdu.
   C. Vous feriez du bénévolat dans une ONG.

7. Si vous vous inscriviez à une activité de loisir, ce serait...
   A. du basket-ball.
   B. de la natation.
   C. de la salsa.

8. Si vous pouviez vivre la vie d'un personnage de fiction, qui aimeriez-vous être ?
   A. Robinson Crusoé.
   B. Spiderman.
   C. Arsène Lupin.

9. Si vous invitiez cinq personnes à dîner ce soir et qu'il vous manquait trois chaises, qu'est-ce que vous feriez ?
   A. Vous iriez demander trois chaises à un voisin.
   B. Vous organiseriez un buffet froid.
   C. Vous annuleriez le repas et passeriez la soirée tout seul.

10. Si vous voyiez un aveugle sur le point de traverser un carrefour dangereux, qu'est-ce que vous feriez ?
   A. Vous l'observeriez pour intervenir si c'était nécessaire.
   B. Vous le prendriez par la main pour l'aider à traverser.
   C. Vous penseriez qu'il doit être habitué à traverser ce carrefour et vous continueriez votre chemin.

Vous avez une majorité de

Sociable et généreux !

Vous êtes quelqu'un de très sociable. Vous êtes toujours attentif aux besoins des autres et vous avez bon caractère. Mais attention à ne pas laisser certaines personnes abuser de votre confiance !

Vous avez une majorité de

La société représente pour vous le confort !

Vous êtes sociable par intérêt : vous préférez les avantages que vous offre la vie en société et vous êtes quelqu'un de fondamentalement urbain. Pas question pour vous de vous exiler au fond de la forêt amazonienne, car vous pensez que vous n'avez rien à y faire.

Vous avez une majorité de

Vous manquez de confiance en la société !

Vous avez une tendance misanthrope. Vous avez besoin d'être seul pour vous détendre réellement et être capable d'affronter le stress de la vie en société. Vous vous sentez parfois attiré par les expériences mystiques.

● Moi, je pense que tu es plus sociable que moi parce que tu as choisi...

4. JE PENSE À QUELQUE CHOSE...

A. Par petits groupes, pensez à quelque chose (objet, animal...) que vous allez devoir faire deviner à vos camarades.

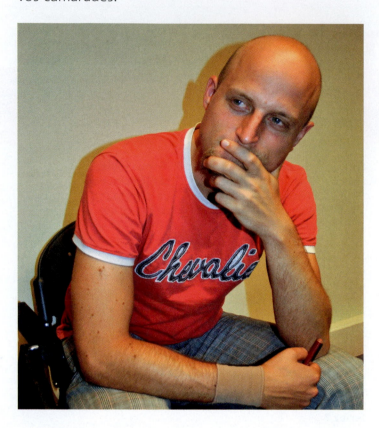

B. Trouvez des phrases pour définir ce que vous avez choisi.

C. Posez la devinette à la classe.

- On les considère comme les meilleurs amis de l'homme et il faut leur mettre un collier.
- Les chiens !

5. TRAVAILLER POUR VIVRE OU VIVRE POUR TRAVAILLER ?

A. Faites ce test de personnalité.

Test de personnalité	Oui	Non
1 Si vous gagniez beaucoup d'argent au loto, continueriez-vous à travailler ?		
2 Si vous étiez propriétaire d'une grande société, iriez-vous au bureau tous les jours ?		
3 Si vous étiez responsable d'un projet très important en retard, sacrifieriez-vous votre unique semaine de vacances pour le terminer ?		
4 Si votre société était en difficulté financière, accepteriez-vous de renoncer à quelques mois de salaire ?		
5 Si on vous proposait d'avoir plus de responsabilités avec le même salaire, accepteriez-vous ?		
6 Si vous acceptiez de remplacer un collègue sur un projet, lui demanderiez-vous de vous rendre le même service plus tard ?		
7 Si votre société organisait une fête que vous savez particulièrement ennuyeuse, y assisteriez-vous malgré tout ?		
8 Si vous aviez la possibilité de ne pas aller travailler sans que personne ne le sache, iriez-vous malgré tout ?		
9 ...		

B. Ajoutez d'autres questions pertinentes à ce test et soumettez-les à un camarade. Que pouvez-vous dire de lui ?

LES PRONOMS COD ET COI

	COD	COI
SINGULIER	la / le / l'	lui
PLURIEL	les	leur

- *Tu vois Marie ce soir ? Vous faites quoi ?*
- *Oui, je **la** vois ; je **l'**emmène au cinéma.*

La place des pronoms COD et COI

Les pronoms COD et COI se placent avant le verbe simple ou avant l'auxiliaire aux temps composés.
> *La télé, je **la** regarde surtout le week-end.*
> *Je **lui** ai parlé.*
> *Ne **lui** dis rien.*

Cependant, si le verbe est à l'impératif affirmatif, le pronom se place derrière le verbe.
> *Regarde-**la** bien ! Tu ne trouves pas qu'elle ressemble à ta mère ?*
> *Expliquez-**leur** bien le chemin.*

LES DOUBLES PRONOMS

Avec des verbes aux temps simples

Si le verbe a deux compléments d'objet de 3e personne, l'un direct, l'autre indirect, c'est le complément d'objet direct qui se place en premier.
> *Je donne le cadeau à ma sœur.*
> *Je **le** donne à ma sœur.*
> *Je **lui** donne le cadeau.*
> *Je **le lui** donne.*
> *Donne-**le lui**.*

6. CE SOIR, BABY-SITTER !

Track 12

A. Écoutez ce dialogue entre Mme Jullien et la baby-sitter de ses enfants et notez ce que la jeune fille doit faire.

B. Maintenant, complétez la note laissée par Mme Jullien pour Martine.

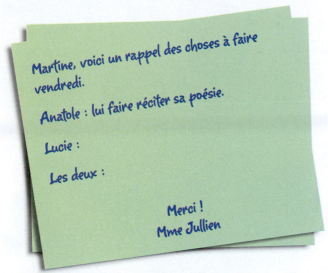

Martine, voici un rappel des choses à faire vendredi.

Anatole : lui faire réciter sa poésie.

Lucie :

Les deux :

Merci !
Mme Jullien

7. FERMEZ LES YEUX...

Track 13

A. Vous allez entendre une histoire. Fermez les yeux et imaginez que vous partez en voyage dans le désert du Sahara. Imaginez les scènes suggérées et répondez mentalement aux questions qui vous sont posées. Profitez des pauses pour ouvrir les yeux et noter rapidement ces réponses.

B. Maintenant, ouvrez lentement les yeux et regardez ce que vous avez écrit. Le professeur va vous donner des clés pour interpréter vos réponses. Est-ce que vous êtes d'accord avec ces interprétations ? Parlez-en avec un camarade.

8. VOYAGE, VOYAGE

A. Avec un ami, vous rêvez de participer à une expédition extraordinaire. Vous savez que c'est difficile (problème de temps, d'argent...) et dangereux (climat, situation politique...), mais rien n'empêche de rêver ! Par deux, choisissez une expédition et décrivez ce que vous feriez si vous pouviez l'organiser. Partagez-la ensuite avec la classe.

● Si nous avions le courage, nous irions à..., nous ferions...

B. Vous avez de la chance : votre rêve se réalise, mais, avant de partir, vous devez rassurer un proche qui s'inquiète. Dans la classe, choisissez un des projets imaginés. Puis, par petits groupes, faites une liste d'objections à ce voyage et soumettez-les à un camarade : celui-ci devra improviser une réponse rassurante !

● Vous voulez gravir l'Everest ? Et si vous êtes pris dans une tempête ?
○ Ne t'inquiète pas, si nous sommes pris dans une tempête, nous nous abriterons...
● Et si vous avez le mal des montagnes ?
○ Dans ce cas, nous redescendrons aussitôt...

Avec des verbes aux temps composés
Au passé composé et au plus-que-parfait, l'ordre des pronoms reste le même. Ils se placent avant l'auxiliaire.

▶ Au passé composé :
J'ai donné la montre à Pierre.
Je l'ai donnée à Pierre.
*Je **lui** ai donné la montre.*
*Je **la lui** ai donnée.*

▶ Au plus-que-parfait :
J'avais donné la montre à Pierre.
Je l'avais donnée à Pierre.
*Je **lui** avais donné la montre.*
*Je **la lui** avais donnée.*

Attention !
Le participe passé s'accorde avec le pronom COD placé avant.

*Je **la lui** ai dite.*

L'EXPRESSION DE L'HYPOTHÈSE (1)

▶ **Si** + présent / futur.
● *Si l'un de vous tombe malade ?*
○ *Si l'un de nous tombe malade, l'autre le soignera.*

▶ **Si** + imparfait / conditionnel présent.
● *Si vous gagniez beaucoup d'argent à la loterie, qu'est-ce que vous feriez ?*
○ *Je ferais le tour du monde.*

9. RÈGLES ET USAGES

A. Regardez la photo : à votre avis, le comportement du candidat est-il adéquat ? Pourquoi ?

RÈGLES D'OR DE L'ENTRETIEN D'EMBAUCHE

Tous les conseils pour réussir l'étape finale de votre recherche d'emploi : l'entretien d'embauche

Vous êtes jeune diplômé et vous allez vous présenter à votre premier entretien d'embauche ? Vous êtes étranger et vous cherchez du travail en France ? Voici les règles d'or de l'entretien d'embauche :

- Soignez votre apparence, soyez poli et souriant. Sachez que la première impression que vous produirez sera déterminante.
- Montrez-vous sûr de vous, mais sans être arrogant.
- Faites attention à votre attitude, à votre gestuelle et à vos mimiques.
- N'oubliez pas de regarder votre interlocuteur ! En effet, selon certaines études, 90% de la communication passe par le langage non-verbal !

À ÉVITER

- Manquer de ponctualité.
- Négliger votre aspect vestimentaire.
- Vous approcher à moins de 90 centimètres de votre interlocuteur.
- Serrer mollement la main de votre interlocuteur (votre poignée de main doit être ferme).
- Prendre l'initiative de vous asseoir : attendez que votre interlocuteur vous y invite.
- Fuir le regard de votre interlocuteur. Regardez-le dans les yeux, sans le fixer cependant.
- Lui proposer de vous tutoyer.

B. Lisez le texte et vérifiez vos réponses à la question **A**.

C. Est-ce que vous connaissez d'autres règles ? Rédigez-les.

● Dans mon pays, on ne doit pas serrer la main de son interlocuteur.

10. NOUVEAUX MÉTIERS

A. Lisez cet article. Avez-vous déjà entendu parler de ces nouveaux métiers ? Connaissez-vous d'autres exemples ?

DES MÉTIERS À LA MODE

Aujourd'hui, la crise touche tous les secteurs et il faut beaucoup d'astuce pour se tirer d'affaire et continuer à proposer des services qui restent compétitifs. Or, à l'heure où le « free lance » semble se généraliser, certains jeunes entrepreneurs ont fait le choix de l'originalité et se sont lancés à la conquête d'un marché qu'ils contribuent à créer et enrichir. Voici quelques exemples de ces nouveaux métiers qui fleurissent sur Internet.

« COMMUNITY MANAGER »
Extrêmement sociable et doté d'un réseau de relations important, il communique sur l'image de marque de son entreprise au moyen des réseaux sociaux qu'il maîtrise parfaitement.

CONSULTANT EN PHILANTHROPIE
Doté d'un solide esprit d'analyse et d'un goût pour les bonnes actions, il permet aux entreprises de renforcer leur lien social en prouvant leur solidarité par des actions sociales.

B. Voici d'autres métiers, imaginaires et farfelus. Pouvez-vous en écrire la description ? Quelles seraient les qualités requises pour les exercer ?

1. Psychologue pour plantes vertes :

....

....

2. Gardien de nains de jardin :

....

....

3. Préparateur physique pour tortues de course :

....

....

4. Contrôleur aérien pour oiseaux migrateurs :

....

....

C. À vous d'inventer un nouveau métier. Par groupes de trois, il vous faudra trouver un nom, un ensemble de fonctions et des qualités pour pouvoir l'exercer. Remplissez le tableau.

Nom du métier	
Description des fonctions	
Qualités requises	

D. Maintenant, chaque groupe doit élaborer un portrait chinois pour préparer un entretien d'embauche adapté au métier qu'il aura inventé.

Si vous étiez un animal, seriez-vous... ?

E. Chaque personne du groupe va faire passer le test à une autre personne, sans lui dire de quel métier il s'agit. Choisissez votre candidat idéal et partagez vos conclusions avec la classe.

Le travail et ses lois

Tout au long du vingtième siècle, de grandes lois sociales ont rythmé l'histoire des Français au travail. En 1906, le repos dominical est imposé et en 1919 on passe à la journée de huit heures et à la semaine de quarante-huit heures. Mais l'année qui restera gravée dans la mémoire collective est associée au Front populaire. C'est en effet en 1936, sous le gouvernement de Léon Blum, que deux lois sociales instaurent la semaine de quarante heures et le droit pour tous les salariés à douze jours de congés payés par an.

À partir de 1982, on assiste à une augmentation du temps libre et le droit aux loisirs s'impose au même titre que le droit au travail. Cependant, de nombreux Français s'interrogent sur cette évolution, car ils ont le sentiment que le niveau de stress au travail a, lui aussi, augmenté. Par ailleurs, pour beaucoup, le travail est un moyen de donner un sens à leur vie et ils se demandent si le travail n'a pas été dévalorisé au profit des loisirs.

Les 35 heures... une loi aux effets controversés

L'an 2000 est marqué par l'application de la loi sur la réduction du temps de travail, appelée populairement « RTT » : elle rend possible la mise en place de la semaine des trente-cinq heures. Cependant, cette loi reste controversée. Selon un sondage publié dans le quotidien régional *Sud Ouest* (édition du 8 janvier 2011), si 28 % des Français concernés pensent qu'elle a diminué la qualité de leur vie quotidienne (augmentation de la pression sur les salariés tant au niveau de la productivité que de la flexibilité), 52 % d'entre eux se déclarent contre la suppression des trente-cinq heures, même si cette loi n'a pas tenu ses promesses en matière de création d'emplois.

▲ Grève pour les 8 heures de travail par jour en France (1906)

Depuis quelques années, des lois viennent assouplir les trente-cinq heures : en 2007 notamment, une loi défiscalise les heures supplémentaires, encourageant ainsi les entreprises à en proposer davantage. L'instauration, en 2004, de la Journée de solidarité (journée travaillée mais non payée, au profit d'actions d'aide aux personnes âgées) après la canicule de 2003, est souvent perçue comme une concession faite à l'augmentation du temps de travail.

Finalement, si la RTT était à l'origine motivée par des considérations humanistes (travailler moins pour profiter plus de sa vie) et économiques (lutter contre le chômage en répartissant mieux le travail), elle semble avoir eu du mal à résister aux impératifs de croissance et de compétition imposés par une économie mondialisée.

1906	Obligation du repos dominical
1919	Passage à la journée de 8 heures et à la semaine de 48 heures
1936	Droit à 2 semaines de congés payés
1956	Droit à une 3e semaine de congés payés
1982	Droit à une 5e semaine de congés payés, à la semaine de 39 heures et à la retraite à 60 ans
2000	Application de la loi sur les 35 heures par semaine
2004	Suppression du Lundi de Pentecôte, qui devient la Journée de la solidarité
2007	Défiscalisation des heures supplémentaires (loi TEPA)

▲ Manifestation pour une retraite solidaire et la défense des 35 h (2008)

11. POUR OU CONTRE ?

Selon le texte, quels sont les arguments en faveur des 35 heures ? Les arguments contre ? Et vous, qu'en pensez-vous ? Discutez-en entre vous.

12. UNE SEMAINE, ÇA DURE COMBIEN DE TEMPS ?

Combien d'heures travaille-t-on par semaine dans votre pays ? Y a-t-il un débat sur le temps de travail ? Quelles seraient les réactions de vos compatriotes si une loi y réduisait la durée du travail hebdomadaire ?

16 PORTRAITS CROISÉS

DIRECT AND INDIRECT OBJECT PRONOUNS

Direct object pronouns

A direct object pronoun replaces a noun or a noun phrase. It provides a way to avoid redundancy in your sentence.

Direct object pronouns can represent an object, an animal, a person, or an idea. They are used in direct structures, i.e. in structures where the verb is not followed by a preposition. They are placed before the verb to which they are linked.

- *Est-ce que tu regardes souvent la télé ?*
- *Non, je **la** regarde un peu le soir, mais je préfère aller sur Internet.*

Il (ne)	me/m'	
	te/t'	
	le/l'	regarde (pas).
	la/l'	écoute (pas).
		comprend (pas).
	nous	aide (pas).
		aime (pas).
	vous	
	les	

Note that in the affirmative imperative, direct object pronouns are placed after the verb and linked by a hyphen.

Regarde(z) Lève(z) Aide(z)	-moi !
	-toi !
	-le !
	-la !
	-nous !
	-vous !
	-les !

Indirect object pronouns

An indirect object pronoun also replaces a noun or a noun phrase. These pronouns are also used to avoid redundancy. However, indirect object pronouns can only represent a person or an animal. They are placed before the verb to which they are linked.

- *Tu as téléphoné à Pierre ?*
- *Non, je vais **lui** téléphoner après manger.*

To identify an indirect object pronoun, you must make sure that the preposition **à** is part of the verb structure, and that it does not introduce a place (in which case the pronoun would be **y**).

Note that many of the verbs that use the preposition **à** are verbs of communication (**parler à, écrire à, téléphoner à,** etc.).

Il (ne)	me/m'	
	te/t'	téléphone (pas).
	lui	offre (pas).
		dit (pas).
	nous	explique (pas).
		parle (pas).
	vous	
	leur	

Note that in the affirmative imperative, indirect object pronouns are placed after the verb and linked by a hyphen.

Parle(z) Donne(z)	-moi !
	-toi !
	-lui !
	-nous !
	-vous !
	-leur !

In informal speech, direct and indirect object pronouns are sometimes used before the noun to which they are linked has even been introduced.

*Alors, tu **les** as faits tes devoirs ?*
*Qu'est-ce que tu **lui** as acheté à maman pour son anniversaire ?*

Note that with certain verbs, pronouns representing a person are always used in their stressed form : **moi, toi, lui, elle, nous, vous, eux, elles**.

- *Tes parents te manquent beaucoup ?*
- *Oui, je pense souvent à **eux**.*

- *J'ai rencontré Élisabeth au supermarché.*
- *Ah justement, je pensais à **elle** ce matin.*

- *Je vais faire une course, tu veux bien t'occuper de ton petit frère ?*
- *D'accord, je m'occupe de **lui**.*

COMBINING TWO OBJECT PRONOUNS

It is possible to combine a direct and an indirect object pronoun in the same sentence, but there is a set order in which the pronouns appear (except for the affirmative imperative – see below).

1. *me, te, nous, vous*
2. *le, la, les*
3. *lui, leur*

- *Est-ce que tu peux me prêter ton livre de maths ?*
- *Oui voilà, je **te le** prête.*

- *As-tu offert cette écharpe à Marie ?*
- *Non, je ne **la lui** ai pas offerte.*

In the affirmative imperative, the order of the pronouns is the following:

1. *le, la, les*
2. *moi, toi, lui, nous, vous, leur*

- *Je ne sais pas quoi faire de ces vieilles assiettes.*
- *Offrez-**les lui** ! Il en a besoin !*

- *Est-ce que tu veux ce gâteau ?*
- *Oui, donne-**le moi** s'il te plaît.*

In composed tenses (such as the *passé composé* and the *plus-que-parfait*), pronouns are placed in front of the auxiliary.

J'ai donné la montre à Pierre.
*Je **l'**ai donnée à Pierre.*
*Je **lui** ai donné la montre.*
*Je **la lui** ai donnée.*

J'avais donné la montre à Pierre.
*Je **l'**avais donnée à Pierre.*
*Je **lui** avais donné la montre.*
*Je **la lui** avais donnée.*

Note that the past participle agrees with a direct object pronoun that precedes it.

*La vérité, je **la lui** ai dit**e**.*

MAKING HYPOTHESES

Si introduces a hypothesis.

Si + present / future.

- *Si l'un de vous tombe malade ?*
- *Si l'un de nous tombe malade, l'autre le soignera.*

Si + imparfait / conditional

- *Si vous gagniez beaucoup d'argent à la loterie, qu'est-ce que vous feriez ?*
- *Je ferais le tour du monde.*

Note that ***si*** + **present** / **future** is not as removed from reality as ***si*** + **imparfait** / **conditional**. It is basically more likely to happen.

VOCABULAIRE

Nouns:

l'agneau (m)	lamb
l'aveugle (m, f)	blind person
le besoin	need
le carrefour	intersection
la carrière	career
le chemin	path, way
le cheval	horse
le chimpanzé	chimpanzee
le ciel	sky
la confiance	confidence
le concours	competition
les congés payés (m)	paid vacation
le confort	comfort
le conseil	advice
la couleur	color
le cube	cube
le CV	résumé
le désert	desert
la devinette	riddle
l'entretien (m)	interview
l'entretien d'embauche (m)	job interview
l'expédition (f)	expedition
le fruit	fruit
le goût	taste
l'heure (f)	hour
les indications (f)	directions
la loi	law
le loisir	leisure
le métier	profession
la musique	music
l'objet (m)	object
l'odeur (f)	smell
l'ONG (f)	NGO
l'ours (m)	bear
le parfum	perfume
le paysage	landscape
le personnage	character
la poignée de main	handshake
le poisson	fish
le portrait	portrait
la règle d'or	golden rule
les renseignements (m)	information
la retraite	retirement
le rêve	dream
la revue	magazine
le roman	novel
le sable	sand
la saison	season
le salaire	salary

la tempête	storm
la tempête de sable	sandstorm
la terre	earth
le vêtement	item of clothing
la veilleuse	night light
le vent	wind
la ville	city

Adjectives:

attiré(e)	attracted
calme	calm
capable	able
clair(e)	clear
content(e)	happy
doté(e) de	gifted with, endowed
farfelu(e)	crazy, weird
ferme	firm
généreux, généreuse	generous
habitué(e)	used to
inquiet, inquiète	worried
mignon, mignonne	cute
misanthrope	unfriendly, not sociable
rassurant(e)	reassuring
sociable	friendly, sociable
souriant(e)	smiling
tranquille	calm

Verbs:

abuser	(here) to take advantage
accompagner	to go with
apporter	to bring
annuler	to cancel
assister à	to attend
bloquer	to block
bouger	to move
contempler	to contemplate
deviner	to guess
embaucher	to hire
empêcher	to prevent
éviter	to avoid
fixer	to stare
ignorer	to ignore
intervenir	to intervene
klaxonner	to honk
manquer de	to lack
marcher	to walk

négliger	to neglect
réciter	to recite
recommander	to recommend
remplacer	to replace
rester	to stay
réviser	to review
s'arrêter	to stop
s'asseoir	to sit down
s'excuser	to apologize
se détendre	to relax
se voir	to see each other, to get together
sourire	to smile
traverser	to cross

Some words and expressions:

ailleurs	somewhere else
avoir bon caractère	to have a good disposition
avoir peur	to be afraid
avoir une tendance	to have a tendency
complètement	completely
demander son chemin	to ask for directions
être sûr(e) de soi	to be self-confident
extrêmement	extremely
faire du bénévolat	to volunteer
faire réchauffer	to heat up something
fondamentalement	fundamentally
fuir le regard	to avoid eye contact
immédiatement	immediately
lentement	slowly
malgré tout	regardless
prendre l'initiative	to take the initiative
quelque chose	something
rendre un service	to give a favor
le repos dominical	Sunday rest
sans	without
serrer la main de quelqu'un	to shake someone's hand
sur le point de	on the verge of
voir à l'horizon	to see on the horizon

A

B

D

E

We are going to share personal stories and decide which one is the best.

1. SOUVENIRS

A. Regardez ces photos de l'album de Jean-Paul et retrouvez leur titre.

○ Réveillon 2004 déguisé !

○ Pâques chez papy Alphonse

○ Soirée VIP avec l'amour de ma vie !

○ En prison, content d'avoir un copain !

○ Un jour je partirai… Moment de nostalgie sur le port.

○ Inséparables à Chamonix.

C

F

B. Écoutez Jean-Paul commenter ses photos et remplissez le tableau.

Track 14

	Avec qui ?	Quand / À quel âge ?	Où ?
A			
B			
C			
D			
E			
F			

2. SURPRISES, SURPRISES !

A. Lisez ce blog d'anecdotes. Pour chacune d'entre elles, proposez un titre.

http://cestcommecalavie.blog.nrp/

C'est comme ça, la vie

Quand Mat, mon meilleur ami, s'est marié, c'était en 2002. Avec d'autres amis, on avait décidé de lui faire une surprise pour son enterrement de vie de garçon. On a donc invité un groupe de musique pour faire la fête et on a loué une salle. Malheureusement, quand Mat est entré et a vu la chanteuse, il y a eu un silence glacial : c'était son ancienne copine, que je ne connaissais pas ! ☞ Publié par **Antoine**, lundi 26 octobre

Je me souviens, quand j'avais 16 ans, on avait fait le pari avec deux amies de passer une nuit entière dans une tente, dans la forêt. À l'époque, j'habitais avec mes parents dans une maison près d'un bois où, selon une légende, il y avait des créatures mystérieuses. Nous avions toutes les trois très peur, mais on a fini par se décider et nous nous sommes retrouvées en pleine nuit dans cette tente, entourées de bruits inconnus. Soudain quelque chose est venu frapper la toile de la tente. Nous nous sommes mises à hurler et dehors on a entendu un rire que je connaissais bien : celui de mon père qui était venu voir si tout allait bien.

☞ Publié par **Lou**, lundi 26 octobre

Un jour, ça doit faire à peu près trois ans de ça, je me suis réveillé en retard pour aller à la fac. J'avais passé la nuit à réviser pour mon examen et le matin je n'avais pas entendu le réveil. Je me suis donc précipité sous la douche, j'ai sauté dans des vêtements et je suis sorti de chez moi... en pantoufles et sans mes clés. J'ai oublié de préciser que c'était en décembre, qu'il faisait -2 degrés et que j'habitais seul.

☞ Publié par **Vincent**, lundi 26 octobre

Moi, une fois, j'étais dans un bar avec des amis et je parlais de mon patron qui à cette époque me persécutait. Il me pourrissait la vie, je le détestais. Je racontais tout ce que je pensais de lui, de l'entreprise, de mon travail, en parlant un peu fort et au bout d'un moment je me suis rendu compte que mes amis étaient très gênés. Je me suis retournée et devinez qui j'ai vu à la table d'à côté ?

☞ Publié par **Sabine**, lundi 26 octobre

B. Lisez ces commentaires d'autres blogueurs. À quelle anecdote correspondent-ils ?

Retour à l'accueil

Commentaires

Un conseil ma grande : fais attention aux tables voisines !

Commentaire n°1 posté par Touwity

J'espère que tu avais mis tes chaussettes !

Commentaire n°2 posté par Clyne

La question est : tu préfères avoir très honte ou avoir très peur ?

Commentaire n°3 posté par MissBrownie

Comment perdre un ami...

Commentaire n°4 posté par Futile

Vous vous êtes réconciliés après ça ?

Commentaire n°5 posté par liliberzet

J'espère que tu as été augmentée...

Commentaire n°6 posté par ninne

Dis-moi que ce n'était pas un oral !

Commentaire n°7 posté par Mlle Figolu

Le mystère des créatures est résolu !

Commentaire n°8 posté par Miss Line

Commentaire n°	Anecdote publiée par
1	
2	
3	
4	
5	
6	
7	
8	

strategies

To understand comments left by internet users (and more generally, to understand comments about texts), pay attention to the words that are used and to the agreement of adjectives and of past participles. They can give you important information about who is commenting, for instance.

C. Écrivez à votre tour un commentaire pour chaque anecdote.

3. FAITS DIVERS

A. Ces titres de nouvelles sont parus dans la rubrique « faits divers » de journaux. À votre avis, sont-elles vraies ou fausses ? Discutez-en avec un camarade.

A Deux enfants retrouvés seuls dans une station service sur l'autoroute du Sud : la chaleur et le stress <u>avaient pertubé</u> leur père qui faisait le plein d'essence.

C Quand Internet déraille : un paysan bouthanais accusé hier d'avoir piraté des dossiers de la CIA.

E Joconde agressée jeudi au Louvre : l'accusé évoque un crime passionnel.

B DEUX CAMBRIOLEURS ARRÊTÉS GRÂCE AUX TÉLÉPHONES PORTABLES QU'<u>ILS AVAIENT VOLÉS</u> : ILS N'AVAIENT PAS PU S'EMPÊCHER DE LES UTILISER.

D Envoyées durant la première guerre mondiale, des lettres arrivent enfin à destination !

F OVNIS : pour la deuxième fois en trois mois, rencontres du troisième type à Cluzet.

B. Écoutez les flashs d'informations à la radio et vérifiez vos réponses.

k 15

C. Lisez à nouveau les titres : un nouveau temps est souligné. À quoi sert-il ? Comment est-il construit ? Faites des hypothèses et parlez-en avec votre professeur.

4. LA PREMIÈRE FOIS

A. Racontez à un camarade la première fois que vous...

▶ avez fait du vélo.
▶ avez participé à un spectacle.
▶ avez conduit une voiture.
▶ êtes allé à l'école.

▶ avez pris l'avion.
▶ avez passé un entretien important.
▶ êtes allé à un concert.
▶ ...

● *La première fois que j'ai pris l'avion, j'avais 12 ans. C'était pour les vacances d'été...*

B. Quand avez-vous fait ces actions pour la dernière fois ?

5. À LA UNE

Par deux, lancez un dé deux fois de suite. Chaque chiffre obtenu correspond à une moitié de titre de journal de chaque colonne. Rédigez l'article correspondant au titre formé.

1 La célèbre voyante Madame Soleil

2 Un homme arrêté plusieurs fois pour infraction au Code de la route

3 Le maire de la plus petite commune française

4 Un professeur de chimie à la retraite

5 Un groupe d'élèves d'une classe de français

6 Astérix

1 a décidé de participer au prochain Tour de France.

2 vient de publier sa biographie.

3 a été kidnappé(e).

4 a été proposé(e) pour le prix Nobel de la paix.

5 est tombé(e) d'un train en marche.

6 a gagné 200 millions d'euros au Loto.

LE PLUS-QUE-PARFAIT

Le plus-que-parfait se construit avec l'auxiliaire **être** ou **avoir** à l'imparfait suivi du participe passé.

DORMIR		
je / j'	avais	
tu	avais	
il / elle / on	avait	dormi
nous	avions	
vous	aviez	
ils / elles	avaient	

Quand un verbe est conjugué avec l'auxiliaire **être**, il s'accorde en genre et en nombre avec le sujet.

*Cette année, Claire et Lulu sont parti**es** en Italie. L'été dernier, elles étaient allé**es** en Allemagne.*

RACONTER UN SOUVENIR, UNE ANECDOTE

On peut raconter une histoire sous la forme d'une succession d'événements au passé composé.

Il a fait ses valises, il est allé à l'aéroport...

On explique alors les circonstances qui entourent un événement au moyen de l'imparfait.

Il est parti en vacances. Il était très fatigué et avait très envie de se reposer sans penser au travail.

On utilise le plus-que-parfait pour parler des circonstances qui précèdent l'événement.

Il était très fatigué parce qu'il avait passé quelques mois très difficiles, alors il a décidé de partir en vacances.

6. PAROLES ET PAROLES

A. Écoutez trois personnes raconter un début d'anecdote. Comment pensez-vous que ces histoires finissent ?

Track 16

B. Écoutez et vérifiez vos réponses.

Track 17

7. GRANDS ÉVÉNEMENTS

A. Associez les deux parties des phrases ci-dessous pour reconstituer des événements historiques marquants.

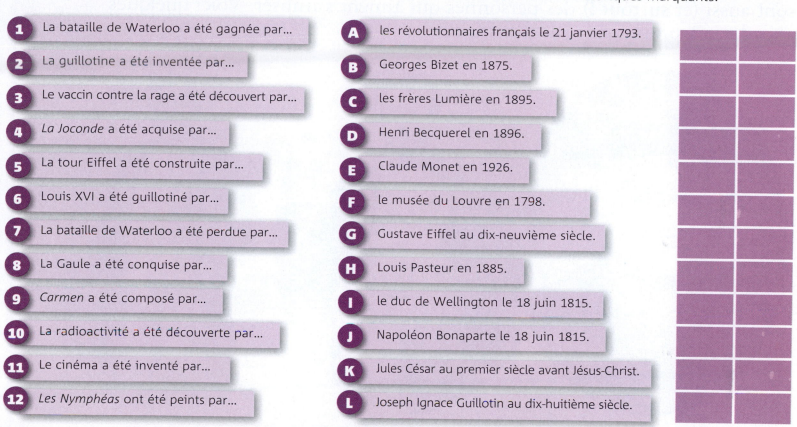

1. La bataille de Waterloo a été gagnée par...
2. La guillotine a été inventée par...
3. Le vaccin contre la rage a été découvert par...
4. *La Joconde* a été acquise par...
5. La tour Eiffel a été construite par...
6. Louis XVI a été guillotiné par...
7. La bataille de Waterloo a été perdue par...
8. La Gaule a été conquise par...
9. *Carmen* a été composé par...
10. La radioactivité a été découverte par...
11. Le cinéma a été inventé par...
12. *Les Nymphéas* ont été peints par...

A. les révolutionnaires français le 21 janvier 1793.
B. Georges Bizet en 1875.
C. les frères Lumière en 1895.
D. Henri Becquerel en 1896.
E. Claude Monet en 1926.
F. le musée du Louvre en 1798.
G. Gustave Eiffel au dix-neuvième siècle.
H. Louis Pasteur en 1885.
I. le duc de Wellington le 18 juin 1815.
J. Napoléon Bonaparte le 18 juin 1815.
K. Jules César au premier siècle avant Jésus-Christ.
L. Joseph Ignace Guillotin au dix-huitième siècle.

B. Observez comment ces phrases sont construites. Ensuite, par groupes, écrivez-en d'autres sur l'histoire de votre pays.

SITUER DANS LE TEMPS (3)

L'autre jour, je suis allée à la plage avec des amis.

Il y a environ un mois, je suis allé au restaurant avec Yves.

Il a rencontré sa femme un vendredi 13. *Ce jour-là*, il y avait eu une grosse tempête.

À cette époque-là, j'habitais dans le centre-ville.

Ils se sont mariés en 2001 et, *au bout de quelques années*, Charline est née.

La police a arrêté jeudi un homme qui, *quelques jours auparavant*, avait cambriolé la bijouterie de la place Clichy.

J'étais en train de regarder la télé quand *tout à coup* la lumière s'est éteinte.

LA VOIX PASSIVE

La voix passive se construit avec **être** + participe passé. Le temps verbal est indiqué par l'auxiliaire **être** et le participe s'accorde en genre et en nombre avec le sujet.

L'aéroport sera dessiné par Jean Nouvel.
L'église a été dessinée par un grand architecte.
Les ponts sont dessinés par des ingénieurs.

8. HISTOIRES LITTÉRAIRES

A. Lisez ces anecdotes sur des écrivains célèbres parues dans une revue littéraire.
Laquelle préférez-vous ?

Facéties d'écrivain

Loin de l'image austère qu'ils ont parfois auprès de leurs lecteurs, les écrivains sont aussi (et surtout !) des personnes qui aiment s'amuser. Voici quelques anecdotes à propos de trois d'entre eux.

On raconte que Rabelais, descendu à Lyon et n'ayant pas assez d'argent pour rentrer à Paris, avait pensé à une solution originale pour rentrer chez lui : il avait laissé dans sa chambre des petits sachets de sucre bien en évidence avec une étiquette : « Poison pour le Roi ». Bien entendu, il a très vite été arrêté et ramené dans la capitale… gratuitement. On dit que le Roi a beaucoup ri en apprenant le stratagème de l'écrivain.

On dit qu'un jour de 1839, le petit Jules Verne, alors âgé de 11 ans, est introuvable. Son père, affolé à l'idée que son fils se soit noyé, court vers le port de Nantes… et retrouve le petit Jules dans un bateau sur le point de partir pour les Indes. Le futur auteur du *Tour du monde en 80 jours* avait voulu embarquer pour ramener à sa cousine, dont il était tombé amoureux, un collier de corail.

Alexandre Dumas avait eu l'idée de représenter ses personnages par une petite figurine qu'il plaçait sur une étagère : quand le personnage mourait, Dumas la jetait à la poubelle. Or, un jour, il reçoit des plaintes de lecteurs : des personnages morts étaient ressuscités. Sa nouvelle femme de chambre, pensant que les figurines étaient tombées accidentellement dans la poubelle, les avait remises sur l'étagère !

B. Connaissez-vous d'autres anecdotes sur des écrivains ou d'autres personnages célèbres ?
Partagez-les avec la classe.

9. ÇA VOUS EST DÉJÀ ARRIVÉ ?

A. Individuellement, choisissez deux ou trois de ces thèmes, et précisez quelques détails importants des histoires correspondantes. Bien sûr, vous pouvez inventer !

▶ Une personne célèbre que j'ai rencontrée.
▶ Un lieu où je me suis perdu.
▶ Un avion / Un train / Un bus que j'ai raté.
▶ Un plat insolite que j'ai mangé.
▶ Une mauvaise rencontre que j'ai faite.
▶ De l'argent que j'ai perdu.
▶ Un jour où j'ai eu très peur.
▶ Une soirée inoubliable.
▶ Une expérience amusante.
▶ Une expérience embarrassante.
▶ Autre : ...

B. Par groupes de trois, partagez vos histoires. Décidez : laquelle est la plus intéressante ? Est-elle vraie ?

● Je pense que ton histoire est la plus incroyable ! Elle est vraie ?
○ Bien sûr que non, je viens de l'inventer !

C. Rédigez ensemble l'histoire que vous avez choisie. Soyez très précis sur les circonstances parce que vous devrez persuader la classe que vous l'avez vraiment vécue, si ce n'est pas le cas.

D. Faites circuler les textes dans la classe et identifiez quel groupe a écrit chaque histoire.

● À mon avis cette histoire, c'est celle de David, William et Mabintou parce que...

E. Après avoir identifié les auteurs, posez des questions pour vérifier si leur histoire est vraie. Finalement, choisissez la meilleure de la classe.

● Il y a quelques années, en été...
○ Tu avais quel âge ?

BD : un genre pour tous les âges !

Au début du XXe siècle, la bande dessinée était une forme d'expression destinée aux enfants et elle avait souvent un but éducatif. Puis, dans les années 50 et 60, la BD a touché les adolescents, notamment sous l'influence des super-héros américains de Marvel. Aujourd'hui, le public adulte s'est emparé du « neuvième art », même si de nombreuses BD se centrent sur des personnages d'enfants. En effet, ces gamins regardent le monde des « grands » avec des yeux que les adultes n'ont plus, en leur renvoyant des vérités qu'ils ont tendance à oublier. C'est peut-être ce qui explique le succès de ces trois bandes dessinées : *Boule et Bill*, *Cédric* et *Titeuf*.

Boule et Bill

Créé par le dessinateur belge Jean Roba (1930 – 2006) en 1959, la BD met en scène Boule, un petit garçon de sept ans, espiègle et toujours accompagné de son chien Bill. Bill est un cocker anglais qui, bien qu'il ne parle pas directement aux humains, peut exprimer ce qu'il veut grâce à ses oreilles très expressives. La famille de Boule est très présente et correspond à l'idée qu'on peut se faire de la famille traditionnelle : une maman, mère au foyer, jolie et qui fait de bons gâteaux ; un papa joueur et sympathique. Depuis leur création, les albums de *Boule et Bill* se sont vendus à plus de 25 millions d'exemplaires.

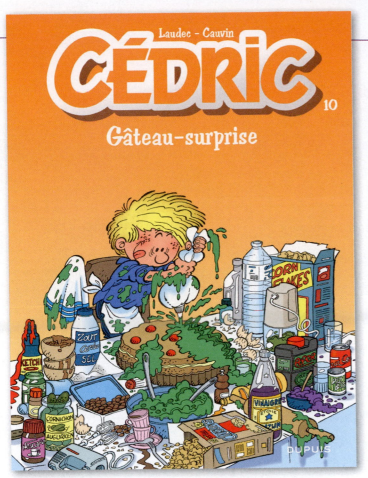

Laudec – Cauvin

CÉDRIC 10
Gâteau-surprise

DUPUIS

Cédric

Cédric Dupont est né en 1986 et a deux papas : le scénariste Raoul Cauvin et le dessinateur Laudec. Ce gamin français a 8 ans, n'aime pas trop l'école (mais il est secrètement amoureux de son institutrice, Mlle Nelly) et vit avec ses parents et son grand-père maternel. La vie de Cédric change complètement quand Chen, une fillette chinoise, s'inscrit dans sa classe : il en tombe follement amoureux mais n'arrive jamais à le lui dire. Cédric a une relation privilégiée avec son grand-père et c'est souvent grâce à lui qu'il trouve des solutions à ses problèmes. Les 25 tomes de *Cédric* se sont vendus à 8 millions d'exemplaires.

Titeuf

C'est le dessinateur suisse Zep qui invente *Titeuf* en 1992, alors qu'il griffonne quelques souvenirs d'enfance. Titeuf (« petit œuf » : en effet, il n'a pas de cheveux sur la tête, à part une grande mèche blonde) est un gamin de 8 ans et demi, turbulent, très ironique et surtout très direct comme savent l'être les enfants : il a un regard extrêmement dur sur le monde des adultes et un langage réaliste (il invente souvent des expressions à partir d'expressions adultes mal comprises). Amoureux de Nadia, il est aussi assez fasciné par le monde mystérieux du sexe, dont il ne comprend pas toujours les codes. *Titeuf* a rencontré un succès impressionnant avec 20 millions d'albums vendus en 2011.

10. TROIS HÉROS DE PAPIER

A. Connaissez-vous ces trois personnages d'enfants très connus de la bande dessinée francophone ?

B. Aimeriez-vous lire les aventures de ces personnages ? Quels sont ceux qui vous intéressent le plus ? Pourquoi ?

C. Connaissez-vous d'autres personnages d'enfants de bande dessinée ? Présentez-les à la classe.

17 QUAND TOUT À COUP...

THE PLUS-QUE-PARFAIT

The *plus-que-parfait* is composed of the auxiliary **être** or **avoir** conjugated in the *imparfait*, followed by the past participle of the verb.

The choice of the auxiliary is the same as for the *passé composé*, and the same agreement rules apply to the past participle.

j'avais	
tu avais	fait
il/elle/on avait	acheté
	dormi
nous avions	vu
vous aviez	lu
	peint
ils/elles avaient	

j'étais	
tu étais	
il/elle/on était	allé/e/s
	arrivé/e/s
nous étions	sorti/e/s
	entré/e/s
vous étiez	
ils/elles étaient	

je m'étais	
tu t'étais	
il/elle/on s'était	réveillé/e/s
	perdu/e/s
nous nous étions	assis/e/s
vous vous étiez	
ils/elles s'étaient	

Using the plus-que-parfait

The *plus-que-parfait* is used to mention an action that precedes another action in a narration.

> **Nous avions** déjà **pris** le dessert quand Pierre et Maryse sont arrivés.
> (= The action of eating dessert precedes their arrival.)

J'ai changé le livre qu'on m'a offert parce que **je** l'**avais** déjà **lu**.
(= reading the book took place before receiving the present.)

RELATING STORIES, MEMORIES AND ANECDOTES

You can outline a story relating a series of events in the *passé composé*.
> Il a fait ses valises, il est allé à l'aéroport...

You can then explain circumstances surrounding the event using the *imparfait*.
> Il est parti en vacances. Il était très fatigué et avait très envie de se reposer sans penser au travail.

The *plus-que-parfait* will enable you to mention other events or circumstances that precede the main event.
> Il était très fatigué parce qu'il avait passé quelques mois très difficiles, alors il a décidé de partir en vacances.

THE PASSIVE VOICE

The passive voice is formed by the auxiliary **être** + the past participle of the verb. The tense is indicated by the auxiliary and the past participle agrees in number and gender with the subject.

> L'aéroport **sera dessiné** par Jean Nouvel.
> L'église **a été dessinée** par un grand architecte.
> Les ponts **sont dessinés** par des ingénieurs.

How to use the passive voice

In the active voice, the subject performs the action of the verb (*cet écrivain a écrit ce roman*) but in the passive voice, the subject of the verb does not perform the action (*ce roman a été écrit par cet écrivain*). The agent (the one performing the action) is introduced by the preposition **par**.
> Ce spectacle est financé **par la mairie**.
> (= La mairie finance ce spectacle.)

The agent is not always revealed.
> Les meilleures élèves ont été récompensées.

(= By whom or by what institution is not specified.)

Note that the passive voice is used much less in French than in English. To avoid the passive voice, French tends to use the pronoun **on**.
> **On** n'emploie pas ce mot. = Ce mot n'est pas employé.

USEFUL EXPRESSIONS FOR TELLING ABOUT PAST EVENTS

To recall memories and tell about experiences, you can use various time markers to organize your account.

Certain time markers (**un jour**, **ce jour-là**, **à cette époque-là**) indicate that your story took place in a relatively distant past.
> **Un jour**, mon père est arrivé à la maison avec un énorme paquet...
> Lucien est arrivé à Paris le 12 août 1994. **Ce jour-là**, il avait plu toute la journée...
> **À cette époque-là**, il n'y avait de téléphone portable...

These other markers (**l'autre jour**, **la semaine dernière**) indicate that your story took place in a more recent past.
> **L'autre jour**, je me rendais au travail quand j'ai vu...

Il y a is the equivalent of "ago" in English: **il y a (environ) une semaine / un mois / un an**.
> **Il y a un an**, nous sommes allés en vacances aux îles Canaries.

Expressions like **auparavant**, **la veille**, **deux jours plus tôt**, are used with the *plus-que-parfait* to mention something that happened previously.
> Le dimanche, nous sommes allés ensemble au cinéma pour la première. **Auparavant**, nous avions eu l'occasion de boire un verre en sortant du bureau.

Tout à coup and **soudain** introduce something unexpected, an abrupt interruption.
> Nous dînions tranquillement quand **tout à coup** nous avons entendu un grand bruit dans le jardin.

VOCABULAIRE

Nouns:

l'adolescent(e)	teenager
l'album de photos (m)	photo album
l'anecdote (f)	anecdote, story
l'année (f)	year
la bande dessinée (BD)	comic strip
la banlieue parisienne	the outskirts of Paris
le bateau	boat
le bois	wood, forest
le but	goal
le cambrioleur, la cambrioleuse	burglar
les clés (f)	keys
le Code de la route	traffic code
le collier	necklace
le conseil	advice
le copain, la copine	friend, boyfriend, girlfriend
la Côte d'Azur	French Riviera
la créature	creature
l'écrivain (m)	writer
l'événement (m)	event
le gamin, la gamine	kid
la guerre	war
l'infraction (f)	breach of the law
les œufs au chocolat (m)	chocolate eggs
la forêt	forest
le lendemain	the following day
la mer	sea
la nostalgie	nostalgia
les pantoufles (f)	slippers
Pâques (f)	Easter
le parc (de bébé)	playpen
le patron, la patronne	boss
la plainte	complaint
le port	port
le réveillon	New Year's Eve
la salle	room
la soirée	evening
le soleil	sun
la station service	gas station
la tente	tent
le titre	title
le souvenir	memory
la vie	life
la vie de garçon	bachelor life
le voisin, la voisine	neighbor

Adjectives:

affolé(e)	panicked
amoureux, amoureuse	in love
ancien, ancienne	old, previous
atypique	unusual
connu(e)	famous
content(e)	happy
déguisé(e)	disguised, dressed up
entier, entière	entire
entouré(e)	surrounded
espiègle	mischievous
gêné(e)	embarrassed
glacial(e)	icy
inconnu(e)	unknown
inoubliable	unforgettable
inséparable	inseparable
marrant(e)	funny
mystérieux, mystérieuse	mysterious
noyé(e)	drowned
pensif, pensive	absorbed, deep in thought
résolu(e)	solved

Verbs:

conduire	to drive
envoyer	to send
frapper	to hit
hurler	to scream
louer	to rent
passer	to spend (time)
perdre	to lose
perturber	to disturb
rater	to miss, to fail
reconnaître	to recognize
se mettre à	to start
se perdre	to get lost
se précipiter	to rush
se réconcilier	to reconcile
se rendre compte	to realize
se retourner	to turn around
se souvenir	to remember
voler	to steal

Some words and expressions:

à cette époque-là	at that time
à peu près	about
au début	at the beginning
auparavant	previously
avoir honte	to be ashamed
avoir peur	to be afraid
au bout de	at the end of
ce jour là	that day
dehors	outside
environ	approximately
évidemment	obviously
faire de la luge	to go sledding
faire le plein d'essence	to fill up your car with gas
faire un pari	to bet
faire une rencontre	to meet someone
finalement	finally
il y a trois jours	three days ago
il y a un mois	a month ago
l'autre jour	the other day
la dernière fois	the last time
pourrir la vie (familiar)	to ruin your life
la première fois	the first time
quelques jours auparavant	a few days earlier
soudain	suddenly
tout à coup	suddenly
la veille	the day before

Île de Bendor

Île de Bendor

"Cette île m'a passionné, en y construisant un monde en miniature, tout m'était permis, je n'avais à tenir compte que de sa superficie, du ciel et de la mer comme seules limites de mes rêves"* (Paul Ricard "La passion de créer")

La Vierge

Neptune

Sainte-Marthe

1 Hôtel Restaurant Le Delos
2 Hôtel Le Palais
3 Les voûtes
Embarcadère
4 Restaurant Le Grand Large
5 Restaurant La Terrasse de Bendor
6 Centre de Plongée CIP
Restaurant
7 Musée des objets publicitaires
   Paul-Charles Ricard
8 Petites Villas
Boutiques
9 Théâtre Vincent Scotto
10 Galerie d'Art
11 Restaurant José et Maya
12 Verrerie
Plage
13 Musée des Vins et des Spiritueux
14 Club Nautique
15 Soukana
Toilettes
16 Restaurant Daddi et Milou
17 Tennis

Vous êtes ici

Sentier

Nul bien sans peine

Bienvenue à
PERNES LES FONTAINES

PERNES LES FONTAINES
LES PLUS BEAUX DÉTOURS DE FRANCE

VILLE ET MÉTIERS D'ART

Ville Fleurie

Marché Provençal le Samedi Matin
Brocante le Mercredi matin

CAMPING

VILLE D'EUROPE

Terroir de la Cerise

Pernes les Fontaines

We are going to develop a plan of action to revitalize a village that has been in decline.

1. C'EST OÙ ?

A. D'après ces panneaux, où peut-on trouver...

un endroit bon marché pour dormir ?	
des cultures de fruits ?	
des activités aquatiques ?	
un port ?	
une brocante ?	
un théâtre ?	
une cathédrale ?	
un jardin ?	

Place de la Comédie
Peyrou - Arc de Triomphe
Cathédrale Saint-Pierre
Carré Sainte-Anne
Préfecture
La Panacée
Les Ursulines
Jardin des Plantes

Cathédrale Saint-Pierre

Montpellier

B. Dans un petit village à côté de Montpellier, la mairie a décidé de transformer le manoir en ruines en hôtel de luxe. Écoutez ce micro-trottoir et notez qui est pour et qui est contre.

Track 18

Interviewé n°	Pour	Contre
1		
2		
3		
4		
5		

C. Et vous, de quelle opinion êtes-vous le plus proche ?

● Moi, je suis plutôt d'accord avec...

2. ÉNERGIES

A. Observez ce document. Quelle forme d'énergie est la plus utilisée ? Est-ce la même chose chez vous ?

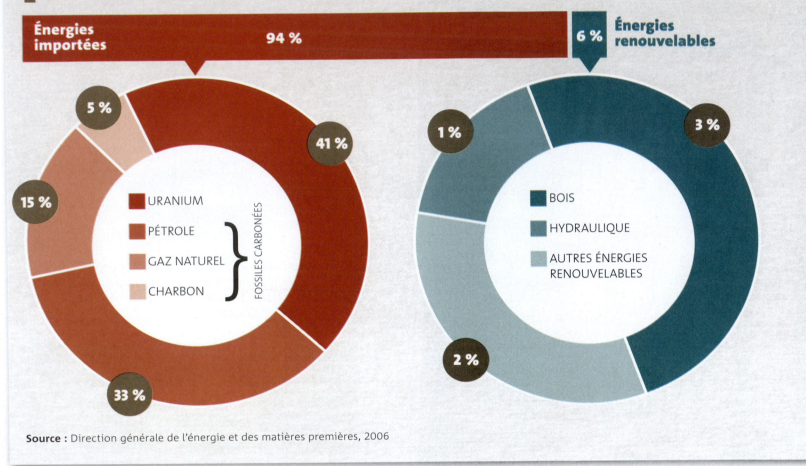

Sources d'**énergie primaire** en France

Énergies importées 94 %

6 % **Énergies renouvelables**

5 %
41 %
15 %
33 %

- URANIUM
- PÉTROLE
- GAZ NATUREL
- CHARBON

} FOSSILES CARBONÉES

1 %
3 %
2 %

- BOIS
- HYDRAULIQUE
- AUTRES ÉNERGIES RENOUVELABLES

Source : Direction générale de l'énergie et des matières premières, 2006

B. Écoutez les déclarations de ces personnes interviewées sur les dangers des énergies traditionnelles et repérez quelles sont leurs inquiétudes.

Track 19

Interviewé nº	Inquiétude
	Craint qu'on ne sache pas trouver une énergie de substitution.
	A peur que le manque de contrôle sur l'utilisation d'énergies issues de la biomasse entraîne des problèmes insurmontables.
	S'inquiète des risques liés à l'absence d'alternative aux énergies fossiles.
	A peur que la généralisation des barrages ait des conséquences irréversibles sur l'environnement.

C. Et vous, qu'en pensez-vous ?

3. UN MODÈLE DE FERME BIO

A. À Danval, un petit village du Midi, une poignée d'habitants s'est mobilisée pour fonder une ferme bio. Écoutez cet extrait de l'entretien de M. Forhs, promoteur du projet « Danval-Bio » et faites la liste des premières actions réalisées.

Track 20

1. Ils ont cherché des renseignements sur l'agriculture bio.

2. ...

B. À leur tour, les habitants du village voisin ont décidé de créer une ferme bio. Par deux, révisez leur plan d'action pour qu'il soit réalisable, en cochant les propositions qui vous paraissent pertinentes. Vous pouvez vous inspirer de l'expérience de Danval.

Plan d'action

Situation de départ : Nous avons une agriculture trop fragile ; les jeunes ne restent pas au village, notre population est vieillissante, nous connaissons un taux de chômage élevé, la concurrence des grandes exploitations agricoles traditionnelles est importante.

Objectifs : Il faut absolument que nous atteignions l'autosuffisance énergétique et que nous passions au bio.

Risques : Nous avons peur que des épidémies affectent nos animaux ; que l'endettement auquel nous devrons faire face soit trop important ; que la transition soit trop difficile à gérer et que des partenaires se démotivent.

Actions : Pour atteindre ces objectifs, il est indispensable que...

- [ ] nous fassions des stages de gestion de ferme dans un écocentre ;
- [ ] nous invitions les responsables de Danval à venir présenter leur projet ;
- [ ] nous installions des panneaux solaires sur le toit de la ferme ;
- [ ] nous construisions un système d'irrigation économe et efficace ;
- [ ] nous fassions un emprunt collectif ;
- [ ] nous contractions une assurance immobilière adaptée à nos besoins ;
- [ ] nous agrandissions le domaine ;
- [ ] nous achetions du matériel non polluant.

C. Partagez vos réponses avec la classe : êtes-vous d'accord sur les actions à mener ? Dans quel ordre ces actions devraient-elles être réalisées ?

4. PROBLÈMES ET SOLUTIONS

Franck a passé une très mauvaise journée. Il écrit un courriel à un ami pour lui raconter ses malheurs. Imaginez la réponse de son ami, qui lui donne des conseils.

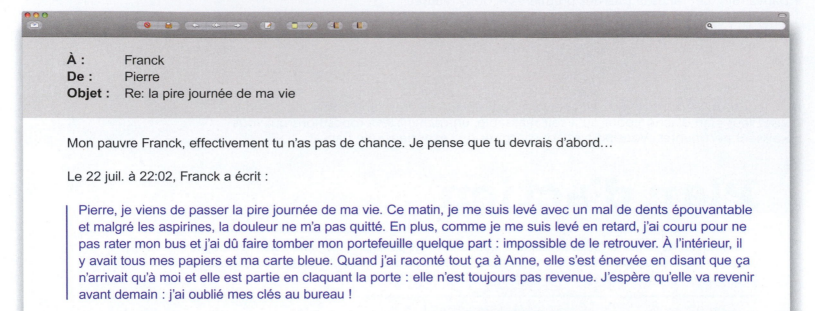

À : Franck
De : Pierre
Objet : Re: la pire journée de ma vie

Mon pauvre Franck, effectivement tu n'as pas de chance. Je pense que tu devrais d'abord…

Le 22 juil. à 22:02, Franck a écrit :

Pierre, je viens de passer la pire journée de ma vie. Ce matin, je me suis levé avec un mal de dents épouvantable et malgré les aspirines, la douleur ne m'a pas quitté. En plus, comme je me suis levé en retard, j'ai couru pour ne pas rater mon bus et j'ai dû faire tomber mon portefeuille quelque part : impossible de le retrouver. À l'intérieur, il y avait tous mes papiers et ma carte bleue. Quand j'ai raconté tout ça à Anne, elle s'est énervée en disant que ça n'arrivait qu'à moi et elle est partie en claquant la porte : elle n'est toujours pas revenue. J'espère qu'elle va revenir avant demain : j'ai oublié mes clés au bureau !

5. GÉOGRAPHIE

A. Vous devez aménager cette île pour qu'elle puisse accueillir des touristes : par deux, mettez-vous d'accord sur cinq aménagements à réaliser.

● *Au pied de la montagne, je propose de construire…*

B. Par deux, rédigez un petit texte avec vos propositions.

LE PRONOM EN

Le pronom **en** remplace :
▶ Un lieu introduit par **de** :
  ● *Tu viens de Marseille ?*
  ○ *Oui, j'**en** viens.*

▶ Un COD introduit par un article indéfini (**un, une, des**) ou un partitif (**du, de la, des**) :
  ● *Est-ce que tu as **de** l'argent sur toi ?*
  ○ *Oui, j'**en** ai un peu.*

▶ Un adjectif construit avec **de** :
  ● *Tu es fier **de** ton nouveau travail ?*
  ○ *Oui, j'**en** suis très fier !*

▶ Un verbe construit avec **de** :
  ● *Tu as parlé **de** ton problème à ton directeur ?*
  ○ *Non, je n'ai pas encore eu le temps d'**en** parler.*

Attention !
Quand le COD est une personne, on ne peut pas le remplacer par **en** :
  ● *Qui s'occupe du bébé, ce soir ?*
  ○ *C'est Laurence qui s'occupe de lui.*

SITUER DANS L'ESPACE (2)

	en Belgique / en Uruguay.
	au Mexique.
	à Lyon / à Tahiti.
	dans les Pyrénées.
C'est…	sur les bords de la Loire.
	au fond d'une vallée.
	sur les flancs de la montagne.
	au nord de / au sud de / à l'est de…
	à côté de / près de.

6. FORUM

A. À la suite d'un débat autour de la décision du maire d'interdire les voitures dans le centre-ville de Trévolles (500 000 habitants), les internautes laissent leurs messages sur un forum. De quelle opinion êtes-vous le plus proche ?

Bienvenue sur le site officiel de la ville de Trévolles

| MAIRIE | CULTURE | SPORTS | SCOLARITÉ | ÉCONOMIE |

Par B@d, posté le 26-04 à 12:43:08
Des voitures, à quoi cela sert-il d'en avoir, alors qu'il y a le métro et le réseau des bus ? La réunion municipale, j'en viens, et c'était passionnant : nous allons être la première ville de cette taille à interdire les voitures. Vive Trévolles !

Par LukeCloud, posté le 28-04 à 21:54:01
Pas d'accord, B@d. La pollution et le bruit, tout le monde en parle, mais les automobilistes n'en sont pas responsables : il faut plutôt regarder du côté des gros groupes industriels pour trouver les vrais coupables.

Par AutreMonde, posté le 29-04 à 12:28:12
Moi, je ne me réjouis pas tout de suite : des promesses, ils en font tous… J'attends de voir les actes. Est-ce que c'est la solution attendue contre la pollution et le bruit ? Je n'en suis pas sûr. Mais c'est déjà un progrès considérable.

B. Observez les expressions avec **en** et classez-les.

En remplace	Expression correspondante
un lieu introduit par **de**	
un COD introduit par un article indéfini	
un verbe construit avec **de**	
un adjectif construit avec **de**	

7. PROPHÉTIES

A. Lisez ces prophéties de Vostradamus et classez-les de la plus probable à la plus improbable.

LES PROPHÉTIES DE VOSTRADAMUS

a. ☐ Il n'y aura plus de pétrole dans 40 ans.

b. ☐ Bientôt Internet s'effondrera.

c. ☐ Les pays de l'hémisphère sud n'auront plus assez d'eau potable.

d. ☐ Un jour, on pourra vivre sur Mars.

e. ☐ La terre atteindra les 10 milliards d'habitants en 2020.

f. ☐ La téléportation sera possible avant l'an 2100.

B. À deux, comparez vos opinions et mettez-vous d'accord pour compléter cette déclaration.

Nous pensons que la prophétie la plus crédible est la « b » parce qu'il est très probable que…
Par contre, la moins crédible est… parce qu'il est très improbable que…

SITUER DANS LE TEMPS (4)

Dans + durée indique un repère dans le futur.
Dans 10 jours, ils partiront pour La Réunion.

VERBES DE SENTIMENT + SUBJONCTIF (1)

J'ai peur que…	
Je crains que…	
Je redoute que…	+ subjonctif
Ça m'étonne que…	

L'OBLIGATION / LA RECOMMANDATION

Il faut	+ infinitif
On devrait	
Il faudrait que…	
C'est important que…	+ subjonctif
Il serait nécessaire que…	

LA POSSIBILITÉ / LA PROBABILITÉ

Il est possible de…	+ infinitif
C'est impossible de…	
Il est possible que…	
Il est probable que…	+ subjonctif
C'est impossible que…	

8. NOUVEAU SOUFFLE

A. Lisez cet article d'un journal régional concernant un village sur le déclin dans les Vosges et individuellement faites une liste des potentialités touristiques de ce lieu.

VILLES ET VILLAGES

St-Just-Le-Moulin, village fantôme

Situé sur les flancs des Vosges, au fond d'une vallée nichée au pied d'une falaise de plus de 200 mètres de haut, sur les rives d'un affluent de la Meuse, le village de St-Just-Le-Moulin se meurt doucement. Exode massif des jeunes, activité économique gelée, natalité nulle, services publics inexistants (voilà quatre ans que l'unique école est fermée, et les services postaux ne sont plus assurés depuis 2003) : l'isolement du village a eu raison de la vie de ce petit morceau perdu de patrimoine français. Seules cinq des quelques 40 maisons de pierre sont encore habitées par quelques habitants de plus de 75 ans ; les autres, bien que toujours debout, se couvrent de mousse en attendant silencieusement de s'effondrer un jour.

Pourtant, ce qui ressemble aujourd'hui à un village fantôme a été, depuis le Moyen Âge et jusqu'au milieu des années 1920, un centre de vie et d'artisanat : pendant toute cette longue période, la forêt qui l'entoure a fourni en bois les agglomérations voisines sur un rayon de plusieurs centaines de kilomètres, et le passage du Vair en faisait une étape importante du commerce fluvial. Une industrie textile s'y était implantée dans les années 1760 et l'artisanat du bois local, notamment la saboterie, était réputé dans la région.

Totalement épargné par les guerres, le village abrite des monuments étonnants : une église romane du XIIe siècle, un moulin à eau imposant et surtout l'ancien fort, très bien conservé, qui du haut de la falaise domine la vallée. Dans les yeux de Jean-Louis, 78 ans, ancien maire, il y a la grande résignation des montagnards : St-Just-Le-Moulin, c'est fini...

Potentialités touristiques

Le moulin...

La forêt...

B. Par petits groupes, formulez des propositions d'exploitation de ces potentialités pour établir un plan d'action.

On pourrait transformer le moulin en musée...

C. Dans chaque groupe, évaluez les risques et faites-en une liste.

J'ai peur que le tourisme détruise l'écosystème de la forêt.

D. Partagez vos listes des actions à mener et des risques, puis mettez-vous d'accord sur une liste commune.

E. Rédigez le plan d'action de la classe. Pour cela, répartissez-vous les différentes parties du plan suivant.

strategies

To propose ideas regarding the potential of a place, you can use your professional skills as well as your personal interests: your perspective on the situation is unique. Architecture, tourism, education... the possible range of action is vast!

Plan d'action

Situation de départ :

Objectif :

Risques :

Actions :

9. LE BIO EN CHIFFRES

A. Ces documents correspondent-ils à l'image que vous aviez de la place du bio en France ?
Discutez-en avec vos camarades.

Les chiffres du bio en France : des disparités territoriales importantes, mais une évolution globale nette

En 2008, la surface totale en production biologique atteint 584 000 hectares en France, progressant ainsi de 5 % par rapport à 2007. Cette surface représente désormais 2,1 % de la surface agricole utilisée (SAU). Cela constitue une reprise, après trois ans de relative stagnation.

La région des Pays de la Loire perd, de peu, sa première place nationale en termes de surface en production biologique (surfaces certifiées et surfaces en conversion) au profit de la région Midi-Pyrénées, dont les surfaces se développent plus rapidement (+ 6,9 % contre + 3,7 % en Pays de la Loire). Dans la région, 65 900 hectares de terres agricoles sont cultivés selon ce mode de production plus respectueux de l'environnement.

Cela représente 3,1 % de la SAU. Les disparités territoriales sont importantes avec des taux de SAU en bio qui varient du simple au triple d'un département à l'autre. La Loire-Atlantique se distingue, avec une part de surface en agriculture biologique égale à 5,8 % de la SAU, proche de l'objectif de 6 % fixé par le ministre de l'Agriculture.

[...] Deux facteurs expliquent le nouveau décollage de la production bio. Avant tout, le marché de l'alimentation bio est structurellement en augmentation avec une croissance moyenne annuelle de l'ordre de 10 % par an de 1999 à 2005 tous produits confondus. Depuis 2006, la croissance de la consommation s'accélère et la progression culmine à 25 % en 2008 par

rapport à 2007. Le marché de la restauration collective est également très dynamique dans ce domaine, puisqu'un tiers de ces restaurants sert des aliments « bio » au moins de temps en temps. D'autre part, la remise en place en 2007 des mesures d'aide à la conversion en agriculture biologique, dans la continuité des programmes existants, a un effet incitatif sur les candidats potentiels. Les premières informations relatives à 2009 laissent entrevoir une forte accélération des conversions à l'agriculture biologique en France comme dans les Pays de la Loire : l'accroissement des surfaces en agriculture bio devrait donc s'intensifier.

Source : INSEE 2008

Évolution des superficies et du nombre d'exploitations en mode de production biologique

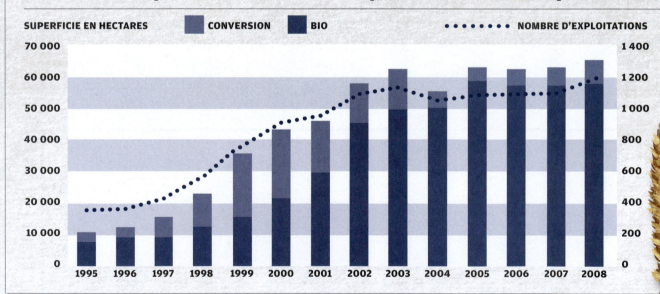

SUPERFICIE EN HECTARES   CONVERSION   BIO   •••••• NOMBRE D'EXPLOITATIONS

B. Qu'est-ce qui a causé la progression récente de la production bio ?
Observez-vous le même phénomène dans votre pays ?

10. NANTES, VILLE VERTE 2013

A. Observez le document ci-dessous et dites ce que signifie pour vous l'expression « capitale verte ».

Terraeco.net

| ACCUEIL | ACTUALITÉ | ÉNERGIE | MOBILITÉS | TECHNO | AGENDA |

Nantes capitale verte de l'Europe en 2013

Points forts de la métropole nantaise pour décrocher ce titre : sa politique de transport et son plan climat.

Après Stockholm en 2010 et Hambourg pour 2011, ce sont donc les villes de Vitoria-Gasteiz (pays basque espagnol) et de Nantes qui ont été désignées jeudi 21 octobre Capitales vertes de l'Europe pour 2012 et 2013. Ce titre est attribué chaque année par l'Union Européenne et un jury d'experts à des villes qui remplissent des objectifs « ambitieux » en matière d'environnement et de développement durable.

« Nous avons eu les deux meilleures notes du jury pour l'ensemble de notre politique de transport (15/15) et pour notre plan climat (14,5/15) », se réjouit Ronan Dantec, vice-président de Nantes Métropole et porte-parole des réseaux mondiaux de collectivités locales dans la négociation internationale sur le climat. Cette année, la métropole nantaise s'est par exemple illustrée en lançant un « Atelier Climat » impliquant 150 ménages de l'agglomération, prêts à jouer les « cobayes » pendant un an pour partager leur expérience et leur engagement quotidien contre le changement climatique.

Ce titre « va être pour nous un point d'appui pour poursuivre notre action, pour que les villes soient reconnues comme acteurs dans les négociations climatiques », s'est félicité, auprès de l'agence de presse AFP, Jean-Marc Ayrault, député-maire de Nantes, à quelques semaines du prochain sommet sur le climat à Cancún.

Hasard du calendrier, c'est aussi en 2013 que devraient démarrer près de Nantes les travaux du futur aéroport du grand ouest, dont les crédits viennent d'être votés par la ville. Et qui reste la bête noire des écologistes.

Source : www.terraeco.net (2010)

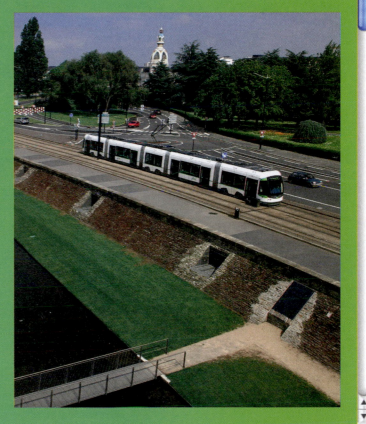

B. Faites la liste des arguments qui ont permis à Nantes d'être élue « Ville verte 2013 ». Êtes-vous d'accord avec ces critères ?

C. Connaissez-vous d'autres « villes vertes » ? Partagez avec la classe vos connaissances sur leurs initiatives écologiques.

18 CHANGER POUR AVANCER

THE PRONOUN EN

The pronoun **en** represents:

▸ a place introduced by the preposition **de** (which indicates where you are coming from).

- *Tu vas à Paris cette semaine ?*
- *Non, j'en viens. (= Je viens de Paris.)*

▸ a direct object introduced by an indefinite article (**un, une, des**) or by a partitive article (**du, de la, de l', des**).

- *Tu veux un café ?*
- *Oui, j'en veux bien un.*

- *Tu prends un livre pour le voyage ?*
- *Non, je n'en prends pas. Je préfère écouter de la musique.*

- *Est-ce que tu bois du café avant de te coucher ?*
- *Non, je n'en bois jamais sinon je n'arrive pas à m'endormir !*

▸ the object of a verb introduced by **de**.

- *Tu as parlé de tes problèmes à tes parents ?*
- *Non, je n'en ai parlé qu'à mon frère.*

Watch out! **En** can never represent a person. For a person, you will keep the preposition **de** + a stressed pronoun.

Elle t'a parlé de son nouveau copain ?
Non, elle ne m'a pas encore parlé de lui.
Comment il s'appelle ?

LOCATING IN SPACE (2)

To indicate a place (city, region, mountain...), you must use certain prepositions or phrases.

▸ **À**: for a city.
C'est à Tours que j'ai appris le français.

▸ **Au**: for a masculine country
Elle a enseigné le français au Venezuela.

▸ *Au fond du val / de la vallée*
Le village est au fond de la vallée.

▸ *Au bord du lac / de l'océan / de la falaise*
Nous avons mangé dans un restaurant au bord du lac.

▸ **Aux**: for a plural country or a group of islands.
Il a travaillé aux États-Unis pendant 10 ans.
Aux Seychelles, on parle créole, anglais et français.

▸ **Dans**: for mountains.
Tous les hivers, il va skier dans les Alpes.

▸ **Dans le(s)**: for a region.
Nice, c'est dans le Vaucluse.
J'ai passé mes vacances dans les Cévennes.

▸ **En**: for a region, a feminine country or a masculine country starting with a vowel.
Quimper, c'est en Bretagne.
Bruxelles est en Belgique.
Montevideo est en Uruguay.

▸ *Sur la côte / les bords / les quais / les rives*
Perros-Guirrec se trouve sur la côte de granit rose.
J'aime faire du vélo sur les rives du canal.

TALKING ABOUT THE FUTURE

To mention when something will happen in the future, use the preposition **dans** + an indication of time.

Nous nous sommes donné rendez-vous dans dix ans.
Dans une semaine, nous serons en vacances !

VERBS OF EMOTIONS + SUBJUNCTIVE (1)

Verbs and verb phrases that express an emotion or a feeling are followed by:

▸ **de** + infinitive if the subject of the main clause is the same as the subject of the subordinate clause.

Je crains de ne pas pouvoir terminer l'examen à temps.

▸ the subjunctive if the two subjects are different.
Je crains que tu ne puisses terminer l'examen à temps.

POSSIBILITIES / PROBABILITIES

Phrases that indicate possibility are followed by the subjunctive.

Il est / C'est (peu, très, fort) possible que	
Il est impossible / C'est impossible que	+ subjunctive
Il est / C'est (peu, très, fort) probable que	
Il est / C'est improbable que	

C'est impossible que tu finisses ce travail dans les délais.
Il est peu probable qu'il pleuve en août.

Possibility can also be expressed with an infinitive.

Il est possible de parcourir cette distance en deux heures.

OBLIGATIONS / RECOMMENDATIONS

The same expressions can be used to express obligation or to make a recommendation, but the verb tenses will vary.

Il faut	+ infinitive
On devrait	
Il faudrait que...	
C'est important que...	+ subjunctive
Il serait nécessaire que...	

Il faut obtenir une autorisation spéciale pour visiter ce parc naturel.
Il faudrait que tu l'appelles.

VOCABULAIRE

Nouns :

l'activité économique (f)	economic activity
l'agriculture (f)	agriculture
l'alimentation (f)	feeding, food consumption
l'autoroute (f)	freeway
l'autosuffisance (f)	self-sufficiency
le barrage	dam
le bâtiment	building
le bois	wood
la brocante	second-hand store
la cathédrale	cathedral
le charbon	coal
le chemin de randonnée	hiking trail
le chômage	unemployment
la concurrence	competition
la croissance	development
le déclin	decline
le développement durable	sustainable development
la douleur	pain
l'eau potable (f)	drinking water
l'emploi (m)	job
l'emprunt (m)	loan
l'endettement (m)	indebtedness
l'endroit (m)	place
la falaise	cliff
la ferme	farm
la forêt	forest
la gestion	management
l'habitant(e)	resident, inhabitant
l'hôtel de luxe (m)	luxury hotel
l'infrastructure (f)	infrastructure
l'initiative (f)	initiative
l'inquiétude (f)	worry
l'isolement (m)	isolation
le jardin	garden
la mairie	city hall
la maison de pierre	stone house
le manoir	mansion
le moulin	mill
le panneau	sign
les panneaux solaires	solar panels
le patrimoine	heritage
le pesticide	pesticide
le pétrole	crude oil
le plan d'action	action plan
le portefeuille	wallet
le promoteur immobilier	real estate developer
la récolte	harvest

les ruines (f)	ruins
les services postaux (m)	mail services
la source d'énergie	source of energy
la taille	size
le taux	rate
le théâtre	theater (for plays)
le toit	roof
le village	village
le village fantôme	ghost town

Adjectives :

abandonné(e)	abandoned
aquatique	aquatic
bio	organic
compromis(e)	compromised, damaged
coupable	guilty
crédible	believable
dangereux, dangereuse	dangerous
économe	thrifty, careful with money
efficace	efficient
élevé(e)	elevated, high
épouvantable	horrible
gelé(e)	frozen
importé(e)	imported
industriel(le)	industrial
intéressant(e)	interesting
massif, massive	massive
net(te)	clear
nucléaire	nuclear
pire	worst
polluant(e)	polluting
propre	clean
primaire	primary
renouvelable	renewable
scandaleux, scandaleuse	scandalous
situé(e)	located
traditionnel(le)	traditional

Verbs :

agrandir	to enlarge
atteindre	to reach
conserver	to conserve, to keep
construire	to build
craindre	to fear
créer	to create
épuiser	to exhaust
dénaturer	to distort, to alter

fonder	to create
fournir	to supply
gérer	to manage
interdire	to forbid
parvenir à	to succeed in
passer à	to switch to
préserver	to preserve
quitter	to leave
redouter	to dread
réduire	to reduce
rénover	to remodel, to renovate
restaurer	to restore, to remodel
s'effondrer	to collapse
semer	to sow
supprimer	to eliminate
transformer	to transform
vendre	to sell

Some words and expressions:

absolument	absolutely
au fond de	at the bottom of
bon marché	cheap
claquer la porte	to slam the door
effectivement	indeed
être au point mort	to be at a standstill
être victime de	to be a victim of
la façon de faire	the way to do things
faire partie de	to be part of
faire un emprunt	to take a loan
faire un stage	to do an internship
la faune et la flore	fauna and flora
hors de question	out of the question
prendre des précautions	to be very careful
radicalement	radically
sans doute	without a doubt
sérieusement	seriously
sur les bords de	on the banks of (a river)
sur les flancs de	on the flanks, on the side

A

Jean Pierre
Online

Emma te demande de lui rendre le livre sur Mai 68. Je ne lui ai pas dit que tu l'avais perdu !

Aïe ! Je dois le racheter la semaine prochaine. Merci en tout cas, je te dois un bisou !

B

SOPHIE, JE T'AIME !
REVIENS ! ÉCOUTE TON CŒUR,
PAS TA COLÈRE.

D

Chéri, finalement j'ai eu l'agence, ils disent qu'ils vont faire visiter l'appartement mardi entre 15 h 00 et 15 h 45. Tu seras là ?

E

Date : 16/04
Heure : 11 h 00
Pour : Mme Dumont
Pendant votre absence : Mme Sauges

☐ a téléphoné
☐ rappellera
☑ pouvez-vous rappeler ?
☐ est passé(e) vous voir
☐ désire un rendez-vous

Message :
Vous avez reçu un appel de votre banque. Il faudrait que vous rappeliez Mme Sauges au 06 43 56 52 78 avant 17 h. Elle dit que c'est urgent.

Reçu par : Sylvie

F

lycée Saint ... cours, elle passe
..., je ... verrais   des mangas, et a

entrenous

Transport amoureux

Vous ai vue dans le métro, ligne 4 : vous étiez magnifique dans votre robe rouge. Appelez-moi, je ne dors plus.
Costas : 06 78 00 56 43.

Perdu

Petit chien de race bichon, de couleur noire avec une tache blanche sur le bout du nez. Il s'appelle Dido et porte le tatouage 45568363A dans l'oreille gauche. S'il vous plaî... appelez-moi.
Martine 06 23 83 99 21

...tre de l'Education   ministère de ...
                            Corses, M...

We are going to write a letter of complaint about a bad service we have received.

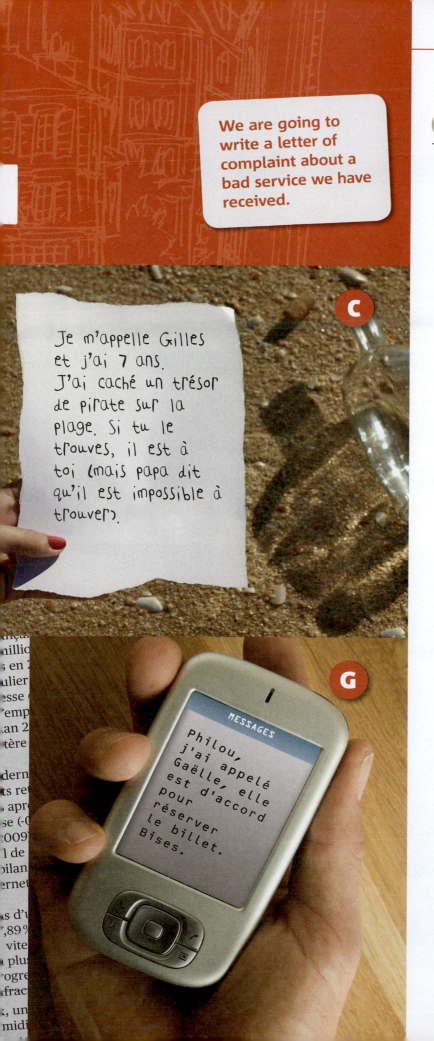

C

Je m'appelle Gilles et j'ai 7 ans. J'ai caché un trésor de pirate sur la plage. Si tu le trouves, il est à toi (mais papa dit qu'il est impossible à trouver).

G

MESSAGES

Philou, j'ai appelé Gaëlle, elle est d'accord pour réserver le billet. Bises.

1. MESSAGES

A. Lisez ces messages, puis écoutez les extraits de conversations téléphoniques : à quels messages se réfèrent-ils ?

Track 21

Conversation	A	B	C	D	E	F	G
Message nº							

B. Lisez à nouveau les messages et précisez l'objectif de chacun d'eux.

Message n°	Objectif
1	
2	
3	
4	
5	
6	
7	

C. Écoutez à nouveau les conversations téléphoniques : pouvez-vous identifier les interlocuteurs ? Discutez-en en classe et justifiez vos réponses.

● Moi, je pense que la conversation B, c'est un couple.
○ Pourquoi ?

2. RIEN NE VA PLUS !

A. Lisez ce courriel à propos d'une dispute dans un couple. Êtes-vous d'accord avec la décision finale de Corinne ?

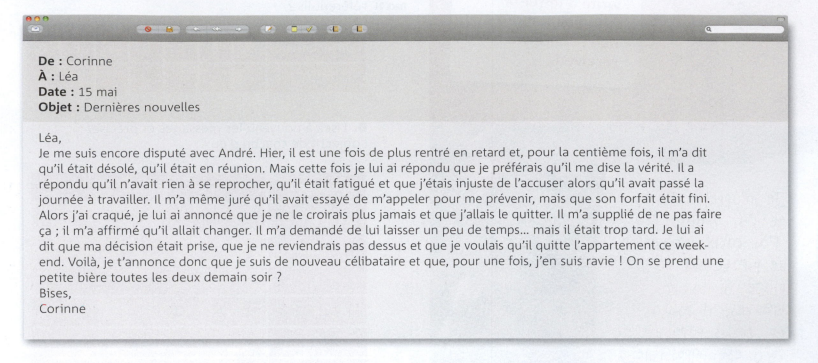

De : Corinne
À : Léa
Date : 15 mai
Objet : Dernières nouvelles

Léa,
Je me suis encore disputé avec André. Hier, il est une fois de plus rentré en retard et, pour la centième fois, il m'a dit qu'il était désolé, qu'il était en réunion. Mais cette fois je lui ai répondu que je préférais qu'il me dise la vérité. Il a répondu qu'il n'avait rien à se reprocher, qu'il était fatigué et que j'étais injuste de l'accuser alors qu'il avait passé la journée à travailler. Il m'a même juré qu'il avait essayé de m'appeler pour me prévenir, mais que son forfait était fini. Alors j'ai craqué, je lui ai annoncé que je ne le croirais plus jamais et que j'allais le quitter. Il m'a supplié de ne pas faire ça ; il m'a affirmé qu'il allait changer. Il m'a demandé de lui laisser un peu de temps… mais il était trop tard. Je lui ai dit que ma décision était prise, que je ne reviendrais pas dessus et que je voulais qu'il quitte l'appartement ce week-end. Voilà, je t'annonce donc que je suis de nouveau célibataire et que, pour une fois, j'en suis ravie ! On se prend une petite bière toutes les deux demain soir ?
Bises,
Corinne

B. Complétez le dialogue entre Corinne et André.

Corinne : Tu sais quelle heure il est ?

André : Je sais, ... suis désolé, j'étais en réunion…

Corinne : Écoute André, je .... que tu me dises la vérité.

André : Mais Corinne, je n' .... rien à .... reprocher ! .... fatigué et je trouve que .... es injuste de m'accuser alors que j'ai passé toute la journée à travailler. Je te jure, j'ai essayé de t'appeler pour te prévenir, mais mon forfait .... fini !

Corinne : Je n'en peux plus, André, je ne te .... plus jamais. Je .... quitte, cette fois c'est fini !

André : Non, Corinne, c'est trop bête, je t'en supplie, ne fais pas ça. Je vais changer, je t'assure, laisse-moi un peu de temps…

Corinne : Ma décision est prise, André, je ne .... pas dessus. Je veux que tu quittes l'appartement d'ici ce week-end.

Track 22

C. Maintenant, écoutez la conversation réelle entre Corinne et André, et vérifiez vos réponses.

D. Classez dans le tableau ce qui a changé dans le passage du dialogue réel au courriel.

Dans le dialogue, il y avait...	Dans le courriel, cela s'est transformé en...
je suis désolé	
je préfère	
tu me dises	
je n'ai rien à me reprocher	
mon forfait	

3. RÉCLAMATION

A. Lisez la lettre : quel est son objectif ?

Mathilde Brunier
28 rue de Poitiers
06100 Nice

Électroménagers Experts
17 rue de la Liberté
06300 Nice

Nice, le 7 novembre 2011

Objet : demande de remplacement

Monsieur,

Le 2 novembre dernier, j'ai acheté dans votre magasin, rue
Tessier, un de vos produits dont vous faites la publicité sur
votre site Internet : il s'agit de l'aspirateur Vivadust345
que vous proposez à 187 euros avec un lot de 15 filtres.
Malheureusement, il n'a jamais fonctionné. En outre, les
vendeurs ont refusé de le remplacer lorsque je l'ai ramené. Or,
j'ai bien lu sur votre site qu'on pouvait rendre tout produit si on
n'en était pas satisfait. De plus, lorsque j'ai eu le responsable du
service après-vente au téléphone, celui-ci m'a bien précisé que
l'appareil défectueux serait remplacé.

Je vous saurai donc gré de bien vouloir donner les consignes
nécessaires pour qu'on me remplace ce produit dans les
meilleurs délais.

En espérant une intervention rapide de votre part, je vous prie
d'agréer mes meilleures salutations.

Mathilde Brunier

B. Remplissez la fiche de réclamation du magasin.

ID: 4951

Document   Actions   Aide

Enregistrer   Enregistrer et quitter   Entregistrer et envoyer

| Général | Informations | Historique |

Produit

Dénomination du produit

Date de l'achat

Date de la plainte

Coordonnées du client

Détail de la plainte

Suivi

Joindre

Description

Réponse

C. Avez-vous déjà eu à écrire ce genre de lettre ?
Dans quelles circonstances ? Avez-vous obtenu
satisfaction ? Racontez.

4. QU'EST-CE QU'IL DIT ?

A. Henri chatte avec son frère qui voyage en Inde. Il rapporte ses propos à leur mère qui est en train de faire la cuisine. Remplissez les bulles qui se réfèrent aux phrases soulignées.

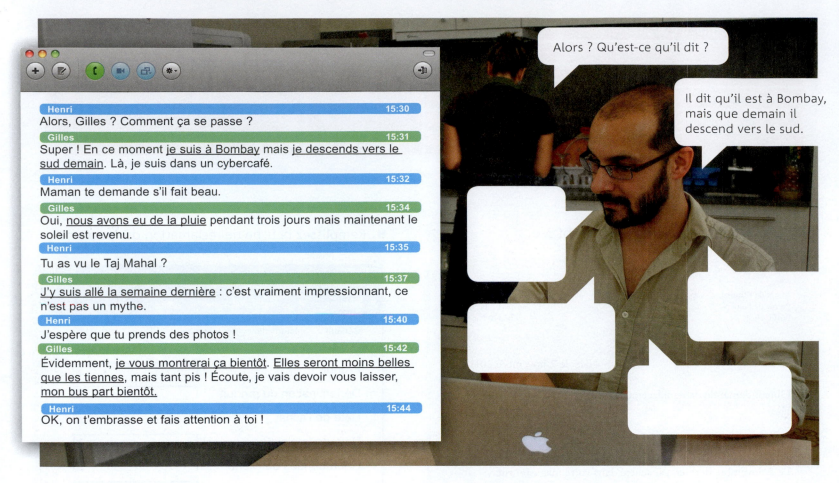

Alors ? Qu'est-ce qu'il dit ?

Il dit qu'il est à Bombay, mais que demain il descend vers le sud.

Henri	15:30
Alors, Gilles ? Comment ça se passe ?

Gilles	15:31
Super ! En ce moment <u>je suis à Bombay</u> mais <u>je descends vers le sud demain</u>. Là, je suis dans un cybercafé.

Henri	15:32
Maman te demande s'il fait beau.

Gilles	15:34
Oui, <u>nous avons eu de la pluie</u> pendant trois jours mais maintenant le soleil est revenu.

Henri	15:35
Tu as vu le Taj Mahal ?

Gilles	15:37
<u>J'y suis allé la semaine dernière</u> : c'est vraiment impressionnant, ce n'est pas un mythe.

Henri	15:40
J'espère que tu prends des photos !

Gilles	15:42
Évidemment, <u>je vous montrerai ça bientôt</u>. <u>Elles seront moins belles que les tiennes</u>, mais tant pis ! Écoute, je vais devoir vous laisser, <u>mon bus part bientôt</u>.

Henri	15:44
OK, on t'embrasse et fais attention à toi !

B. Gilles n'est pas revenu de son voyage. Henri rapporte à la police leur dernière conversation. Complétez sa déclaration.

La dernière fois que j'ai été en contact avec lui c'était par Internet, il y a plus d'une semaine.
Il m'a dit qu'il avait adoré le Taj Mahal, qu'il descendait dans le sud...

LES PRONOMS POSSESSIFS

▶ Un seul objet, un seul possesseur :
Masculin : le mien, le tien, le sien.
Féminin : la mienne, la tienne, la sienne.
▶ Un seul objet, plusieurs possesseurs :
Masculin : le nôtre, le vôtre, le leur.
Féminin : la nôtre, la vôtre, la leur.
▶ Plusieurs objets, un seul possesseur :
Masculin : les miens, les tiens, les siens.
Féminin : les miennes, les tiennes, les siennes.
▶ Plusieurs objets, plusieurs possesseurs :
Masculin ou féminin : les nôtres, les vôtres, les leurs.

LE CONDITIONNEL PASSÉ

Le conditionnel passé est formé d'un auxiliaire (**avoir** ou **être**) au conditionnel présent, suivi du participe passé du verbe.

FAIRE		
j'	aurais	
tu	aurais	
il / elle / on	aurait	fait
nous	aurions	
vous	auriez	
ils / elles	auraient	

L'EXPRESSION DE L'HYPOTHÈSE (2)

▶ **Si** + plus-que-parfait / conditionnel passé :
Si j'avais rencontré Pierre ce matin, *je l'aurais averti* que l'ascenseur ne marchait pas.

LES PRONOMS DÉMONSTRATIFS

	SINGULIER	PLURIEL
MASCULIN	celui(-ci/là)	ceux(-ci/là)
FÉMININ	celle(-ci/là)	celles(-ci/là)
NEUTRE	ce / ceci / cela / ça	

5. JOURNÉE CATASTROPHE

A. Observez les dessins. Trouvez les conséquences de ces situations dans le récit de M. Kata à son meilleur ami.

J'ai brûlé mon repas !

Je suis arrivé en retard à mon examen !

J'étais tellement fatigué le lendemain !

Je suis tombé malade !

B. Maintenant, imaginez les reproches que peut lui faire son ami.

● Si tu n'étais pas sorti...

6. UNE HISTOIRE COMPLIQUÉE

Track 23

A. Écoutez et prenez des notes.

B. Selon vous, qui est la responsable de cette situation qui risque de mal se terminer ?

C. Comparez vos réponses avec un camarade et discutez-en.

LE DISCOURS RAPPORTÉ

Au présent

« *Pierre **rentrera** tard.* »
 *Il **dit que** Pierre **rentrera** tard.*

« *(Est-ce que) Chloé **aime** le poisson ?* »
 *Il **demande si** Chloé **aime** le poisson.*

« ***Fais** tes devoirs !* »
*Il **me dit / m'ordonne de faire** mes devoirs.*

Au passé
 « *Pierre **rentrera** tard.* »
 *Il **a dit que** Pierre **rentrerait** tard.*

« *(Est-ce que) Chloé **aime** le poisson ?* »
 *Il **a demandé si** Chloé **aimait** le poisson.*

« *Pourquoi **es-tu parti** si tôt ?* »
 *Il **m'a demandé** pourquoi **j'étais parti** si tôt.*

DEMANDER RÉPARATION

***Je vous demande de me rembourser** ces communications.*

*Il **demande que** le produit défectueux **soit** remplacé.*

***Je vous somme de retirer** la publicité dans les plus brefs délais.*

***Je vous prie de bien vouloir intervenir** et de mettre fin à cette situation.*

7. OFFRE EXCEPTIONNELLE !

Track 24

A. Écoutez cette publicité radiophonique. De quel produit s'agit-il ? Quelles sont les caractéristiques de l'offre ?

B. Ce produit intéresse Jules et il décide de regarder le site Internet. Quelles nouvelles informations propose le site ? Quelles sont les différences entre les caractéristiques annoncées à la radio et celles indiquées sur Internet ?

http://www.achatsenligne.nrp

ACHATS EN LIGNE

Rechercher sur Achats en ligne
Recevoir gratuitement la lettre d'information

| LIVRES, EBOOKS | MUSIQUE, MP3, INSTRUMENTS | DVD, BLU-RAY | PHOTO CAMÉSCOPES | TV, VIDÉO, HOME CINÉMA | SON, HIFI, LECTEURS MP3 | JEUX VIDÉO, CONSOLES | GPS, TÉLÉPHONES |

>> Photo, caméscope >> Appareil photo numérique >> Cool-lens Ultra Bright X300

OFFRE EXCEPTIONNELLE !
Un appareil photo numérique à prix d'ami : le **Cool-lens Ultra Bright X300** pour seulement **99 euros**.
Caractéristiques techniques :

Pixels : 12 Mpix, capteur CCD 1/2,3''
Zoom : 4 X, équivalent 27-108 mm
Stabilisateur : électronique
Sensibilité : 80 à 3 200 ISO
Écran : 2,7'' en 230 000 pixels
Vidéo : 640 x 480 en 30 images/s
Batterie : Lithium-Ion rechargeable
Dimensions / poids : 94 x 56 x 19 mm / 300 g

Appelez tout de suite le 08 45 76 90 62 pour commander votre appareil ou remplissez votre bon de commande en ligne en cliquant ici.
Notre service de livraison à domicile s'engage à vous le remettre en mains propres dans un délai de 24 heures sur tout le territoire national, sans aucun frais de livraison.
Ajoutez seulement 10 euros et obtenez en plus un étui en cuir.

LES PERSONES QUI ONT ACHETÉ CE PRODUIT ONT ÉGALEMENT ACHETÉ
- L'objectif NIKKOR 18-105 mm ;
- Le kit de nettoyage d'appareil photo PhotoClean ;
- Le sac de voyage SamiSport.

C. Jules a acheté cet appareil sur Internet. Trois jours plus tard, il reçoit ce courriel. Par petits groupes, aidez-le à rédiger une lettre de réclamation.

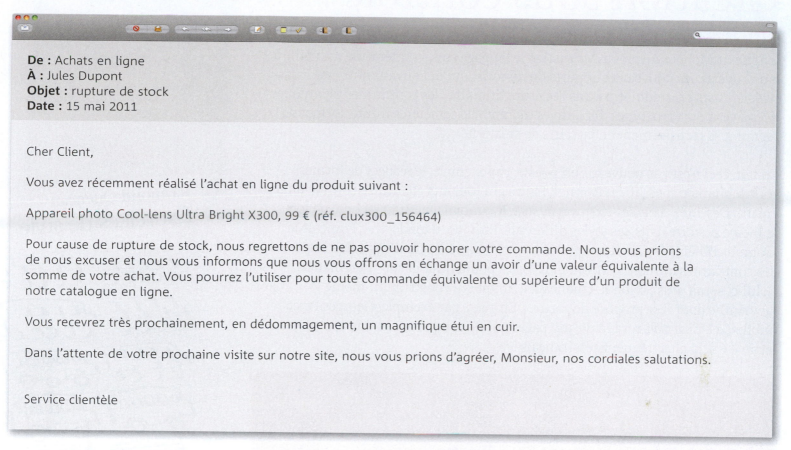

De : Achats en ligne
À : Jules Dupont
Objet : rupture de stock
Date : 15 mai 2011

Cher Client,

Vous avez récemment réalisé l'achat en ligne du produit suivant :

Appareil photo Cool-lens Ultra Bright X300, 99 € (réf. clux300_156464)

Pour cause de rupture de stock, nous regrettons de ne pas pouvoir honorer votre commande. Nous vous prions de nous excuser et nous vous informons que nous vous offrons en échange un avoir d'une valeur équivalente à la somme de votre achat. Vous pourrez l'utiliser pour toute commande équivalente ou supérieure d'un produit de notre catalogue en ligne.

Vous recevrez très prochainement, en dédommagement, un magnifique étui en cuir.

Dans l'attente de votre prochaine visite sur notre site, nous vous prions d'agréer, Monsieur, nos cordiales salutations.

Service clientèle

PLAN DE TRAVAIL

1. FAITES LA LISTE DES PROMESSES DE LA SOCIÉTÉ
▸ annoncées à la radio ;
▸ publiées sur Internet.

2. ORGANISEZ VOS ARGUMENTS PAR RAPPORT AU COURRIEL DE LA SOCIÉTÉ
▸ Ce qui vous paraît inadmissible (explication fournie par la société, ton de la lettre, etc.).

3. ÉCRIVEZ VOTRE LETTRE DE RÉCLAMATION
▸ Organisez vos arguments par paragraphes ;
▸ Choisissez un ton qui laisse paraître votre agacement / votre colère.

Création sous contrôle !

Qui a dit que l'utilisation des téléphones portables constituait un danger pour la langue de Molière ? Après avoir fustigé le langage sms, la littérature accueille à bras ouverts ces nouveaux supports du discours qui ont envahi notre vie : sms, tweets, chats s'introduisent dans l'écriture littéraire : les contraintes techniques liées à ces nouveaux types d'échanges (nombre de caractères limité, format de l'écran...) se transforment en facteurs de créativité.

En fait, ceci n'est pas nouveau : en poésie, par exemple, le respect de formes contraignantes et codifiées (sonnet, haïku...) a toujours été utilisé comme moteur créatif. Dès 1947, dans ses *Exercices de style*, Raymond Queneau raconte 99 fois la même histoire dans des styles différents. En 1960, il fonde avec François le Lionnais l'OULIPO (Ouvroir de Littérature Potentielle), où il s'agit de s'imposer des contraintes formelles encore plus fortes pour stimuler son imagination. Celui-ci serait ainsi, selon R. Queneau, « un rat qui construit lui-même le labyrinthe dont il se propose de sortir ». En 1969, par exemple, Georges Perec publie *La Disparition*, roman de 300 pages qui ne comporte pas une seule fois la lettre « e », la plus fréquente en français !

> **L'OULIPO à la radio**
> Les amateurs de jeux littéraires peuvent retrouver l'émission *Les Papous dans la tête* tous les dimanches à 12 h 45 sur France Culture : des membres officiels de l'OULIPO ainsi que d'autres écrivains s'amusent à contourner des contraintes littéraires pour le plus grand plaisir des auditeurs.

8. LITTÉRATURE ET CONTRAINTES

A. À vous de rédiger un petit texte sous contrainte. Par groupes de deux, pensez chacun à une contrainte littéraire (écrire un texte sans la lettre « a », sans verbe...) et proposez-la à votre voisin. Celui-ci devra écrire un petit texte de cinq lignes en la respectant.

B. Échangez vos textes et essayez d'en retrouver les contraintes.

Parlez-vous sms ?

Le premier livre en langage sms est publié le 15 janvier 2004. Il s'agit de *Pa Sage a Taba : vo SMS* de Phil Marso. Destiné à un public jeune et consommateur de textos, c'est en réalité un polar sur la prévention du tabagisme. À la fin de l'ouvrage, un dictionnaire est là pour aider les novices à déchiffrer les abréviations !

9. À VOS STYLOS !

A. Voici un extrait de *Pa Sage a Taba : vo SMS*. Par groupes de deux, réécrivez-le avec l'orthographe standard du français, puis comparez votre texte avec celui du corrigé.

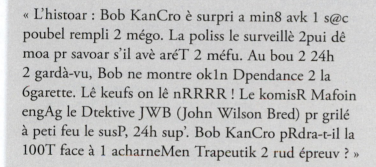

« L'histoar : Bob KanCro è surpri a min8 avk 1 s@c poubel rempli 2 mégo. La poliss le surveillè 2pui dê moa pr savoar s'il avè aréT 2 méfu. Au bou 2 24h 2 gardà-vu, Bob ne montre ok1n Dpendance 2 la 6garette. Lê keufs on lê nRRRR ! Le komisR Mafoin engAg le Dtektive JWB (John Wilson Bred) pr grilé à peti feu le susP, 24h sup'. Bob KanCro pRdra-t-il la 100T face à 1 acharneMen Trapeutik 2 rud épreuv ? »

Pa Sage a TaBa : vo SMS de Phil Marso chez Megacom-Ik

L'histoire : ...

Corrigé : Bob Cancéro est surpris à minuit avec un sac poubelle rempli de mégots. La police le surveillait depuis des mois pour savoir s'il avait arrêté de fumer. Au bout de 24 heures de garde à vue, Bob ne montre aucune dépendance à la cigarette. Les flics ont les nerfs ! Le commissaire Mafoin engage le détective John Wilson Bred pour griller à petit feu le suspect, 24 heures supplémentaires. Bob Cancéro perdra-t-il la santé face à un acharnement thérapeutique de rude épreuve ?

B. Comparez ces deux textes et complétez ce petit manuel de « français-sms » avec les mots proposés et vos observations.

chiffre

inversées

phonétiquement

symbole

On peut remplacer un mot par un...

Exemple : ....

Une lettre majuscule au milieu du texte se prononce...

Exemple : ....

On peut remplacer une lettre par un...

Exemple : ....

Utilisation occasionnelle du *verlan* : les syllabes d'un mot sont...

Exemple : ....

19 OBJET DE RÉCLAMATION

REPORTED SPEECH

You can report someone's words in a more or less accurate manner.

- *Il a dit qu'il refusait de venir.*
- *Mais non, tu dramatises tout ! Il a simplement dit qu'il ne pouvait pas venir.*
- *Qu'est-ce qu'il a dit exactement ?*
- *Il a dit : « Je ne peux pas venir ».*

If you quote someone's words verbatim, they are placed in quotation marks, (called *guillemets* in French).

> *Il a dit : « J'ai rencontré ta sœur il y a deux jours, juste devant chez moi ».*

However, if you are not quoting verbatim, pronouns, possessives, verb tenses, time and space indications will all have to be adjusted in your sentence.

> *Il a dit qu'il avait rencontré ma sœur deux jours auparavant juste devant chez lui.*

How to adjust time and space indications

These changes are necessary when the time and place of the person reporting the words do not coincide with the time and place when the words were spoken.

- *Qu'est-ce que vous faites ici ?*
- *Je viens chercher mon sac que j'ai oublié en classe.*
- *Vous le récupérerez demain, votre sac. Le lycée est fermé maintenant !*

Quelques jours plus tard, le lycéen rapporte cette conversation :
Le pion m'a demandé ce que je faisais là, dans l'école. Je lui ai expliqué que j'avais oublié mon sac dans la salle de classe et que je venais le chercher. Alors il m'a dit que je le récupérerais le lendemain parce que le lycée était fermé à cette heure-là.

How to adjust verb tenses

When the introductory verb (**dire** or another verb) is in the present, the tense of the reported speech is not modified.

▶ *présent → présent*
J'ai faim. → Il dit qu'il a faim.

▶ *passé composé → passé composé*
Je suis arrivé en retard. → Il dit qu'il est arrivé en retard.

▶ *futur → futur*
Je viendrai te voir prochainement. → Il dit qu'il viendra me voir prochainement.

When the introductory verb is in the past, most of the verb tenses in the reported sentence will need to be changed.

▶ *présent → imparfait*
J'ai faim. → Il a dit qu'il avait faim.

▶ *passé composé → plus-que-parfait*
Je suis arrivé en retard. → Il a dit qu'il était arrivé en retard.

▶ *futur → conditionnel présent*
Je viendrai te voir prochainement. → Il a dit qu'il viendrait me voir prochainement.

However, certain tenses do not change.

▶ *imparfait → imparfait*
Je dormais. → Il a dit qu'il dormait.

▶ *plus-que-parfait → plus-que-parfait*
J'avais expliqué plusieurs fois comment faire. → Il a dit qu'il avait expliqué…

In French, adjusting the verb tense of the reported speech is a way for the person reporting that speech to take a neutral stand.

> *Le patron a affirmé que tu étais incompétent.*
> (= He's the one who said that, not me. I'm just telling you what he said.)

> *Paul a dit que tu avais le profil idéal pour ce poste.*
> (= Those were Paul's words. I'm just telling you what he said.)

Note that the lack of changes of verb tenses can mean that the person reporting the speech agrees with the statement.

> *Le patron a affirmé que tu es très compétent pour faire ce travail.*
> (= And I agree.)

> *Paul a dit que tu as le profil idéal pour ce poste.*
> (= Those were Paul's words, but I share his opinion.)

Reporting a statement (affirmative or negative)

> *Pierre rentrera tard. → Elle a dit que Pierre rentrerait tard.*
> *Le facteur n'est pas encore passé. → Il dit que le facteur n'est pas encore passé.*

Beside the verb *dire*, statements can be reported using verbs such as ***declarer*, *affirmer*, *nier*, *jurer*, *répondre*, *expliquer*, *répliquer*, *refuser*…** Unlike ***dire***, these verbs are not neutral. They express certain intents on the part of the original speaker, or they can convey an interpretation by the person reporting the words.

- *Je veux ce travail pour vendredi.*
- *Pour vendredi, je ne peux pas !*
- ***Il a dit*** *qu'il ne pouvait pas pour vendredi.*
- ***Il a refusé*** *de finir le travail pour vendredi.*

In formal speech, when the subject of the verbs ***dire*, *affirmer*, *nier*, *jurer*, *répondre***, etc. and the subject of the reported speech coincide, an infinitive structure is used.

> ***Elle a affirmé connaître*** *toutes les personnes présentes.*
> ***Il nie avoir rencontré*** *Olga Bratiskaïa.*
> ***Elles ont juré ne pas être*** *responsables de ce qui s'était passé.*

Reporting an interrogative sentence

▶ when an interrogative sentence is a yes/no question.

> *Est-ce que Chloé aime le poisson ? →*
> *Il demande si Chloé aime le poisson.*
> *Il a demandé si Chloé aimait le poisson.*

▶ when an interrogative sentence is a special question (wh- question): **quand**, **comment**, **où**, **pourquoi**, **quel**, etc.

Quand est-ce que vous viendrez ? → *Elle demande quand nous viendrons.*
Pourquoi n'es-tu pas rentré à l'heure ? → *Elle a voulu savoir pourquoi je n'étais pas rentré à l'heure.*
Qui a pris mon livre ? → *Elle a demandé qui avait pris son livre.*

▶ when the question starts with **qu'est-ce qui/que**.

Qu'est-ce que vous faites ? → *Elle a demandé ce que nous faisions.*
Qu'est-ce qui est arrivé ? → *Elle s'est demandé ce qui était arrivé.*

Beside the verb **demander**, you can use verbs such as **vouloir**, **savoir** or **se demander**.

Reporting an order or a sentence in the imperative

Tais-toi un peu ! → *Elle lui ordonne de se taire.*
Ne venez pas ! → *Je leur ai dit de ne pas venir.*

Reported speech can also be in the subjunctive.

*Elle ordonne **qu'il se taise**.*
*Je leur ai demandé **qu'ils ne viennent pas**.*

Beside the verbs **demander** and **dire**, you can use verbs such as **ordonner**, **prier**, **exiger**, **conseiller**, **interdire**, etc., which can express certain intents on the part of the original speaker, or which can convey an interpretation by the person reporting the words.

THE PAST CONDITIONAL

The past conditional is formed with an auxiliary (**avoir** or **être**) in the present conditional followed by the past participle of the verb.

FAIRE		
j'	aurais	
tu	aurais	
il/elle/on	aurait	
nous	aurions	fait
vous	auriez	
ils/elles	auraient	

DEMONSTRATIVE PRONOUNS

These pronouns are never used on their own. They are determined by the particle **–ci** (or **–là**), by a relative clause or by a complement. Demonstrative pronouns replace the last word of the preceding sentence and they are used instead of **il**(**s**), **elle**(**s**) to avoid ambiguity.

*Serge Lebon vient finalement de faire la connaissance du réalisateur italien Carlo Ceruti ; **celui-ci** (Carlo) avait été en 2003 le président du jury du Festival d'Ankara, où **celui-là** (Serge) avait présenté son film* La Vache.

▶ **Celui de...**, **celle de...**, **ceux de...**, **celles de...**

● *Tu connais ces deux types ?*
○ ***Celui de** gauche non, mais l'autre, c'est un collègue de Xavier.*

▶ **Celui qui/que...**, **celle qui/que...**, **ceux qui/que...**, **celles qui/que...**

● *Quelles assiettes je mets ?*
○ *Mets **celles qui** sont dans le buffet de la salle.*

● *Lequel tu préfères ? **Celui que** je porte ou **celui qui** est à laver ?*
○ *J'aime les deux, tout dépend de la chemise que tu vas mettre avec.*

● *J'ai rencontré Alain. Il était avec le type qui a un énorme tatouage sur le bras droit !*
○ ***Celui qui** était venu à sa fête d'anniversaire ?*
● *Non, **celui avec qui** on l'a croisé l'autre jour dans la rue.*

▶ **Ceci**, **ce qui**, and **ce que**

These forms are used to rephrase something. They basically mean **ce fait** (this fact). **Ceci** is normally placed after a period, whereas **ce qui** and **ce que** are placed after a comma. Note the different grammatical functions of **ce qui** (subject) and **ce que** (object).

*Ma grand-mère grinçait des dents en mangeant. **Ceci** (= ce fait) énervait terriblement mon grand-père.*
*Ma grand-mère grinçait des dents en mangeant, **ce qui** énervait terriblement mon grand-père.*
*Mon frère n'a pas voulu reprendre les affaires familiales, **ce que** papa ne lui a jamais pardonné.*

POSSESSIVE PRONOUNS

● *J'ai oublié de prendre mon téléphone portable et je dois appeler Patricia avant midi.*
○ *Tiens, je te prête **le mien**.*

*Tout le monde a des problèmes. Nous avons **les nôtres** et vous avez **les vôtres**.*

POSSESSIVE ADJECTIVES		POSSESSIVE PRONOUNS
mon ton son	travail	le mien le tien le sien
ma/mon ta/ton sa/son	voiture / amie	la mienne la tienne la sienne
mes tes ses	ami(e)s	les miens/miennes les tiens/tiennes les siens/siennes
notre votre leur	travail / voiture	le/la nôtre le/la vôtre le/la leur
nos vos leurs	problèmes / histoires	les nôtres les vôtres les leurs

SUBMITTING A COMPLAINT

If you happen to be on the receiving end of a mistake (administrative, commercial, etc.), you can ask someone/a shop/an organization to find a solution for you: you can submit a complaint.

Verbs or verb phrases that introduce a complaint can be followed by the subjunctive or by a clause in the infinitive.

Je vous demande de me rembourser ces communications.
*Il demande que le produit défectueux **soit** remplacé.*
Je vous somme de retirer la publicité dans les plus brefs délais.
Je vous prie de bien vouloir intervenir et de mettre fin à cette situation.

EXPRESSING HYPOTHESES

To express a hypothetical action in the past with consequences in the past, use: **si** + plus-que-parfait and past conditional.

Si je m'étais levé plus tôt, je ne serais pas sorti sans les clés de l'appart.

VOCABULAIRE

Nouns :

l'achat (m)	purchase
l'achat en ligne (m)	online purchase
l'appareil (m)	device
l'appareil photo (m)	camera
l'appel (m)	call
l'aspirateur (m)	vacuum cleaner
l'avoir (m)	credit
la batterie	battery
le bon de commande	order form
le caméscope	camcorder
le catalogue	catalog
la catastrophe	catastrophe
la commande	order
la contrainte	constraint
le courriel	email
la demande	request
le dédommagement	compensation
le délai	time limit
la dispute	dispute
l'écran (m)	screen
l'étui (m)	case
le forfait	plan (for phone), pass
les frais (m)	fees
la lettre de réclamation	letter of complaint
la livraison	delivery
l'offre (f)	offer
la plainte	complaint
le poids	weight
le produit	product
la réclamation	complaint
le remplacement	replacement
le reproche	reproach
la rupture de stock	out of stock
le SMS	text message
la somme	total
le suivi	follow-up
le tabagisme	tobacco addiction
le texto	text message
le trésor	treasure
la valeur	value

Adjectives :

contraignant(e)	restrictive
défectueux, défectueuse	defective
désolé(e)	sorry
désespéré(e)	desperate
exceptionnel(le)	exceptional
impressionnant(e)	impressive
magnifique	magnificent
performant(e)	efficient
ravi(e)	delighted
remboursé(e)	reimbursed
satisfait(e)	satisfied

Verbs :

appeler	to call
cacher	to hide
chatter	to chat online
commander	to order
craquer (familiar)	to break down
déchiffrer	to decode, to decipher
déranger	to bother
fonctionner	to function
fustiger	to criticize harshly
jurer	to swear, to promise
offrir	to offer
prêter	to loan
quitter	to leave
rappeler	to call back
recevoir	to receive
rédiger	to write, to compose
rembourser	to reimburse
remplacer	to replace
rendre	to give back, to return
reprocher	to blame, to reproach
réserver	to make a reservation
revenir	to come back
se disputer	to argue
s'engager à	to commit
se plaindre	to complain
supplier	to implore, to beg

Some words and expressions:

avoir de l'humour	to have a sense of humor
avoir un grand cœur	to have a big heart
dans les meilleurs délais	as soon as possible
de plus	moreover
dire la vérité	to tell the truth
en échange	in exchange
en ligne	online
en outre	besides, furthermore
être en réunion	to be in a meeting
évidemment	obviously
faire une demande	to request
il s'agit de	it's about
je n'en peux plus!	I can't take it anymore!
malheureusement	unfortunately
mettre une annonce	to place an ad
ne pas avoir un sou en poche	to be completely broke
prier quelqu'un de faire quelque chose	to ask someone to do something
prochainement	soon
sommer quelqu'un de faire quelque chose	to order someone to do something
tant pis	never mind
transmettre un message	to convey a message

20 IL ÉTAIT UNE FOIS...

We will come up with our own version of a well-known fairy tale.

1. QUE TU AS DE GRANDES OREILLES !

A. Observez les illustrations : quels contes reconnaissez-vous ? Quels sont leurs titres dans votre langue ?

B. Regardez ces titres de contes : les reconnaissez-vous ?

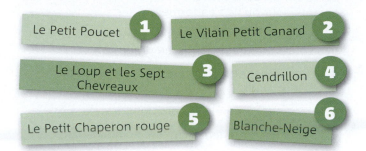

Le Petit Poucet **1**   Le Vilain Petit Canard **2**

Le Loup et les Sept Chevreaux **3**   Cendrillon **4**

Le Petit Chaperon rouge **5**   Blanche-Neige **6**

C. Associez chacune de ces phrases avec le titre de l'un de ces contes.

Le loup mit sa patte dans la farine et la montra sous la porte.

« Miroir, mon gentil miroir, qui est la plus belle en ce royaume ? »

Il était tellement petit qu'on l'appelait Petit Poucet.

Grand-mère, que tu as de grandes oreilles !

« Emmène-la dans la forêt et arrange-toi pour qu'elle n'en sorte pas vivante », ordonna la reine au chasseur.

La fée passa sa baguette magique sur la citrouille, qui se transforma rapidement en un superbe carrosse.

« Montre tes pattes pour que nous puissions voir si tu es vraiment notre chère maman », dirent-ils en chœur.

Elle descendit l'escalier tellement vite qu'elle perdit une de ses pantoufles de vair.

Pendant que les sept nains travaillaient à la mine, elle s'occupait de la maison.

Lorsque la mère canard vit qu'il était si laid, elle dit à ses frères de s'éloigner de lui.

« Toi, tu passes par ici et moi, je passe par là, on verra qui arrivera le premier chez ta grand-mère », dit le loup.

Grâce aux bottes magiques de l'ogre, il parcourut sept lieues d'un seul pas.

« Puisque tu es si laid, tu ne joueras pas avec nous », lui crièrent ses frères.

D. Comparez vos réponses.

2. QU'EST-CE QU'UN CONTE ?

A. Lisez les informations suivantes et cochez celles qui sont vraies.

1. Les contes n'existent pas dans certaines cultures.

2. Les contes sont souvent des histoires racontées aux enfants pour qu'ils s'endorment.

3. Dans les contes européens, le rôle du méchant est très souvent représenté par un dragon.

4. Les contes sont des histoires pour enfants mais aussi pour adultes.

5. Les contes commencent par une formule spéciale.

6. Les contes ne se terminent pas toujours bien.

B. Maintenant, écoutez l'interview d'une spécialiste de la littérature orale et vérifiez vos réponses.

Track 25

C. Selon cette spécialiste, quelles sont les cinq étapes d'un conte ?

1. ....

2. ....

3. .... *Le héros cherche des solutions.* ....

4. ....

5. ....

3. LE PETIT POUCET

A. Par groupes, remettez ce conte célèbre dans l'ordre.

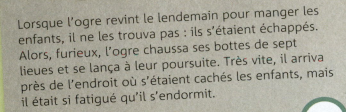

Ce soir-là, comme le Petit Poucet se doutait de quelque chose, il garda un bout de pain dans sa poche. Il eut raison : le lendemain, en effet, le bûcheron emmena à nouveau les enfants dans la forêt pour les y perdre et le Petit Poucet sema alors des miettes le long du chemin. Mais cette fois, ils ne retrouvèrent pas le chemin de la maison parce que des oiseaux avaient mangé le pain.

Lorsque l'ogre revint le lendemain pour manger les enfants, il ne les trouva pas : ils s'étaient échappés. Alors, furieux, l'ogre chaussa ses bottes de sept lieues et se lança à leur poursuite. Très vite, il arriva près de l'endroit où s'étaient cachés les enfants, mais il était si fatigué qu'il s'endormit.

B. Avez-vous remarqué que certains verbes étaient conjugués à un nouveau temps ? Faites-en la liste et retrouvez leur infinitif.

C. Ce temps, c'est le passé simple : il est souvent utilisé en littérature. Par quel autre temps pourrait-on le remplacer ?

« Je suis venu pour gagner beaucoup d'argent », dit le petit Poucet au roi étonné. « Je peux vous aider à gagner la guerre grâce à ces bottes », ajouta-t-il. Et effectivement, le roi gagna la guerre et donna un grand sac d'or au Petit Poucet en récompense.

Ils marchèrent des heures, et finirent par trouver une maison. Mais c'était la maison d'un ogre qui mangeait les enfants : il les enferma pour les manger le jour suivant.

Le Petit Poucet remercia le roi et rentra vite chez lui. Depuis ce jour-là, lui et sa famille ne connurent plus jamais la misère et ils vécurent heureux très longtemps.

Il était une fois un bûcheron et sa femme, qui avaient sept fils. Le plus jeune était si petit que tout le monde l'appelait le Petit Poucet. C'était un garçon intelligent et attentif.

Alors, pendant que ses frères couraient vers leur maison, le Petit Poucet enleva les bottes de l'ogre et les chaussa. Puis il courut jusqu'au palais royal, où le roi tenait un conseil de guerre.

3

Comme le Petit Poucet avait tout entendu, il sortit et remplit ses poches de cailloux. Ainsi, lorsque le lendemain le bûcheron emmena ses enfants dans la forêt pour les perdre, le Petit Poucet jeta les cailloux tout au long du chemin. Les sept frères purent donc, en suivant les pierres, rentrer chez eux, à la grande joie de leur mère.

Une nuit, pendant que ses frères dormaient, le Petit Poucet entendit le bûcheron dire à sa femme : « Femme, nous ne pouvons plus nourrir nos garçons, il faut les abandonner dans la forêt. »

4. DEUX CHOSES À LA FOIS

A. On dit d'une personne qu'elle est « polychrone » lorsqu'elle fait souvent plusieurs choses en même temps. Posez les questions suivantes à un camarade afin de savoir s'il est dans ce cas.

	jamais	souvent
1. Lisez-vous en regardant la télévision ?		
2. Pouvez-vous écrire un courriel en parlant au téléphone ?		
3. Pouvez-vous écrire un sms en marchant ?		
4. Pouvez-vous répondre à quelqu'un en lisant ?		
5. Travaillez-vous en écoutant la radio ?		
6. Pouvez-vous jouer à des jeux vidéo en travaillant ?		
7. Chantez-vous en vous rasant / en vous maquillant ?		
8. Pouvez-vous envoyer un sms à un ami en écoutant le professeur ?		
9. Pouvez-vous écouter de la musique en faisant du vélo ?		
10. Pouvez-vous regarder un film en écoutant une émission de radio ?		

B. Maintenant, présentez vos conclusions à votre camarade.

● Je crois que vous êtes plutôt polychrone car vous pouvez lire en regardant la télé...

5. UN PROBLÈME, UNE SOLUTION

A. Par petits groupes, faites une liste des problèmes qui vous paraissent les plus importants : écologie, éducation...

• Le trou dans la couche d'ozone continue de s'agrandir.
• Il n'y a pas de métro après 2 heures du matin pour rentrer chez soi.

B. Échangez votre liste avec celle d'un autre groupe et proposez des solutions.

• Pour diminuer la pollution, on devrait limiter la circulation des voitures et des camions.
• Pour qu'il y ait des métros après 2 heures du matin, on pourrait envoyer une lettre au maire ou bien au ministre des Transports.

LE PASSÉ SIMPLE

Le passé simple s'emploie seulement à l'écrit et essentiellement aux troisièmes personnes du singulier et du pluriel. Il situe le récit dans un temps éloigné du nôtre. C'est le temps du conte.

Ils se marièrent et eurent beaucoup d'enfants.

Ti Pocame vit une petite lumière et il sauta sur une branche.

LE GÉRONDIF

Quand le sujet fait deux actions en même temps, on peut utiliser le gérondif.

*Petit Poucet marchait **en jetant** des cailloux sur le chemin.*

Attention !

être	→ en étant
avoir	→ en ayant
savoir	→ en sachant

SITUER DANS LE TEMPS (5)

▶ **Lorsque** s'utilise comme **quand**.
Lorsque l'ogre revint, les enfants avaient disparu.

▶ **Tandis que** et **pendant que** s'utilisent pour exprimer la simultanéité de deux actions.
Pendant que / Tandis que ses parents mangeaient, le Petit Poucet garda un bout de pain dans sa poche.

6. CAUSE OU CONSÉQUENCE ?

Complétez chaque titre de presse avec **car**, **pourtant**, **comme**, en les plaçant au début ou au milieu de la phrase, puis mettez les majuscules et ajoutez la ponctuation nécessaire. Comparez vos réponses avec celles d'un camarade (plusieurs réponses sont possibles).

	l'année a été très sèche		les agriculteurs demandent des aides au gouvernement.
	les campagnes d'information contre l'alcool au volant se multiplient		le nombre d'accidents liés à l'alcool ne cesse d'augmenter.
	l'équipe de football quitte le terrain		elle a été insultée par des supporters.
	la marée noire s'approche du littoral		les équipes en mer travaillent jour et nuit.
	les températures sont en légère hausse		la glace sur la chaussée ne fond toujours pas.
	il n'y aura pas de concurrent français à Roland-Garros cette année		notre champion de tennis s'est blessé.

7. COURSE CONTRE LA MONTRE

Gilles et Marie se sont réveillés en retard. Ils doivent partir dans 30 minutes. Aidez-les à s'organiser.

- préparer le café : 5 min
- beurrer 4 tartines : 4 min
- faire les lits : 5 min
- donner à manger au chat : 1 min
- prendre le petit-déj' : 10 min
- habiller les enfants : 5 min
- s'habiller : 5 min chacun
- prendre une douche : 5 min chacun

	Gilles	Marie
7.00		
7.20 - 7.30	Prendre le petit-déjeuner	Prendre le petit-déjeuner

● Pendant que Marie prépare le café, Gilles peut...

LA CAUSE : CAR / PUISQUE / COMME

Car introduit une cause (= parce que).

*Cendrillon partit vite **car** il était minuit.*

Comme (en tête de phrase) et **puisque** introduisent une cause logique.

***Comme** le loup montra patte blanche, il put entrer.*

*Le loup put entrer **puisqu**'il montra patte blanche.*

LE BUT : AFIN DE ET POUR QUE

- **Afin de** + infinitif (= pour)
*Le Petit Poucet jeta des pierres derrière lui **afin de** retrouver son chemin.*

- **Pour que** + subjonctif. On l'emploie si le sujet de la première partie de la phrase est différent de celui de la deuxième.
*Montre tes pattes **pour que nous puissions** voir qui tu es.*

LES CONNECTEURS LOGIQUES

- **Pourtant** introduit une opposition.
*Bébé, le petit canard était laid ; **pourtant** quand il grandit, il devint un beau cygne.*

- **Donc** introduit une conséquence.
*Ti Pocame décida d'aller vivre chez sa marraine. Il se mit **donc** en route.*

8. LA PIERRE PHILOSOPHALE

A. Lisez ce récit. Réécrivez les phrases soulignées en utilisant les connecteurs ci-dessous.

pourtant   afin de

lorsque   car

puisque   comme

donc

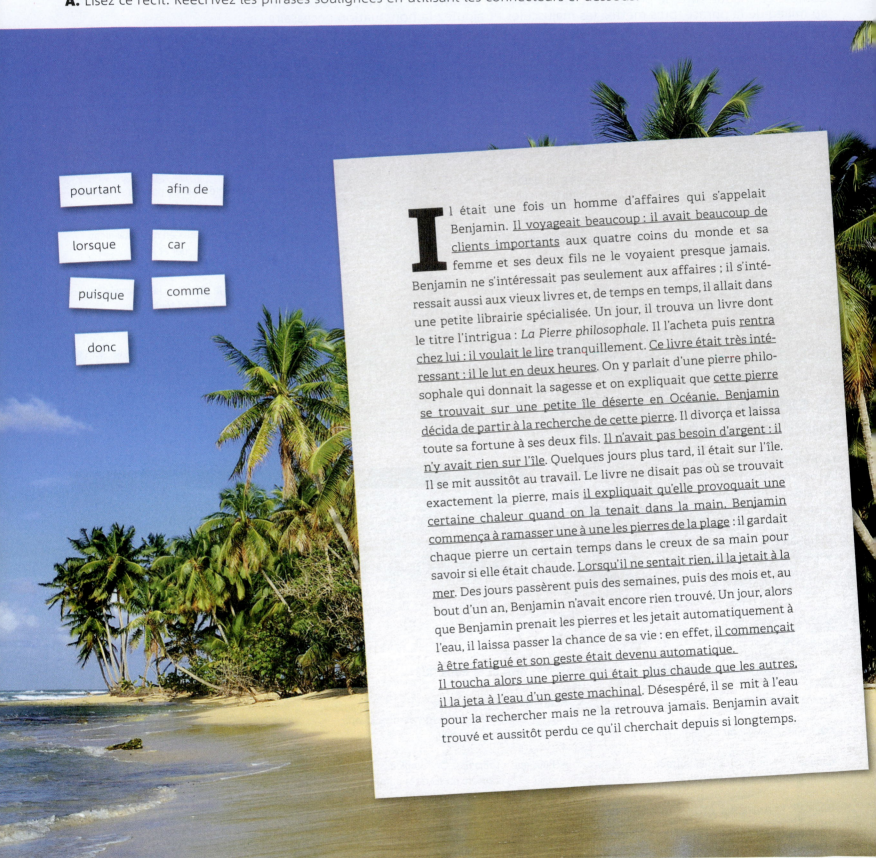

Il était une fois un homme d'affaires qui s'appelait Benjamin. <u>Il voyageait beaucoup : il avait beaucoup de clients importants</u> aux quatre coins du monde et sa femme et ses deux fils ne le voyaient presque jamais. Benjamin ne s'intéressait pas seulement aux affaires ; il s'intéressait aussi aux vieux livres et, de temps en temps, il allait dans une petite librairie spécialisée. Un jour, il trouva un livre dont le titre l'intrigua : *La Pierre philosophale*. Il l'acheta puis <u>rentra chez lui : il voulait le lire</u> tranquillement. <u>Ce livre était très intéressant : il le lut en deux heures.</u> On y parlait d'une pierre philosophale qui donnait la sagesse et on expliquait que <u>cette pierre se trouvait sur une petite île déserte en Océanie. Benjamin décida de partir à la recherche de cette pierre</u>. Il divorça et laissa toute sa fortune à ses deux fils. <u>Il n'avait pas besoin d'argent : il n'y avait rien sur l'île.</u> Quelques jours plus tard, il était sur l'île. Il se mit aussitôt au travail. Le livre ne disait pas où se trouvait exactement la pierre, mais <u>il expliquait qu'elle provoquait une certaine chaleur quand on la tenait dans la main. Benjamin commença à ramasser une à une les pierres de la plage :</u> il gardait chaque pierre un certain temps dans le creux de sa main pour savoir si elle était chaude. <u>Lorsqu'il ne sentait rien, il la jetait à la mer.</u> Des jours passèrent puis des semaines, puis des mois et, au bout d'un an, Benjamin n'avait encore rien trouvé. Un jour, alors que Benjamin prenait les pierres et les jetait automatiquement à l'eau, il laissa passer la chance de sa vie : en effet, <u>il commençait à être fatigué et son geste était devenu automatique.</u> <u>Il toucha alors une pierre qui était plus chaude que les autres, il la jeta à l'eau d'un geste machinal.</u> Désespéré, il se mit à l'eau pour la rechercher mais ne la retrouva jamais. Benjamin avait trouvé et aussitôt perdu ce qu'il cherchait depuis si longtemps.

B. Est-ce que vous avez aimé cette histoire ? À votre avis, quel est le sens de cette histoire, sa morale ? Parlez-en avec deux autres camarades.

● Moi, je pense que la morale de cette histoire, c'est qu'il ne faut pas...

9. À VOUS DE RACONTER !

A. Par petits groupes, choisissez quel conte vous voulez raconter parmi ceux que vous connaissez.

B. Pour en faire une version personnelle, réécrivez le conte en faisant entrer un « intrus » (un personnage qui vient d'un autre conte).

C. Partagez votre texte avec la classe.

● Il était une fois...

strategies ⊗

Make sure to pay attention to your story's structure. Use markers of time and sequence (*puis, ensuite, le lendemain*...) as well as logical connectors (*donc, alors, mais*...).

10. UNE LANGUE MÉTISSE

Lisez le texte suivant sur l'origine de la langue créole. Savez-vous quelles langues ont influencé votre propre langue ?

La langue créole

Le créole à base lexicale française est né du métissage du vocabulaire français des XVIIᵉ et XVIIIᵉ siècles avec des expressions d'origine africaine. Capturés sur leur terre natale, les Africains déportés aux Antilles étaient répartis sur diverses îles pour éviter que les tribus se reconstituent et provoquent des révoltes.

Face au besoin de survivre et de communiquer avec des compagnons parlant des langues différentes, ils ont créé une langue commune, reprenant des mots français et quelques termes amérindiens, le tout construit avec une syntaxe proche de celle des langues d'Afrique. Le temps a donné une unité à l'ensemble, et toute une littérature orale en langue créole s'est développée progressivement sous forme de contes, de chants et de proverbes. Le créole est aujourd'hui une langue à part entière et il est même la langue officielle de deux pays indépendants : Haïti et les îles Seychelles.
En fait, il n'existe pas un mais plusieurs créoles. Le créole à base lexicale française se parle aujourd'hui à Haïti, aux Antilles françaises (Guadeloupe et Martinique), en Guyane, sur l'île Maurice, à la Réunion et aux îles Seychelles.

Quelques mots créoles : en les prononçant, vous découvrirez la proximité avec le français.

enmé :	aimer
appwan :	apprendre
ayen :	rien
gadé :	regarder

11. TI POCAME

A. Lisez le début de ce conte antillais. À quels autres contes vous fait-il penser ?

TI POCAME. Il était une fois un petit garçon, gentil, très gentil qui s'appelait Ti Pocame. Ce petit garçon, très gentil, habitait chez sa tante car il était orphelin. Mais sa tante ne l'aimait pas du tout, elle lui préférait ses deux fils. Elle leur réservait toujours les plus beaux habits et pour Ti Pocame, les vieux habits. Ces deux fils avaient toujours droit aux bons morceaux de viande et Ti Pocame, aux os. Ti Pocame faisait toujours toutes les corvées : aller chercher l'eau à la rivière, nourrir le cochon et les poules, éplucher les légumes… Souvent, Ti Pocame était puni injustement et, dans ses colères, sa tante menaçait de le donner au diable.

Mais Ti Pocame était un garçon courageux, très courageux et il ne se plaignait jamais. Pour oublier ses malheurs, il rêvait souvent à sa chère marraine, chez qui il aimerait bien partir vivre un jour. Un soir, alors qu'ils étaient à table, la tante ordonna à Ti Pocame d'aller cueillir un piment afin d'épicer le repas. Il faisait noir, très noir et, tout de suite, Ti Pocame qui était pourtant courageux, très courageux, pensa : « C'est sûr, ce soir ma tante m'envoie au diable ! »

Avant de sortir, il prit soin de glisser dans sa poche les sept pépins d'orange qui portent chance et que sa marraine lui avait donnés pour son anniversaire. Une fois dehors, la nuit l'enveloppa tout entier. Il prit garde à faire le moindre bruit afin de ne pas se faire remarquer par le diable. Soudain, il vit une petite lumière comme celle d'une luciole, mais celle-ci se mit à foncer sur lui comme une boule de feu : « le diable », pensa-t-il.

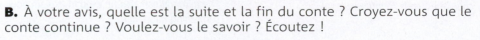

B. À votre avis, quelle est la suite et la fin du conte ? Croyez-vous que le conte continue ? Voulez-vous le savoir ? Écoutez !

Track 26

20 IL ÉTAIT UNE FOIS...

THE PASSÉ SIMPLE

The *passé simple* is a past tense that is used almost exclusively in writing.

How to form the passé simple
Verbs ending in *–er* (all regular):

CHANTER		
je		-ai
tu		-as
il/elle/on	chant-	-a
nous		-âmes
vous		-âtes
ils/elles		-èrent

Other verbs have the following endings: *-s*, *-s*, *-t*, *-mes*, *-tes*, *-rent*. The stems vary but are often based on the past participle of the verb.

finir	fini-	je finis, tu finis...
partir	parti-	je partis, tu partis...
sortir	sorti-	je sortis, tu sortis...
connaître	connu-	je connus, tu connus...
avoir	eu-	j'eus, tu eus...
être	fu-	je fus, tu fus...
faire	fi-	je fis, tu fis...
voir	vi-	je vis, tu vis...
venir	vin-	je vins, tu vins...
naître	naqui-	je naquis, tu naquis...

Watch out! There is an *accent circonflexe* (^) on the vowel that precedes the ending in, at the first and second person plural: *nous mangeâmes, vous mangeâtes, nous finîmes, vous finîtes, nous connûmes, vous connûtes...*

Most of the time, the *passé simple* is used in the third person singular or plural. It is used in novels, stories, legends, tales, etc. It functions as the *passé composé* in a narration and is found alongside the *imparfait* and the *plus-que-parfait*.

Note that the *passé simple* is not used in daily life when people speak or write.

THE GÉRONDIF

How to form the gérondif
The *gérondif* is composed of the preposition *en* + present participle.

> *En chantant, en finissant, en sachant...*

To form the present participle, use the first person plural of the indicative present of the verb and add the ending *-ant*.

nous prenons	pren + ant	prenant
nous buvons	buv + ant	buvant
nous finissons	finiss + ant	finissant
nous faisons	fais + ant	finisant

Watch out! There are three irregular forms:
avoir ➜ ayant
être ➜ étant
savoir ➜ sachant

How to use the gérondif
The *gérondif* is used when a subject performs two actions at the same time. It indicates simultaneity.

> *Il parle en dormant.* (= Il parle et il dort au même moment.)

The *gérondif* can also be used to explain how something happened.

> *Je me suis fait mal en jouant au football.*

CAR / PUISQUE / COMME

▶ *Parce que* provides an explanation. It answers the question *pourquoi ?*

- *Pourquoi* Judith n'est pas venue aujourd'hui ?
- *Parce qu'elle avait un examen.*

▶ *Car* is basically the same as *parce que*, but it is used less frequently (especially in informal language).

> *Les familles sortent moins qu'avant car elles ont vu leur pouvoir d'achat baisser.*

▶ *Comme* introduces a logical link between a cause and a consequence. It is always placed at the beginning of a sentence.

> *Comme Judith a un examen aujourd'hui, elle ne viendra pas.*

▶ **Puisque** also introduces a logical link between a cause and a consequence.

> *Judith ne viendra pas aujourd'hui puisqu'elle a un examen.*

AFIN DE AND POUR QUE

To express a goal, you can use:

▶ *pour / afin de* + infinitive

> *Afin de ne pas se perdre dans la forêt, le Petit Poucet sema des petits morceaux de pain.*

▶ *pour que / afin que* + subjunctive

> *La marraine de Cendrillon transforma la citrouille en carrosse pour qu'elle puisse aller au bal.*

Note that *afin* could be replaced by *pour*. *Afin* is used less frequently than *pour*. In writing, it allows you to avoid repetition and to write in a nicer style.

DONC AND POURTANT

▶ **donc**: expresses a consequence.

*Je n'avais plus de pain, **donc** je suis allé à la boulangerie.*

▶ **pourtant**: highlights a paradox between two ideas.

*Elle a mis un pull ; **pourtant** il ne fait pas froid : le thermomètre indique 27ºC !*

TIME MARKERS : LORSQUE / TANDIS QUE / PENDANT QUE

Lorsque is a time marker that has the same meaning as **quand**.

***Lorsque** l'ogre revint, les enfants avaient disparu.*

Watch out! You can never use **lorsque** the way **quand** is used in an interrogative sentence.

Pendant que and **tandis que** highlights that two actions take place at the same time.

*Cendrillon faisait le ménage **pendant que** ses sœurs s'amusaient.*
*Elle fait ses devoirs **tandis que** son frère est sur Internet.*

Note that **pendant que** and especially **tandis que** can create a contrast between the two actions.

Mais je t'avais dit de ne rien toucher pendant que je faisais les courses !

VOCABULAIRE

Nouns:

la baguette magique	*magic wand*	la princesse	*princess*
les bottes (f)	*boots*	le prince	*prince*
le bout de pain	*piece of bread*	la récompense	*reward*
le bûcheron	*lumberjack*	le royaume	*kingdom*
le caillou	*small stone*	la sagesse	*wisdom*
le canard	*duck*	la solution	*solution*
le carrosse	*coach*	la sorcière	*witch*
le chasseur	*hunter*	la veille	*day before*
le château	*castle*		
la chaussée	*roadway*	**Adjectives:**	
le chemin	*way, path*	attentif, attentive	*alert*
la citrouille	*pumpkin*	cher, chère	*dear*
le cochon	*pig*	courageux, courageuse	*courageous, brave*
le conte	*tale*	désespéré(e)	*desperate*
le conte de fées	*fairy tale*	étonné(e)	*surprised*
la corvée	*chore*	fidèle	*faithful*
le défoulement	*release, unwinding*	heureux, heureuse	*happy*
le diable	*devil*	laid(e)	*ugly*
l'escalier (m)	*staircase*	magique	*magical*
la fée	*fairy*	méchant(e)	*mean*
la forêt	*forest*	métisse	*of mixed race*
la glace	*ice*	puni(e)	*punished*
la guerre	*war*	sec, sèche	*dry*
les habits (m)	*clothes*	triste	*sad*
le héros	*hero*	vilain(e)	*ugly*
le lendemain	*following day*	vivant(e)	*alive*
le littoral	*coastline*		
le loup	*wolf*	**Verbs:**	
le magicien	*magician*	abandoner	*to abandon*
la marée noire	*oil spill*	aider	*to help*
la marraine	*godmother*	chasser	*to hunt*
le méchant, la méchante	*bad character*	chausser	*to put on a shoe*
la miette de pain	*bread crumb*	chercher	*to look for*
le miroir	*mirror*	chuchoter	*to whisper*
la misère	*misery, poverty*	consoler	*to comfort*
la morale	*morale*	courir	*to run*
le nain	*dwarf*	crier	*to shout*
l'ogre, l'ogresse	*ogre*	embrasser	*to kiss*
l'oiseau (m)	*bird*	emmener	*to take along, to lead*
l'oreille (f)	*ear*		
l'orphelin, l'orpheline	*orphan*	enfermer	*to lock up*
la pantoufle	*slipper*	éviter	*to avoid*
la patte	*paw*	foncer	*to rush, to charge*
le parrain	*godfather*	fondre	*to thaw*
le pas	*step*	frapper	*to knock*
les pépins (m)	*seeds*	hurler	*to scream*
la pierre	*stone*	jeter	*to throw*
la poche	*pocket*	nourrir	*to feed*
la poule	*hen*		

parcourir	*to cover a distance*
perdre	*to lose*
pleurer	*to cry*
remercier	*to thank*
s'arranger	*to manage*
s'échapper	*to escape*
s'éloigner	*to move away*
s'endormir	*to fall asleep*
se blesser	*to injure yourself*
se douter de	*to suspect*
semer	*to sow*
se terminer	*to end*
vivre	*to live*

Some words and expressions:

afin de	*so*
au volant	*behind the wheel*
aux quatre coins du monde	*all over the world*
car	*for it*
comme	*as*
dire quelque chose en cœur	*to say something in unison*
donc	*therefore*
en effet	*indeed*
en hausse	*on the rise*
il était une fois	*once upon a time*
lorsque	*when*
pendant que	*while*
pourtant	*yet*
puisque	*since, because*
raconter une histoire	*to tell a story*
retrouver son chemin	*to find one's way back*
tandis que	*while*
tellement...que	*so much...that*
tout au long de	*all along*
tranquillement	*quietly*
très longtemps	*for a very long time*

The past participles appear in parentheses next to the infinitives.
An asterisk (*) next to an infinitive indicates that the verb is conjugated with the auxiliary *être*.

AUXILIARY VERBS

AVOIR (eu)

• *Avoir* is the main auxiliary for composed tenses: *j'ai parlé, j'ai été, j'ai fait...*

INDICATIF					SUBJONCTIF	CONDITIONNEL	
présent	passé composé	imparfait	plus-que-parfait	futur simple	présent	présent	passé
j'ai	j'ai eu	j'avais	j'avais eu	j'aurai	que j'aie	j'aurais	j'aurais eu
tu as	tu as eu	tu avais	tu avais eu	tu auras	que tu aies	tu aurais	tu aurais eu
il/elle/on a	il/elle/on a eu	il/elle/on avait	il/elle/on avait eu	il/elle/on aura	qu'il/elle/on ait	il/elle/on aurait	il/elle/on aurait eu
nous avons	nous avons eu	nous avions	nous avions eu	nous aurons	que nous ayons	nous aurions	nous aurions eu
vous avez	vous avez eu	vous aviez	vous aviez eu	vous aurez	que vous ayez	vous auriez	vous auriez eu
ils/elles ont	ils/elles ont eu	ils/elles avaient	ils/elles avaient eu	ils/elles auront	qu'ils/elles aient	ils/elles auraient	ils/elles auraient eu

ÊTRE (été)

• *Être* is the auxiliary for all reflexive verbs (*se lever, se taire*, etc.) as well as for other verbs (*venir, arriver, partir*, etc.)

INDICATIF					SUBJONCTIF	CONDITIONNEL	
présent	passé composé	imparfait	plus-que-parfait	futur simple	présent	présent	passé
je suis	j'ai été	j'étais	j'avais été	je serai	que je sois	je serais	j'aurais été
tu es	tu as été	tu étais	tu avais été	tu seras	que tu sois	tu serais	tu aurais été
il/elle/on est	il/elle/on a été	il/elle/on était	il/elle/on avait été	il/elle/on sera	qu'il/elle/on soit	il/elle/on serait	il/elle/on aurait été
nous sommes	nous avons été	nous étions	nous avions été	nous serons	que nous soyons	nous serions	nous aurions été
vous êtes	vous avez été	vous étiez	vous aviez été	vous serez	que vous soyez	vous seriez	vous auriez été
ils/elles sont	ils/elles ont été	ils/elles étaient	ils/elles avaient été	ils/elles seront	qu'ils/elles soient	ils/elles seraient	ils/elles auraient été

SEMI-AUXILIARY VERBS

ALLER* (allé)

• *Aller* + infinitive = near future

INDICATIF					SUBJONCTIF	CONDITIONNEL	
présent	passé composé	imparfait	plus-que-parfait	futur simple	présent	présent	passé
je vais	je suis allé(e)	j'allais	j'étais allé(e)	j'irai	que j'aille	j'irais	je serais allé(e)
tu vas	tu es allé(e)	tu allais	tu étais allé(e)	tu iras	que tu ailles	tu irais	tu serais allé(e)
il/elle/on va	il/elle/on est allé(e)	il/elle/on allait	il/elle/on était allé(e)	il/elle/on ira	qu'il/elle/on aille	il/elle/on irait	il/elle/on serait allé(e)
nous allons	nous sommes allé(e)s	nous allions	nous étions allé(e)s	nous irons	que nous allions	nous irions	nous serions allé(e)s
vous allez	vous êtes allé(e)(s)	vous alliez	vous étiez allé(e)(s)	vous irez	que vous alliez	vous iriez	vous seriez allé(e)(s)
ils/elles vont	ils/elles sont allé(e)s	ils/elles allaient	ils/elles étaient allé(e)s	ils/elles iront	qu'ils/elles aillent	ils/elles iraient	ils/elles seraient allé(e)s

VENIR* (venu)

• *Venir de* + infinitive = recent past

INDICATIF					SUBJONCTIF	CONDITIONNEL	
présent	passé composé	imparfait	plus-que-parfait	futur simple	présent	présent	passé
je viens	je suis venu(e)	je venais	j'étais venu(e)	je viendrai	que je vienne	je viendrais	je serais venu(e)
tu viens	tu es venu(e)	tu venais	tu étais venu(e)	tu viendras	que tu viennes	tu viendrais	tu serais venu(e)
il/elle/on vient	il/elle/on est venu(e)	il/elle/on venait	il/elle/on était venu(e)	il/elle/on viendra	qu'il/elle/on vienne	il/elle/on viendrait	il/elle/on serait venu(e)
nous venons	nous sommes venu(e)s	nous venions	nous étions venu(e)s	nous viendrons	que nous venions	nous viendrions	nous serions venu(e)s
vous venez	vous êtes venu(e)(s)	vous veniez	vous étiez venu(e)(s)	vous viendrez	que vous veniez	vous viendriez	vous seriez venu(e)(s)
ils/elles viennent	ils/elles sont venus(e)s	ils/elles venaient	ils/elles étaient venu(e)s	ils/elles viendront	qu'ils/elles viennent	ils/elles viendraient	ils/elles seraient venu(e)s

REFLEXIVE (PRONOMINAL) VERBS

S'APPELER* (appelé)

• Most verbs in –eler double their l except for the nous and vous forms.

INDICATIF					SUBJONCTIF	CONDITIONNEL	
présent	passé composé	imparfait	plus-que-parfait	futur simple	présent	présent	passé
je m'appelle	je me suis appelé(e)	je m'appelais	je m'étais appelé(e)	je m'appellerai	que je m'appelle	je m'appellerais	je me serais appelé(e)
tu t'appelles	tu t'es appelé(e)	tu t'appelais	tu t'étais appelé(e)	tu t'appelleras	que tu t'appelles	tu t'appellerais	tu te serais appelé(e)
il/elle/on s'appelle	il/elle/on s'est appelé(e)	il/elle/on s'appelait	il/elle/on s'était appelé(e)	il/elle/on s'appellera	qu'il/elle/on s'appelle	il/elle/on s'appellerait	il/elle/on se serait appelé(e)
nous nous appelons	nous nous sommes appelé(e)s	nous nous appelions	nous nous étions appelé(e)s	nous nous appellerons	que nous nous appelions	nous nous appellerions	nous nous serions appelé(e)s
vous vous appelez	vous vous êtes appelé(e)(s)	vous vous appeliez	vous vous étiez appelé(e)(s)	vous vous appellerez	que vous vous appeliez	vous vous appelleriez	vous vous seriez appelé(e)(s)
ils/elles s'appellent	ils/elles se sont appelé(e)s	ils/elles s'appelaient	ils/elles s'étaient appelé(e)s	ils/elles s'appelleront	qu'ils/elles s'appellent	ils/elles s'appelleraient	ils/elles se seraient appelé(e)s

SE LEVER* (levé)

INDICATIF					SUBJONCTIF	CONDITIONNEL	
présent	passé composé	imparfait	plus-que-parfait	futur simple	présent	présent	passé
je me lève	je me suis levé(e)	je me levais	je m'étais levé(e)	je me lèverai	que je me lève	je me lèverais	je me serais levé(e)
tu te lèves	tu t'es levé(e)	tu te levais	tu t'étais levé(e)	tu te lèveras	que tu te lèves	tu te lèverais	tu te serais levé(e)
il/elle/on se lève	il/elle/on s'est levé(e)	il/elle/on se levait	il/elle/on s'était levé(e)	il/elle/on se lèvera	qu'il/elle/on se lève	il/elle/on se lèverait	il/elle/on se serait levé(e)
nous nous levons	nous nous sommes levé(e)s	nous nous levions	nous nous étions levé(e)s	nous nous lèverons	que nous nous levions	nous nous lèverions	nous nous serions levé(e)s
vous vous levez	vous vous êtes levé(e)(s)	vous vous leviez	vous vous étiez levé(e)(s)	vous vous lèverez	que vous vous leviez	vous vous lèveriez	vous vous seriez levé(e)(s)
ils/elles se lèvent	ils/elles se sont levé(e)s	ils/elles se levaient	ils/elles s'étaient levé(e)s	ils/elles se lèveront	qu'ils/elles se lèvent	ils/elles se lèveraient	ils/elles se seraient levé(e)s

IMPERSONAL VERBS

These verbs can only be conjugated in the third person singular with the subject pronoun *il*.

FALLOIR (fallu)

INDICATIF					SUBJONCTIF	CONDITIONNEL	
présent	passé composé	imparfait	plus-que-parfait	futur simple	présent	présent	passé
il faut	il a fallu	il fallait	il avait fallu	il faudra	qu'il faille	il faudrait	il aurait fallu

PLEUVOIR (plu)

• Most verbs used to describe the weather are impersonal: *il neige, il pleut…*

INDICATIF					SUBJONCTIF	CONDITIONNEL	
présent	passé composé	imparfait	plus-que-parfait	futur simple	présent	présent	passé
il pleut	il a plu	il pleuvait	il avait plu	il pleuvra	qu'il pleuve	il pleuvrait	il aurait plu

VERBS IN -ER (FIRST GROUP)

PARLER (parlé)

• The three singular forms and the third person plural are all pronounced [parl] in the present indicative.

INDICATIF					SUBJONCTIF	CONDITIONNEL	
présent	passé composé	imparfait	plus-que-parfait	futur simple	présent	présent	passé
je parle	j'ai parlé	je parlais	j'avais parlé	je parlerai	que je parle	je parlerais	j'aurais parlé
tu parles	tu as parlé	tu parlais	tu avais parlé	tu parleras	que tu parles	tu parlerais	tu aurais parlé
il/elle/on parle	il/elle/on a parlé	il/elle/on parlait	il/elle/on avait parlé	il/elle/on parlera	qu'il/elle/on parle	il/elle/on parlerait	il/elle/on aurait parlé
nous parlons	nous avons parlé	nous parlions	nous avions parlé	nous parlerons	que nous parlions	nous parlerions	nous aurions parlé
vous parlez	vous avez parlé	vous parliez	vous aviez parlé	vous parlerez	que vous parliez	vous parleriez	vous auriez parlé
ils/elles parlent	ils/elles ont parlé	ils/elles parlaient	ils/elles avaient parlé	ils/elles parleront	qu'ils/elles parlent	ils/elles parleraient	ils/elles auraient parlé

Particular forms of certain verbs in -er

ACHETER (acheté)

• The three singular forms and the 3rd person plural have an *accent grave* on the **è** and are pronounced [ɛ] in the present indicative. The *nous* and *vous* forms stay without an accent and are pronounced [ə].

INDICATIF					SUBJONCTIF	CONDITIONNEL	
présent	passé composé	imparfait	plus-que-parfait	futur simple	présent	présent	passé
j'achète	j'ai acheté	j'achetais	j'avais acheté	j'achèterai	que j'achète	j'achèterais	j'aurais acheté
tu achètes	tu as acheté	tu achetais	tu avais acheté	tu achèteras	que tu achètes	tu achèterais	tu aurais acheté
il/elle/on achète	il/elle/on a acheté	il/elle/on achetait	il/elle/on avait acheté	il/elle/on achètera	qu'il/elle/on achète	il/elle/on achèterait	ill/elle/on aurait acheté
nous achetons	nous avons acheté	nous achetions	nous avions acheté	nous achèterons	que nous achetions	nous achèterions	nous aurions acheté
vous achetez	vous avez acheté	vous achetiez	vous aviez acheté	vous achèterez	que vous achetiez	vous achèteriez	vous auriez acheté
ils/elles achètent	ils/elles ont acheté	ils/elles achetaient	ils/elles avaient acheté	ils/elles achèteront	qu'ils/elles achètent	ils/elles achèteraient	ils/elles auraient acheté

APPELER (appelé)

INDICATIF					SUBJONCTIF	CONDITIONNEL	
présent	passé composé	imparfait	plus-que-parfait	futur simple	présent	présent	passé
j'appelle	j'ai appelé	j'appelais	j'avais appelé	j'appellerai	que j'appelle	j'appellerais	j'aurais appelé
tu appelles	tu as appelé	tu appelais	tu avais appelé	tu appelleras	que tu appelles	tu appellerais	tu aurais appelé
il/elle/on appelle	il/elle/on a appelé	il/elle/on appelait	il/elle/on avait appelé	il/elle/on appellera	qu'il/elle/on appelle	il/elle/on appellerait	il/elle/on aurait appelé
nous appelons	nous avons appelé	nous appelions	nous avions appelé	nous appellerons	que nous appelions	nous appellerions	nous aurions appelé
vous appelez	vous avez appelé	vous appeliez	vous aviez appelé	vous appellerez	que vous appeliez	vous appelleriez	vous auriez appelé
ils/elles appellent	ils/elles ont appelé	ils/elles appelaient	ils/elles avaient appelé	ils/elles appelleront	qu'ils/elles appellent	ils/elles appelleraient	ils/elles auraient appelé

AVANCER (avancé)

INDICATIF					SUBJONCTIF	CONDITIONNEL	
présent	passé composé	imparfait	plus-que-parfait	futur simple	présent	présent	passé
j'avance	j'ai avancé	j'avançais	j'avais avancé	j'avancerai	que j'avance	j'avancerais	j'aurais avancé
tu avances	tu as avancé	tu avançais	tu avais avancé	tu avanceras	que tu avances	tu avancerais	tu aurais avancé
il/elle/on avance	il/elle/on a avancé	il/elle/on avançait	il/elle/on avait avancé	il/elle/on avancera	qu'il/elle/on avance	il/elle/on avancerait	il/elle/on aurait avancé
nous avançons	nous avons avancé	nous avancions	nous avions avancé	nous avancerons	que nous avancions	nous avancerions	nous aurions avancé
vous avancez	vous avez avancé	vous avanciez	vous aviez avancé	vous avancerez	que vous avanciez	vous avanceriez	vous auriez avancé
ils/elles avancent	ils/elles ont avancé	ils/elles avançaient	ils/elles avaient avancé	ils/elles avanceront	qu'ils/elles avancent	ils/elles avanceraient	ils/elles auraient avancé

COMMENCER (commencé)

• The **c** of all verbs in *–cer* becomes **ç** in front of **a** and **o** to keep the sound [s].

INDICATIF					SUBJONCTIF	CONDITIONNEL	
présent	passé composé	imparfait	plus-que-parfait	futur simple	présent	présent	passé
je commence	j'ai commencé	je commençais	j'avais commencé	je commencerai	que je commence	je commencerais	j'aurais commencé
tu commences	tu as commencé	tu commençais	tu avais commencé	tu commenceras	que tu commences	tu commencerais	tu aurais commencé
il/elle/on commence	il/elle/on a commencé	il/elle/on commençait	il/elle/on avait commencé	il/elle/on commencera	qu'il/elle/on commence	il/elle/on commencerait	il/elle/on aurait commencé
nous commençons	nous avons commencé	nous commencions	nous avions commencé	nous commencerons	que nous commencions	nous commencerions	nous aurions commencé
vous commencez	vous avez commencé	vous commenciez	vous aviez commencé	vous commencerez	que vous commenciez	vous commenceriez	vous auriez commencé
ils/elles commencent	ils/elles ont commencé	ils/elles commençaient	ils/elles avaient commencé	ils/elles commenceront	qu'ils/elles commencent	ils/elles commenceraient	ils/elles auraient commencé

EMMENER (emmené)

INDICATIF					SUBJONCTIF	CONDITIONNEL	
présent	passé composé	imparfait	plus-que-parfait	futur simple	présent	présent	passé
j'emmène	j'ai emmené	j'emmenais	j'avais emmené	j'emmènerai	que j'emmène	j'emmènerais	j'aurais emmené
tu emmènes	tu as emmené	tu emmenais	tu avais emmené	tu emmèneras	que tu emmènes	tu emmènerais	tu aurais emmené
il/elle/on emmène	il/elle/on a emmené	il/elle/on emmenait	il avait emmené	il/elle/on emmènera	qu'il/elle/on emmène	il/elle/on emmènerait	il/elle/on aurait emmené
nous emmenons	nous avons emmené	nous emmenions	nous avions emmené	nous emmènerons	que nous emmenions	nous emmènerions	nous aurions emmené
vous emmenez	vous avez emmené	vous emmeniez	vous aviez emmené	vous emmènerez	que vous emmeniez	vous emmèneriez	tvous auriez emmené
ils/elles emmènent	ils/elles ont emmené	ils/elles emmenaient	ils/elles avaient emmené	ils/elles emmèneront	qu'ils/elles emmènent	ils/elles emmèneraient	ils/elles auraient emmené

EMPLOYER (employé)

INDICATIF					SUBJONCTIF	CONDITIONNEL	
présent	passé composé	imparfait	plus-que-parfait	futur simple	présent	présent	passé
j'emploie	j'ai employé	j'employais	j'avais employé	j'emploierai	que j'emploie	j'emploierais	j'aurais employé
tu emploies	tu as employé	tu employais	tu avais employé	tu emploieras	que tu emploies	tu emploierais	tu aurais employé
il/elle/on emploie	il/elle/on a employé	il/elle/on employait	il/elle/on avait employé	il/elle/on emploiera	qu'il/elle/on emploie	il/elle/on emploierait	il/elle/on aurait employé
nous employons	nous avons employé	nous employions	nous avions employé	nous emploierons	que nous employions	nous emploierions	nous aurions employé
vous employez	vous avez employé	vous employiez	vous aviez employé	vous emploierez	que vous employiez	vous emploieriez	vous auriez employé
ils/elles emploient	ils/elles ont employé	ils/elles employaient	ils/elles avaient employé	ils/elles emploieront	qu'ils/elles emploient	ils/elles emploieraient	ils/elles auraient employé

ENVOYER (envoyé)

INDICATIF					SUBJONCTIF	CONDITIONNEL	
présent	passé composé	imparfait	plus-que-parfait	futur simple	présent	présent	passé
j'envoie	j'ai envoyé	j'envoyais	j'avais envoyé	j'enverrai	que j'envoie	j'enverrais	j'aurais envoyé
tu envoies	tu as envoyé	tu envoyais	tu avais envoyé	tu enverras	que tu envoies	tu enverrais	tu aurais envoyé
il/elle/on envoie	il/elle/on a envoyé	il/elle/on envoyait	il/elle/on avait envoyé	il/elle/on enverra	qu'il/elle/on envoie	il/elle/on enverrait	il/elle/on aurait envoyé
nous envoyons	nous avons envoyé	nous envoyions	nous avions envoyé	nous enverrons	que nous envoyions	nous enverrions	nous aurions envoyé
vous envoyez	vous avez envoyé	vous envoyiez	vous aviez envoyé	vous enverrez	que vous envoyiez	vous enverriez	vous auriez envoyé
ils/elles envoient	ils/elles ont envoyé	ils/elles envoyaient	ils/elles avaient envoyé	ils/elles enverront	qu'ils/elles envoient	ils/elles enverraient	ils/elles auraient envoyé

Verb charts

ÉPELER (épelé)

INDICATIF					SUBJONCTIF	CONDITIONNEL	
présent	passé composé	imparfait	plus-que-parfait	futur simple	présent	présent	passé
j'épelle	j'ai épelé	j'épelais	j'avais épelé	j'épellerai	que j'épelle	j'épellerais	j'aurais épelé
tu épelles	tu as épelé	tu épelais	tu avais épelé	tu épelleras	que tu épelles	tu épellerais	tu aurais épelé
il/elle/on épelle	il/elle/on a épelé	il/elle/on épelait	il/elle/on avait épelé	il/elle/on épellera	qu'il/elle/on épelle	il/elle/on épellerait	il/elle/on aurait épelé
nous épelons	nous avons épelé	nous épelions	nous avions épelé	nous épellerons	que nous épelions	nous épellerions	nous aurions épelé
vous épelez	vous avez épelé	vous épeliez	vous aviez épelé	vous épellerez	que vous épeliez	vous épelleriez	vous auriez épelé
ils/elles épellent	ils/elles ont épelé	ils/elles épelaient	ils/elles avaient épelé	ils/elles épelleront	qu'ils/elles épellent	ils/elles épelleraient	ils/elles auraient épelé

ESSAYER (essayé)

INDICATIF					SUBJONCTIF	CONDITIONNEL	
présent	passé composé	imparfait	plus-que-parfait	futur simple	présent	présent	passé
j'essaie / essaye	j'ai essayé	j'essayais	j'avais essayé	j'essaierai / essayerai	que j'essaie / essaye	j'essaierais / essayerais	j'aurais essayé
tu essaies / essayes	tu as essayé	tu essayais	tu avais essayé	tu essaieras / essayeras	que tu essaies / essayes	tu essaierais / essayerais	tu aurais essayé
il/elle/on essaie / essaye	il/elle/on a essayé	il/elle/on essayait	il/elle/on avait essayé	il/elle/on essaiera / essayera	qu'il/elle/on essaie / essaye	il/elle/on essaierait / essayerait	il/elle/on aurait essayé
nous essayons	nous avons essayé	nous essayions	nous avions essayé	nous essaierons / essayerons	que nous essayions	nous essaierions / essayerions	nous aurions essayé
vous essayez	vous avez essayé	vous essayiez	vous aviez essayé	vous essaierez / essayerez	que vous essayiez	vous essaieriez / essayeriez	vous auriez essayé
ils/elles essaient / essayent	ils/elles ont essayé	ils/elles essayaient	ils/elles avaient essayé	ils/elles essaieront / essayeront	qu'ils/elles essaient / essayent	ils/elles essaieraient / essayeraient	ils/elles auraient essayé

GÉRER (géré)

INDICATIF					SUBJONCTIF	CONDITIONNEL	
présent	passé composé	imparfait	plus-que-parfait	futur simple	présent	présent	passé
je gère	j'ai géré	je gérais	j'avais géré	je gérerai	que je gère	je gérerais	j'aurais géré
tu gères	tu as géré	tu gérais	tu avais géré	tu géreras	que tu gères	tu gérerais	tu aurais géré
il/elle/on gère	il/elle/on a géré	il/elle/on gérait	il/elle/on avait géré	il/elle/on gérera	qu'il/elle/on gère	il/elle/on gérerait	il/elle/on aurait géré
nous gérons	nous avons géré	nous gérions	nous avions géré	nous gérerons	que nous gérions	nous gérerions	nous aurions géré
vous gérez	vous avez géré	vous gériez	vous aviez géré	vous gérerez	que vous gériez	vous géreriez	vous auriez géré
ils/elles gèrent	ils/elles ont géré	ils/elles géraient	ils/elles avaient géré	ils/elles géreront	qu'ils/elles gèrent	ils/elles géreraient	ils/elles auraient géré

JETER (jeté)

INDICATIF					SUBJONCTIF	CONDITIONNEL	
présent	passé composé	imparfait	plus-que-parfait	futur simple	présent	présent	passé
je jette	j'ai jeté	je jetais	j'avais jeté	je jetterai	que je jette	je jetterais	j'aurais jeté
tu jettes	tu as jeté	tu jetais	tu avais jeté	tu jetteras	que tu jettes	tu jetterais	tu aurais jeté
il/elle/on jette	il/elle/on a jeté	il/elle/on jetait	il/elle/on avait jeté	il/elle/on jettera	qu'il/elle/on jette	il/elle/on jetterait	il/elle/on aurait jeté
nous jetons	nous avons jeté	nous jetions	nous avions jeté	nous jetterons	que nous jetions	nous jetterions	nous aurions jeté
vous jetez	vous avez jeté	vous jetiez	vous aviez jeté	vous jetterez	que vous jetiez	vous jetteriez	vous auriez jeté
ils/elles jettent	ils/elles ont jeté	ils/elles jetaient	ils/elles avaient jeté	ils/elles jetteront	qu'ils/elles jettent	ils/elles jetteraient	ils/elles auraient jeté

MANGER (mangé)

• In front of **a** and **o**, an **e** is inserted to keep the [ʒ] sound in all verbs in –*ger*.

INDICATIF					SUBJONCTIF	CONDITIONNEL	
présent	passé composé	imparfait	plus-que-parfait	futur simple	présent	présent	passé
je mange	j'ai mangé	je mangeais	j'avais mangé	je mangerai	que je mange	je mangerais	j'aurais mangé
tu manges	tu as mangé	tu mangeais	tu avais mangé	tu mangeras	que tu manges	tu mangerais	tu aurais mangé
il/elle/on mange	il/elle/on a mangé	il/elle/on mangeait	il/elle/on avait mangé	il/elle/on mangera	qu'il/elle/on mange	il/elle/on mangerait	il/elle/on aurait mangé
nous mangeons	nous avons mangé	nous mangions	nous avions mangé	nous mangerons	que nous mangions	nous mangerions	nous aurions mangé
vous mangez	vous avez mangé	vous mangiez	vous aviez mangé	vous mangerez	que vous mangiez	vous mangeriez	vous auriez mangé
ils/elles mangent	ils/elles ont mangé	ils/elles mangeaient	ils/elles avaient mangé	ils/elles mangeront	qu'ils/elles mangent	ils/elles mangeraient	ils/elles auraient mangé

NETTOYER (nettoyé)

INDICATIF					SUBJONCTIF	CONDITIONNEL	
présent	passé composé	imparfait	plus-que-parfait	futur simple	présent	présent	passé
je nettoie	j'ai nettoyé	je nettoyais	j'avais nettoyé	je nettoierai	que je nettoie	je nettoierais	j'aurais nettoyé
tu nettoies	tu as nettoyé	tu nettoyais	tu avais nettoyé	tu nettoieras	que tu nettoies	tu nettoierais	tu aurais nettoyé
il/elle/on nettoie	il/elle/on a nettoyé	il/elle/on nettoyait	il/elle/on avait nettoyé	il/elle/on nettoiera	qu'il/elle/on nettoie	il/elle/on nettoierait	il/elle/on aurait nettoyé
nous nettoyons	nous avons nettoyé	nous nettoyions	nous avions nettoyé	nous nettoierons	que nous nettoyions	nous nettoierions	nous aurions nettoyé
vous nettoyez	vous avez nettoyé	vous nettoyiez	vous aviez nettoyé	vous nettoierez	que vous nettoyiez	vous nettoieriez	vous auriez nettoyé
ils/elles nettoient	ils/elles ont nettoyé	ils/elles nettoyaient	ils/elles avaient nettoyé	ils/elles nettoieront	qu'ils/elles nettoient	ils/elles nettoieraient	ils/elles auraient nettoyé

PAYER (payé)

INDICATIF					SUBJONCTIF	CONDITIONNEL	
présent	passé composé	imparfait	plus-que-parfait	futur simple	présent	présent	passé
je paie / paye	j'ai payé	je payais	j'avais payé	je paierai / payerai	que je paie / paye	je paierais / payerais	j'aurais payé
tu paies / payes	tu as payé	tu payais	tu avais payé	tu paieras / payeras	que tu paies / payes	tu paierais / payerais	tu aurais payé
il/elle/on paie / paye	il/elle/on a payé	il/elle/on payait	il/elle/on avait payé	il/elle/on paiera / payera	qu'il/elle/on paie / paye	il/elle/on paierait / payerait	il/elle/on aurait payé
nous payons	nous avons payé	nous payions	nous avions payé	nous paierons / payerons	que nous payions	nous paierions / payerions	nous aurions payé
vous payez	vous avez payé	vous payiez	vous aviez payé	vous paierez / payerez	que vous payiez	vous paieriez / payeriez	vous auriez payé
ils/elles paient / payent	ils/elles ont payé	ils/elles payaient	ils/elles avaient payé	ils/elles paieront / payeront	qu'ils/elles paient / payent	ils/elles paieraient / payeraient	ils/elles auraient payé

PRÉFÉRER (préféré)

• For the three singular forms and the third person plural, the **e** is pronounced [e ɛ]; for the *nous* and *vous* forms, it is pronounced [e e] in the present indicative.

INDICATIF					SUBJONCTIF	CONDITIONNEL	
présent	passé composé	imparfait	plus-que-parfait	futur simple	présent	présent	passé
je préfère	j'ai préféré	je préférais	j'avais préféré	je préférerai	que je préfère	je préférerais	j'aurais préféré
tu préfères	tu as préféré	tu préférais	tu avais préféré	tu préféreras	que tu préfères	tu préférerais	tu aurais préféré
il/elle/on préfère	il/elle/on a préféré	il/elle/on préférait	il/elle/on avait préféré	il/elle/on préférera	qu'il/elle/on préfère	il/elle/on préférerait	il/elle/on aurait préféré
nous préférons	nous avons préféré	nous préférions	nous avions préféré	nous préférerons	que nous préférions	nous préférerions	nous aurions préféré
vous préférez	vous avez préféré	vous préfériez	vous aviez préféré	vous préférerez	que vous préfériez	vous préféreriez	vous auriez préféré
ils/elles préfèrent	ils/elles ont préféré	ils/elles préféraient	ils/elles avaient préféré	ils/elles préféreront	qu'ils/elles préfèrent	ils/elles préféreraient	ils/elles auraient préféré

OTHER VERBS (SECOND AND THIRD GROUPS)

ATTENDRE (attendu)

• *Répondre*, *rendre* and **vendre** follow the same model.

INDICATIF					SUBJONCTIF	CONDITIONNEL	
présent	passé composé	imparfait	plus-que-parfait	futur simple	présent	présent	passé
j'attends	j'ai attendu	j'attendais	j'avais attendu	j'attendrai	que j'attende	j'attendrais	j'aurais attendu
tu attends	tu as attendu	tu attendais	tu avais attendu	tu attendras	que tu attendes	tu attendrais	tu aurais attendu
il/elle/on attend	il/elle/on a attendu	il/elle/on attendait	il/elle/on avait attendu	il/elle/on attendra	qu'il/elle/on attende	il/elle/on attendrait	il/elle/on aurait attendu
nous attendons	nous avons attendu	nous attendions	nous avions attendu	nous attendrons	que nous attendions	nous attendrions	nous aurions attendu
vous attendez	vous avez attendu	vous attendiez	vous aviez attendu	vous attendrez	que vous attendiez	vous attendriez	vous auriez attendu
ils/elles attendent	ils/elles ont attendu	ils/elles attendaient	ils/elles avaient attendu	ils/elles attendront	qu'ils/elles attendent	ils/elles attendraient	ils/elles auraient attendu

BOIRE (bu)

INDICATIF					SUBJONCTIF	CONDITIONNEL	
présent	passé composé	imparfait	plus-que-parfait	futur simple	présent	présent	passé
je bois	j'ai bu	je buvais	j'avais bu	je boirai	que je boive	je boirais	j'aurais bu
tu bois	tu as bu	tu buvais	tu avais bu	tu boiras	que tu boives	tu boirais	tu aurais bu
il/elle/on boit	il/elle/on a bu	il/elle/on buvait	il/elle/on avait bu	il/elle/on boira	qu'il/elle/on boive	il/elle/on boirait	il/elle/on aurait bu
nous buvons	nous avons bu	nous buvions	nous avions bu	nous boirons	que nous buvions	nous boirions	nous aurions bu
vous buvez	vous avez bu	vous buviez	vous aviez bu	vous boirez	que vous buviez	vous boiriez	vous auriez bu
ils/elles boivent	ils/elles ont bu	ils/elles buvaient	ils/elles avaient bu	ils/elles boiront	qu'ils/elles boivent	ils/elles boiraient	ils/elles auraient bu

CHOISIR (choisi)

• *Grandir* and **maigrir** follow the same model.

INDICATIF					SUBJONCTIF	CONDITIONNEL	
présent	passé composé	imparfait	plus-que-parfait	futur simple	présent	présent	passé
je choisis	j'ai choisi	je choisissais	j'avais choisi	je choisirai	que je choisisse	je choisirais	j'aurais choisi
tu choisis	tu as choisi	tu choisissais	tu avais choisi	tu choisiras	que tu choisisses	tu choisirais	tu aurais choisi
il/elle/on choisit	il/elle/on a choisi	il/elle/on choisissait	il/elle/on avait choisi	il/elle/on choisira	qu'il/elle/on choisisse	il/elle/on choisirait	il/elle/on aurait choisi
nous choisissons	nous avons choisi	nous choisissions	nous avions choisi	nous choisirons	que nous choisissions	nous choisirions	nous aurions choisi
vous choisissez	vous avez choisi	vous choisissiez	vous aviez choisi	vous choisirez	que vous choisissiez	vous choisiriez	vous auriez choisi
ils/elles choisissent	ils/elles ont choisi	ils/elles choisissaient	ils/elles avaient choisi	ils/elles choisiront	qu'ils/elles choisissent	ils/elles choisiraient	ils/elles auraient choisi

CONDUIRE (conduit)

INDICATIF					SUBJONCTIF	CONDITIONNEL	
présent	passé composé	imparfait	plus-que-parfait	futur simple	présent	présent	passé
je conduis	j'ai conduit	je conduisais	j'avais conduit	je conduirai	que je conduise	je conduirais	j'aurais conduit
tu conduis	tu as conduit	tu conduisais	tu avais conduit	tu conduiras	que tu conduises	tu conduirais	tu aurais conduit
il/elle/on conduit	il/elle/on a conduit	il/elle/on conduisait	il/elle/on avait conduit	il/elle/on conduira	qu'il/elle/on conduise	il/elle/on conduirait	il/elle/on aurait conduit
nous conduisons	nous avons conduit	nous conduisions	nous avions conduit	nous conduirons	que nous conduisions	nous conduirions	nous aurions conduit
vous conduisez	vous avez conduit	vous conduisiez	vous aviez conduit	vous conduirez	que vous conduisiez	vous conduiriez	vous auriez conduit
ils/elles conduisent	ils/elles ont conduit	ils/elles conduisaient	ils/elles avaient conduit	ils/elles conduiront	qu'ils/elles conduisent	ils/elles conduiraient	ils/elles auraient conduit

CONNAÎTRE (connu)

• All verbs in *–aître* follow this model.

INDICATIF					SUBJONCTIF	CONDITIONNEL	
présent	passé composé	imparfait	plus-que-parfait	futur simple	présent	présent	passé
je connais	j'ai connu	je connaissais	j'avais connu	je connaîtrai	que je connaisse	je connaîtrais	j'aurais connu
tu connais	tu as connu	tu connaissais	tu avais connu	tu connaîtras	que tu connaisses	tu connaîtrais	tu aurais connu
il/elle/on connaît	il/elle/on a connu	il/elle/on connaissait	il/elle/on avait connu	il/elle/on connaîtra	qu'il/elle/on connaisse	il/elle/on connaîtrait	il/elle/on aurait connu
nous connaissons	nous avons connu	nous connaissions	nous avions connu	nous connaîtrons	que nous connaissions	nous connaîtrions	nous aurions connu
vous connaissez	vous avez connu	vous connaissiez	vous aviez connu	vous connaîtrez	que vous connaissiez	vous connaîtriez	vous auriez connu
ils/elles connaissent	ils/elles ont connu	ils/elles connaissaient	ils/elles avaient connu	ils/elles connaîtront	qu'ils/elles connaissent	ils/elles connaîtraient	ils/elles auraient connu

COURIR (couru)

• The future and the present conditional double the **r** : *je courrai.*

INDICATIF					SUBJONCTIF	CONDITIONNEL	
présent	passé composé	imparfait	plus-que-parfait	futur simple	présent	présent	passé
je cours	j'ai couru	je courais	j'avais couru	je courrai	que je coure	je courrais	j'aurais couru
tu cours	tu as couru	tu courais	tu avais couru	tu courras	que tu coures	tu courrais	tu aurais couru
il/elle/on court	il/elle/on a couru	il/elle/on courait	il/elle/on avait couru	il/elle/on courra	qu'il/elle/on coure	il/elle/on courrait	il/elle/on aurait couru
nous courons	nous avons couru	nous courions	nous avions couru	nous courrons	que nous courions	nous courrions	nous aurions couru
vous courez	vous avez couru	vous couriez	vous aviez couru	vous courrez	que vous couriez	vous courriez	vous auriez couru
ils/elles courent	ils/elles ont couru	ils/elles couraient	ils/elles avaient couru	ils/elles courront	qu'ils/elles courent	ils/elles courraient	ils/elles auraient couru

CROIRE (cru)

INDICATIF					SUBJONCTIF	CONDITIONNEL	
présent	passé composé	imparfait	plus-que-parfait	futur simple	présent	présent	passé
je crois	j'ai cru	je croyais	j'avais cru	je croirai	que je croie	je croirais	j'aurais cru
tu crois	tu as cru	tu croyais	tu avais cru	tu croiras	que tu croies	tu croirais	tu aurais cru
il/elle/on croit	il/elle/on a cru	il/elle/on croyait	il/elle/on avait cru	il/elle/on croira	qu'il/elle/on croie	il/elle/on croirait	il/elle/on aurait cru
nous croyons	nous avons cru	nous croyions	nous avions cru	nous croirons	que nous croyions	nous croirions	nous aurions cru
vous croyez	vous avez cru	vous croyiez	vous aviez cru	vous croirez	que vous croyiez	vous croiriez	vous auriez cru
ils/elles croient	ils/elles ont cru	ils/elles croyaient	ils/elles avaient cru	ils/elles croiront	qu'ils/elles croient	ils/elles croiraient	ils/elles auraient cru

DÉCOUVRIR (découvert)

INDICATIF					SUBJONCTIF	CONDITIONNEL	
présent	passé composé	imparfait	plus-que-parfait	futur simple	présent	présent	passé
je découvre	j'ai découvert	je découvrais	j'avais découvert	je découvrirai	que je découvre	je découvrirais	j'aurais découvert
tu découvres	tu as découvert	tu découvrais	tu avais découvert	tu découvriras	que tu découvres	tu découvrirais	tu aurais découvert
il/elle/on découvre	il/elle/on a découvert	il/elle/on découvrait	il/elle/on avait découvert	il/elle/on découvrira	qu'il/elle/on découvre	il/elle/on découvrirait	il/elle/on aurait découvert
nous découvrons	nous avons découvert	nous découvrions	nous avions découvert	nous découvrirons	que nous découvrions	nous découvririons	nous aurions découvert
vous découvrez	vous avez découvert	vous découvriez	vous aviez découvert	vous découvrirez	que vous découvriez	vous découvririez	vous auriez découvert
ils/elles découvrent	ils/elles ont découvert	ils/elles découvraient	ils/elles avaient découvert	ils/elles découvriront	qu'ils/elles découvrent	ils/elles découvriraient	ils/elles auraient découvert

DESCENDRE* (descendu)

• Note that **descendre** can also be conjugated with the auxiliary **avoir**: *j'ai descendu la côte.*

INDICATIF					SUBJONCTIF	CONDITIONNEL	
présent	passé composé	imparfait	plus-que-parfait	futur simple	présent	présent	passé
je descends	je suis descendu(e)	je descendais	j'étais descendu(e)	je descendrai	que je descende	je descendrais	je serais descendu(e)
tu descends	tu es descendu(e)	tu descendais	tu étais descendu(e)	tu descendras	que tu descendes	tu descendrais	tu serais descendu(e)
il/elle/on descend	il/elle/on est descendu(e)	il/elle/on descendait	il/elle/on était descendu(e)	il/elle/on descendra	qu'il/elle/on descende	il/elle/on descendrait	il/elle/on serait descendu(e)
nous descendons	nous sommes descendu(e)s	nous descendions	nous étions descendu(e)s	nous descendrons	que nous descendions	nous descendrions	nous serions descendu(e)s
vous descendez	vous êtes descendu(e)(s)	vous descendiez	vous étiez descendu(e)(s)	vous descendrez	que vous descendiez	vous descendriez	vous seriez descendu(e)(s)
ils/elles descendent	ils/elles sont descendu(e)s	ils/elles descendaient	ils/elles étaient descendu(e)s	ils/elles descendront	qu'ils/elles descendent	ils/elles descendraient	ils/elles seraient descendu(e)s

DEVOIR (dû)

INDICATIF					SUBJONCTIF	CONDITIONNEL	
présent	passé composé	imparfait	plus-que-parfait	futur simple	présent	présent	passé
je dois	j'ai dû	je devais	j'avais dû	je devrai	que je doive	je devrais	j'aurais dû
tu dois	tu as dû	tu devais	tu avais dû	tu devras	que tu doives	tu devrais	tu aurais dû
il/elle/on doit	il/elle/on a dû	il/elle/on devait	il/elle/on avait dû	il/elle/on devra	qu'il/elle/on doive	il/elle/on devrait	il/elle/on aurait dû
nous devons	nous avons dû	nous devions	nous avions dû	nous devrons	que nous devions	nous devrions	nous aurions dû
vous devez	vous avez dû	vous deviez	vous aviez dû	vous devrez	que vous deviez	vous devriez	vous auriez dû
ils/elles doivent	ils/elles ont dû	ils/elles devaient	ils/elles avaient dû	ils/elles devront	qu'ils/elles doivent	ils/elles devraient	ils/elles auraient dû

DIRE (dit)

INDICATIF					SUBJONCTIF	CONDITIONNEL	
présent	passé composé	imparfait	plus-que-parfait	futur simple	présent	présent	passé
je dis	j'ai dit	je disais	j'avais dit	je dirai	que je dise	je dirais	j'aurais dit
tu dis	tu as dit	tu disais	tu avais dit	tu diras	que tu dises	tu dirais	tu aurais dit
il/elle/on dit	il/elle/on a dit	il/elle/on disait	il/elle/on avait dit	il/elle/on dira	qu'il/elle/on dise	il/elle/on dirait	il/elle/on aurait dit
nous disons	nous avons dit	nous disions	nous avions dit	nous dirons	que nous disions	nous dirions	nous aurions dit
vous dites	vous avez dit	vous disiez	vous aviez dit	vous direz	que vous disiez	vous diriez	vous auriez dit
ils/elles disent	ils/elles ont dit	ils/elles disaient	ils/elles avaient dit	ils/elles diront	qu'ils/elles disent	ils/elles diraient	ils/elles auraient dit

ÉCRIRE (écrit)

INDICATIF					SUBJONCTIF	CONDITIONNEL	
présent	passé composé	imparfait	plus-que-parfait	futur simple	présent	présent	passé
j'écris	j'ai écrit	j'écrivais	j'avais écrit	j'écrirai	que j'écrive	j'écrirais	j'aurais écrit
tu écris	tu as écrit	tu écrivais	tu avais écrit	tu écriras	que tu écrives	tu écrirais	tu aurais écrit
il/elle/on écrit	il/elle/on a écrit	il/elle/on écrivait	il/elle/on avait écrit	il/elle/on écrira	qu'il/elle/on écrive	il/elle/on écrirait	il/elle/on aurait écrit
nous écrivons	nous avons écrit	nous écrivions	nous avions écrit	nous écrirons	que nous écrivions	nous écririons	nous aurions écrit
vous écrivez	vous avez écrit	vous écriviez	vous aviez écrit	vous écrirez	que vous écriviez	vous écririez	vous auriez écrit
ils/elles écrivent	ils/elles ont écrit	ils/elles écrivaient	ils/elles avaient écrit	ils/elles écriront	qu'ils/elles écrivent	ils/elles écriraient	ils/elles auraient écrit

ENTENDRE (entendu)

INDICATIF					SUBJONCTIF	CONDITIONNEL	
présent	passé composé	imparfait	plus-que-parfait	futur simple	présent	présent	passé
j'entends tu entends il/elle/on entend nous entendons vous entendez ils/elles entendent	j'ai entendu tu as entendu il/elle/on a entendu nous avons entendu vous avez entendu ils/elles ont entendu	j'entendais tu entendais il/elle/on entendait nous entendions vous entendiez ils/elles entendaient	j'avais entendu tu avais entendu il/elle/on avait entendu nous avions entendu vous aviez entendu ils/elles avaient entendu	j'entendrai tu entendras il/elle/on entendra nous entendrons vous entendrez ils/elles entendront	que j'entende que tu entendes qu'il/elle/on entende que nous entendions que vous entendiez qu'ils/elles entendent	j'entendrais tu entendrais il/elle/on entendrait nous entendrions vous entendriez ils/elles entendraient	j'aurais entendu tu aurais entendu il/elle/on aurait entendu nous aurions entendu vous auriez entendu ils/elles auraient entendu

FAIRE (fait)

• The –*ai* form in *nous faisons* is pronounced [ə].

INDICATIF					SUBJONCTIF	CONDITIONNEL	
présent	passé composé	imparfait	plus-que-parfait	futur simple	présent	présent	passé
je fais tu fais il/elle/on fait nous faisons vous faites ils/elles font	j'ai fait tu as fait il/elle/on a fait nous avons fait vous avez fait ils/elles ont fait	je faisais tu faisais il/elle/on faisait nous faisions vous faisiez ils/elles faisaient	j'avais fait tu avais fait il/elle/on avait fait nous avions fait vous aviez fait ils/elles avaient fait	je ferai tu feras il/elle/on fera nous ferons vous ferez ils/elles feront	que je fasse que tu fasses qu'il/elle/on fasse que nous fassions que vous fassiez qu'ils/elles fassent	je ferais tu ferais il/elle/on ferait nous ferions vous feriez ils/elles feraient	j'aurais fait tu aurais fait il/elle/on aurait fait nous aurions fait vous auriez fait ils/elles auraient fait

FINIR (fini)

INDICATIF					SUBJONCTIF	CONDITIONNEL	
présent	passé composé	imparfait	plus-que-parfait	futur simple	présent	présent	passé
je finis tu finis il/elle/on finit nous finissons vous finissez ils/elles finissent	j'ai fini tu as fini il/elle/on a fini nous avons fini vous avez fini ils/elles ont fini	je finissais tu finissais il/elle/on finissait nous finissions vous finissiez ils/elles finissaient	j'avais fini tu avais fini il/elle/on avait fini nous avions fini vous aviez fini ils/elles avaient fini	je finirai tu finiras il/elle/on finira nous finirons vous finirez ils/elles finiront	que je finisse que tu finisses qu'il/elle/on finisse que nous finissions que vous finissiez qu'ils/elles finissent	je finirais tu finirais il/elle/on finirait nous finirions vous finiriez ils/elles finiraient	j'aurais fini tu aurais fini il/elle/on aurait fini nous aurions fini vous auriez fini ils/elles auraient fini

INTRODUIRE (introduit)

INDICATIF					SUBJONCTIF	CONDITIONNEL	
présent	passé composé	imparfait	plus-que-parfait	futur simple	présent	présent	passé
j'introduis tu introduis il/elle/on introduit nous introduisons vous introduisez ils/elles introduisent	j'ai introduit tu as introduit il/elle/on a introduit nous avons introduit vous avez introduit ils/elles ont introduit	j'introduisais tu introduisais il/elle/on introduisait nous introduisions vous introduisiez ils/elles introduisaient	j'avais introduit tu avais introduit il/elle/on avait introduit nous avions introduit vous aviez introduit ils/elles avaient introduit	j'introduirai tu introduiras il/elle/on introduira nous introduirons vous introduirez ils/elles introduiront	que j'introduise que tu introduises qu'il/elle/on introduise que nous introduisions que vous introduisiez qu'ils/elles introduisent	j'introduirais tu introduirais il/elle/on introduirait nous introduirions vous introduiriez ils/elles introduiraient	j'aurais introduit tu aurais introduit il/elle/on aurait introduit nous aurions introduit vous auriez introduit ils/elles auraient introduit

LIRE (lu)

INDICATIF					SUBJONCTIF	CONDITIONNEL	
présent	passé composé	imparfait	plus-que-parfait	futur simple	présent	présent	passé
je lis tu lis il/elle/on lit nous lisons vous lisez ils/elles lisent	j'ai lu tu as lu il/elle/on a lu nous avons lu vous avez lu ils/elles ont lu	je lisais tu lisais il/elle/on lisait nous lisions vous lisiez ils/elles lisaient	j'avais lu tu avais lu il/elle/on avait lu nous avions lu vous aviez lu ils/elles avaient lu	je lirai tu liras il/elle/on lira nous lirons vous lirez ils/elles liront	que je lise que tu lises qu'il/elle/on lise que nous lisions que vous lisiez qu'ils/elles lisent	je lirais tu lirais il/elle/on lirait nous lirions vous liriez ils/elles liraient	j'aurais lu tu aurais lu il/elle/on aurait lu nous aurions lu vous auriez lu ils/elles auraient lu

METTRE (mis)

INDICATIF					SUBJONCTIF	CONDITIONNEL	
présent	passé composé	imparfait	plus-que-parfait	futur simple	présent	présent	passé
je mets tu mets il/elle/on met nous mettons vous mettez ils/elles mettent	j'ai mis tu as mis il/elle/on a mis nous avons mis vous avez mis ils/elles ont mis	je mettais tu mettais il/elle/on mettait nous mettions vous mettiez ils/elles mettaient	j'avais mis tu avais mis il/elle/on avait mis nous avions mis vous aviez mis ils/elles avaient mis	je mettrai tu mettras il/elle/on mettra nous mettrons vous mettrez ils/elles mettront	que je mette que tu mettes qu'il/elle/on mette que nous mettions que vous mettiez qu'ils/elles mettent	je mettrais tu mettrais il/elle/on mettrait nous mettrions vous mettriez ils/elles mettraient	j'aurais mis tu aurais mis il/elle/on aurait mis nous aurions mis vous auriez mis ils/elles auraient mis

OFFRIR (offert)

INDICATIF					SUBJONCTIF	CONDITIONNEL	
présent	passé composé	imparfait	plus-que-parfait	futur simple	présent	présent	passé
j'offre tu offres il/elle/on offre nous offrons vous offrez ils/elles offrent	j'ai offert tu as offert il/elle/on a offert nous avons offert vous avez offert ils/elles ont offert	j'offrais tu offrais il/elle/on offrait nous offrions vous offriez ils/elles offraient	j'avais offert tu avais offert il/elle/on avait offert nous avions offert vous aviez offert ils/elles avaient offert	j'offrirai tu offriras il/elle/on offrira nous offrirons vous offrirez ils/elles offriront	que j'offre que tu offres qu'il/elle/on offre que nous offrions que vous offriez qu'ils/elles offrent	j'offrirais tu offrirais il/elle/on offrirait nous offririons vous offririez ils/elles offriraient	j'aurais offert tu aurais offert il/elle/on aurait offert nous aurions offert vous auriez offert ils/elles auraient offert

OUVRIR (ouvert)

INDICATIF					SUBJONCTIF	CONDITIONNEL	
présent	passé composé	imparfait	plus-que-parfait	futur simple	présent	présent	passé
j'ouvre tu ouvres il/elle/on ouvre nous ouvrons vous ouvrez ils/elles ouvrent	j'ai ouvert tu as ouvert il/elle/on a ouvert nous avons ouvert vous avez ouvert ils/elles ont ouvert	j'ouvrais tu ouvrais il/elle/on ouvrait nous ouvrions vous ouvriez ils/elles ouvraient	j'avais ouvert tu avais ouvert il avait ouvert nous avions ouvert vous aviez ouvert ils/elles avaient ouvert	j'ouvrirai tu ouvriras il/elle/on ouvrira nous ouvrirons vous ouvrirez ils/elles ouvriront	que j'ouvre que tu ouvres qu'il/elle/on ouvre que nous ouvrions que vous ouvriez qu'ils/elles ouvrent	j'ouvrirais tu ouvrirais il/elle/on ouvrirait nous ouvririons vous ouvririez ils/elles ouvriraient	j'aurais ouvert tu aurais ouvert il/elle/on aurait ouvert nous aurions ouvert vous auriez ouvert ils/elles auraient ouvert

PARTIR* (parti)

• The verb *sortir* follows this model. However, *sortir* can also be used with the auxiliary *avoir*: *j'ai sorti mon livre de mon sac à dos.*

INDICATIF					SUBJONCTIF	CONDITIONNEL	
présent	passé composé	imparfait	plus-que-parfait	futur simple	présent	présent	passé
je pars	je suis parti(e)	je partais	j'étais parti(e)	je partirai	que je parte	je partirais	je serais parti(e)
tu pars	tu es parti(e)	tu partais	tu étais parti(e)	tu partiras	que tu partes	tu partirais	tu serais parti(e)
il/elle/on part	il/elle/on est parti(e)	il/elle/on partait	il/elle/on était parti(e)	il/elle/on partira	qu'il/elle/on parte	il/elle/on partirait	il/elle/on serait parti(e)
nous partons	nous sommes parti(e)s	nous partions	nous étions parti(e)s	nous partirons	que nous partions	nous partirions	nous serions parti(e)s
vous partez	vous êtes parti(e)(s)	vous partiez	vous étiez parti(e)(s)	vous partirez	que vous partiez	vous partiriez	vous seriez parti(e)(s)
ils/elles partent	ils/elles sont parti(e)s	ils/elles partaient	ils/elles étaient parti(e)s	ils/elles partiront	qu'ils/elles partent	ils/elles partiraient	ils/elles seraient parti(e)s

PEINDRE (peint)

INDICATIF					SUBJONCTIF	CONDITIONNEL	
présent	passé composé	imparfait	plus-que-parfait	futur simple	présent	présent	passé
je peins	j'ai peint	je peignais	j'avais peint	je peindrai	que je peigne	je peindrais	j'aurais peint
tu peins	tu as peint	tu peignais	tu avais peint	tu peindras	que tu peignes	tu peindrais	tu aurais peint
il/elle/on peint	il/elle/on a peint	il/elle/on peignait	il/elle/on avait peint	il/elle/on peindra	qu'il/elle/on peigne	il/elle/on peindrait	il/elle/on aurait peint
nous peignons	nous avons peint	nous peignions	nous avions peint	nous peindrons	que nous peignions	nous peindrions	nous aurions peint
vous peignez	vous avez peint	vous peigniez	vous aviez peint	vous peindrez	que vous peigniez	vous peindriez	vous auriez peint
ils/elles peignent	ils/elles ont peint	ils/elles peignaient	ils/elles avaient peint	ils/elles peindront	qu'ils/elles peignent	ils/elles peindraient	ils/elles auraient peint

PERDRE (perdu)

INDICATIF					SUBJONCTIF	CONDITIONNEL	
présent	passé composé	imparfait	plus-que-parfait	futur simple	présent	présent	passé
je perds	j'ai perdu	je perdais	j'avais perdu	je perdrai	que je perde	je perdrais	j'aurais perdu
tu perds	tu as perdu	tu perdais	tu avais perdu	tu perdras	que tu perdes	tu perdrais	tu aurais perdu
il/elle/on perd	il/elle/on a perdu	il/elle/on perdait	il/elle/on avait perdu	il/elle/on perdra	qu'il/elle/on perde	il/elle/on perdrait	il/elle/on aurait perdu
nous perdons	nous avons perdu	nous perdions	nous avions perdu	nous perdrons	que nous perdions	nous perdrions	nous aurions perdu
vous perdez	vous avez perdu	vous perdiez	vous aviez perdu	vous perdrez	que vous perdiez	vous perdriez	vous auriez perdu
ils/elles perdent	ils/elles ont perdu	ils/elles perdaient	ils/elles avaient perdu	ils/elles perdront	qu'ils/elles perdent	ils/elles perdraient	ils/elles auraient perdu

POUVOIR (pu)

• In questions using the inversion (verb-subject), an old form of the verb can be used for the *je* form: *Puis-je vous renseigner ?*

INDICATIF					SUBJONCTIF	CONDITIONNEL	
présent	passé composé	imparfait	plus-que-parfait	futur simple	présent	présent	passé
je peux	j'ai pu	je pouvais	j'avais pu	je pourrai	que je puisse	je pourrais	j'aurais pu
tu peux	tu as pu	tu pouvais	tu avais pu	tu pourras	que tu puisses	tu pourrais	tu aurais pu
il/elle/on peut	il/elle/on a pu	il/elle/on pouvait	il/elle/on avait pu	il/elle/on pourra	qu'il/elle/on puisse	il/elle/on pourrait	il/elle/on aurait pu
nous pouvons	nous avons pu	nous pouvions	nous avions pu	nous pourrons	que nous puissions	nous pourrions	nous aurions pu
vous pouvez	vous avez pu	vous pouviez	vous aviez pu	vous pourrez	que vous puissiez	vous pourriez	vous auriez pu
ils/elles peuvent	ils/elles ont pu	ils/elles pouvaient	ils/elles avaient pu	ils/elles pourront	qu'ils/elles puissent	ils/elles pourraient	ils/elles auraient pu

PRENDRE (pris)

INDICATIF					SUBJONCTIF	CONDITIONNEL	
présent	passé composé	imparfait	plus-que-parfait	futur simple	présent	présent	passé
je prends tu prends il/elle/on prend nous prenons vous prenez ils/elles prennent	j'ai pris tu as pris il/elle/on a pris nous avons pris vous avez pris ils/elles ont pris	je prenais tu prenais il/elle/on prenait nous prenions vous preniez ils/elles prenaient	j'avais pris tu avais pris il/elle/on avait pris nous avions pris vous aviez pris ils/elles avaient pris	je prendrai tu prendras il/elle/on prendra nous prendrons vous prendrez ils/elles prendront	que je prenne que tu prennes qu'il/elle/on prenne que nous prenions que vous preniez qu'ils/elles prennent	je prendrais tu prendrais il/elle/on prendrait nous prendrions vous prendriez ils/elles prendraient	j'aurais pris tu aurais pris il/elle/on aurait pris nous aurions pris vous auriez pris ils/elles auraient pris

REMPLIR (rempli)

INDICATIF					SUBJONCTIF	CONDITIONNEL	
présent	passé composé	imparfait	plus-que-parfait	futur simple	présent	présent	passé
je remplis tu remplis il/elle/on remplit nous remplissons vous remplissez ils/elles remplissent	j'ai rempli tu as rempli il/elle/on a rempli nous avons rempli vous avez rempli ils/elles ont rempli	je remplissais tu remplissais il/elle/on remplissait nous remplissions vous remplissiez ils/elles remplissaient	j'avais rempli tu avais rempli il/elle/on avait rempli nous avions rempli vous aviez rempli ils/elles avaient rempli	je remplirai tu rempliras il/elle/on remplira nous remplirons vous remplirez ils/elles rempliront	que je remplisse que tu remplisses qu'il/elle/on remplisse que nous remplissions que vous remplissiez qu'ils/elles remplissent	je remplirais tu remplirais il/elle/on remplirait nous remplirions vous rempliriez ils/elles rempliraient	j'aurais rempli tu aurais rempli il/elle/on aurait rempli nous aurions rempli vous auriez rempli ils/elles auraient rempli

REPARTIR (reparti)

INDICATIF					SUBJONCTIF	CONDITIONNEL	
présent	passé composé	imparfait	plus-que-parfait	futur simple	présent	présent	passé
je repars tu repars il/elle/on repart nous repartons vous repartez ils/elles repartent	je suis reparti(e) tu es reparti(e) il/elle/on est reparti(e) nous sommes reparti(e)s vous êtes reparti(e)(s) ils/elles sont reparti(e)s	je repartais tu repartais il/elle/on repartait nous repartions vous repartiez ils/elles repartaient	j'étais reparti(e) tu étais reparti(e) il/elle/on était reparti(e) nous étions reparti(e)s vous étiez reparti(e)(s) ils/elles étaient reparti(e)s	je repartirai tu repartiras il/elle/on repartira nous repartirons vous repartirez ils/elles repartiront	que je reparte que tu repartes qu'il/elle/on reparte que nous repartions que vous repartiez qu'ils/elles repartent	je repartirais tu repartirais il/elle/on repartirait nous repartirions vous repartiriez ils/elles repartiraient	je serais reparti(e) tu serais reparti(e) il/elle/on serait reparti(e) nous serions reparti(e)s vous seriez reparti(e)(s) ils/elles seraient reparti(e)s

SAVOIR (su)

INDICATIF					SUBJONCTIF	CONDITIONNEL	
présent	passé composé	imparfait	plus-que-parfait	futur simple	présent	présent	passé
je sais tu sais il/elle/on sait nous savons vous savez ils/elles savent	j'ai su tu as su il/elle/on a su nous avons su vous avez su ils/elles ont su	je savais tu savais il/elle/on savait nous savions vous saviez ils/elles savaient	j'avais su tu avais su il/elle/on avait su nous avions su vous aviez su ils/elles avaient su	je saurai tu sauras il/elle/on saura nous saurons vous saurez ils/elles sauront	que je sache que tu saches qu'il/elle/on sache que nous sachions que vous sachiez qu'ils/elles sachent	je saurais tu saurais il/elle/on saurait nous saurions vous sauriez ils/elles sauraient	j'aurais su tu aurais su il/elle/on aurait su nous aurions su vous auriez su ils/elles auraient su

SUIVRE (suivi)

• The first person of **suivre** and **être** is identical in the present indicative: *je suis.*

INDICATIF					SUBJONCTIF	CONDITIONNEL	
présent	passé composé	imparfait	plus-que-parfait	futur simple	présent	présent	passé
je suis	j'ai suivi	je suivais	j'avais suivi	je suivrai	que je suive	je suivrais	j'aurais suivi
tu suis	tu as suivi	tu suivais	tu avais suivi	tu suivras	que tu suives	tu suivrais	tu aurais suivi
il/elle/on suit	il/elle/on a suivi	il/elle/on suivait	il/elle/on avait suivi	il/elle/on suivra	qu'il/elle/on suive	il/elle/on suivrait	il/elle/on aurait suivi
nous suivons	nous avons suivi	nous suivions	nous avions suivi	nous suivrons	que nous suivions	nous suivrions	nous aurions suivi
vous suivez	vous avez suivi	vous suiviez	vous aviez suivi	vous suivrez	que vous suiviez	vous suivriez	vous auriez suivi
ils/elles suivent	ils/elles ont suivi	ils/elles suivaient	ils/elles avaient suivi	ils/elles suivront	qu'ils/elles suivent	ils/elles suivraient	ils/elles auraient suivi

VIVRE (vécu)

INDICATIF					SUBJONCTIF	CONDITIONNEL	
présent	passé composé	imparfait	plus-que-parfait	futur simple	présent	présent	passé
je vis	j'ai vécu	je vivais	j'avais vécu	je vivrai	que je vive	je vivrais	j'aurais vécu
tu vis	tu as vécu	tu vivais	tu avais vécu	tu vivras	que tu vives	tu vivrais	tu aurais vécu
il/elle/on vit	il/elle/on a vécu	il/elle/on vivait	il/elle/on avait vécu	il/elle/on vivra	qu'il/elle/on vive	il/elle/on vivrait	il/elle/on aurait vécu
nous vivons	nous avons vécu	nous vivions	nous avions vécu	nous vivrons	que nous vivions	nous vivrions	nous aurions vécu
vous vivez	vous avez vécu	vous viviez	vous aviez vécu	vous vivrez	que vous viviez	vous vivriez	vous auriez vécu
ils/elles vivent	ils/elles ont vécu	ils/elles vivaient	ils/elles avaient vécu	ils/elles vivront	qu'ils/elles vivent	ils/elles vivraient	ils/elles auraient vécu

VOIR (vu)

• In the *imparfait*, the *nous* and *vous* forms are: *nous voyions, vous voyiez.* **Voir** doubles its **r** in the future and conditional.

INDICATIF					SUBJONCTIF	CONDITIONNEL	
présent	passé composé	imparfait	plus-que-parfait	futur simple	présent	présent	passé
je vois	j'ai vu	je voyais	j'avais vu	je verrai	que je voie	je verrais	j'aurais vu
tu vois	tu as vu	tu voyais	tu avais vu	tu verras	que tu voies	tu verrais	tu aurais vu
il/elle/on voit	il/elle/on a vu	il/elle/on voyait	il/elle/on avait vu	il/elle/on verra	qu'il/elle/on voie	il/elle/on verrait	il/elle/on aurait vu
nous voyons	nous avons vu	nous voyions	nous avions vu	nous verrons	que nous voyions	nous verrions	nous aurions vu
vous voyez	vous avez vu	vous voyiez	vous aviez vu	vous verrez	que vous voyiez	vous verriez	vous auriez vu
ils/elles voient	ils/elles ont vu	ils/elles voyaient	ils/elles avaient vu	ils/elles verront	qu'ils/elles voient	ils/elles verraient	ils/elles auraient vu

VOULOIR (voulu)

INDICATIF					SUBJONCTIF	CONDITIONNEL	
présent	passé composé	imparfait	plus-que-parfait	futur simple	présent	présent	passé
je veux	j'ai voulu	je voulais	j'avais voulu	je voudrai	que je veuille	je voudrais	j'aurais voulu
tu veux	tu as voulu	tu voulais	tu avais voulu	tu voudras	que tu veuilles	tu voudrais	tu aurais voulu
il/elle/on veut	il/elle/on a voulu	il/elle/on voulait	il/elle/on avait voulu	il/elle/on voudra	qu'il/elle/on veuille	il/elle/on voudrait	il/elle/on aurait voulu
nous voulons	nous avons voulu	nous voulions	nous avions voulu	nous voudrons	que nous voulions	nous voudrions	nous aurions voulu
vous voulez	vous avez voulu	vous vouliez	vous aviez voulu	vous voudrez	que vous vouliez	vous voudriez	vous auriez voulu
ils/elles veulent	ils/elles ont voulu	ils/elles voulaient	ils/elles avaient voulu	ils/elles voudront	qu'ils/elles veuillent	ils/elles voudraient	ils/elles auraient voulu